FSC
www.fsc.org
MIXTE
Papier issu
de sources
responsables
Paper from
responsible sources
FSC® C105338

Du même auteur :

➢ Monsieur Bouillin est mystère Levegh.
(Editions BoD, novembre 2020)

➢ Cobra cracheur face à cheval cabré.
(Editions BoD, mai 2021)

Loi n°49-956 du 16 juillet 1949 sur les publications

destinées à la jeunesse, modifiée par la loi N°2011-525

du 17 mai 2011

INTRODUCTION

A la sortie du deuxième conflit mondial, l'Europe se retrouve exsangue. L'industrie automobile, dont certaines sociétés ont travaillé pour le Reich, n'échappe pas à la règle. Les quatre grands pays producteurs, vont choisir des plans de relance différents, en fonction de leur histoire, ou plus simplement de leurs possibilités.

L'Allemagne dominatrice de la compétition à la fin des années 30, grâce à Auto Union et Mercédès se développe dans la voiture populaire, par l'intermédiaire de Volkswagen. Initié par Adolf Hitler, sous la direction de Ferdinand Porsche, ce dernier va créer sa propre marque. L'Italie, berce sa notoriété autour d'Alfa Roméo et Maserati. Un ancien d'Alfa, Enzo Ferrari, ne va pas tarder à bousculer la hiérarchie, alors que FIAT reste attaché aux couches populaires. En Grande Bretagne, le luxe autour de Rolls Royce, Bentley, Aston martin ou Jaguar, fait partie des gènes.

Dans le même temps, la France beigne dans la nostalgie des Bugatti, Chenard et Walker, Delage, Delhaye et autre Voisin. Le réveille, passe principalement par les petites cylindrées. Renault, devenu Régie Nationale va lancer sa 4 cv, Panhard fidèle à son bicylindre, compte sur la Dyna X, pendant que SIMCA, toujours en association avec FIAT, reste fidèle à ses modèles 5 et 8. Peugeot, se laisse tenter par la moyenne gamme avec sa 203, pendant que Ford, par l'intermédiaire de sa filiale française, continue la production de la Matford en attendant la sortie de la Vedette. Toujours en pointe de la technologie, Citroën reprend la fabrication de ses Traction 11 et 15 cv, tout en préparant une nouvelle révolution avec la production de la 2 CV, nouveau symbole de la marque.

Quid du luxe et de la compétition ? Bugatti avec la Type 73, tente de reprendre le flambeau. Le projet ne pourra pas être finalisé, avec la disparition de son créateur Ettore Bugatti le 21 août 1947, sonnant ainsi le début de la fin de l'entreprise.

En 1935, Delhaye rachète Delage, avant de faire faillite dans la foulée. Louis Delage, reprend la production des deux entreprises par l'intermédiaire d'un financier Walter Watney. La relance, plutôt réussit, va prendre terme avec la disparition de son fondateur en 1947. Chenard et Walker, de son côté, s'oriente vers la fabrication de fourgon de charge utile, avant d'être absorbé par la Société Chausson, spécialisé dans la fabrication de cars. Voisin pour sa part, renonce à la construction automobile d'avant-guerre, pour se consacrer à l'aéronautique.

Anthony Lago, après le rachat de Talbot Darracq en 1934, continue d'entretenir la flamme avec la production de la TG 26 pour la prochaine Formule 1, ainsi que ses différentes « Grand Sport », pour le grand tourisme. Et puis, il y'a le « sorcier » Amédée Gordini. Cet ancien pilote d'origine italienne, se lance dans la construction de « voiturettes », ancêtre de la future Formule II, sur des mécaniques SIMCA.

Chapitre 1 : La renaissance.

Mai 1945, après 5 années de guerre, les français n'aspirent qu'à une chose, retrouver une vie normale. Sport et spectacle peuvent permettre de restaurer la distraction, dans une population encore privé de l'essentiel. Maurice Mestivier, président de l'AGACI (Association du Groupement des Coureurs Indépendant), monte en première ligne, pour faire de nouveau ronronner le bruit des moteurs.

Le premier obstacle, consiste à vaincre la bureaucratie. Dans un pays où l'essence se retrouve rationnée et où les pneumatiques, sont aussi rare que les denrées alimentaires. Il faut faire preuve d'un trésor d'imagination, Mestivier n'hésite pas à contacter le Général de Gaulle, Président du gouvernement provisoire de la république française, pour obtenir gain cause.

Il ne reste plus qu'à faire sortir des garages et des granges, les bolides en sommeil depuis plus de quatre ans, pour les remettre en état de rouler. A cette occasion, Maurice Trintignant, gagne le surnom passer depuis à la postérité et qui va l'accompagner tout le reste de son existence. Le natif de Vergèze, extirpe avec un ami sa Bugatti T 51, pour la faire démarrer. Après plusieurs tentatives infructueuses, le moteur finit par toussoter et coupe de manière intempestive. Maurice s'exclame alors : « Pétoulet ! », mot de patois, dérivé de « Pétoule » signifiant crottes de chèvres.

Toujours est-il, que l'organisateur réussit à mettre en place un programme ambitieux, dans les allées du bois de Boulogne sur un circuit tortueux de 2,8 km. 4 épreuves, sont inscrites aux programmes du 9 septembre 1945. Une course de moto, sert de préambule, précédent 3 courses automobiles aux noms évocateurs. La coupe « Robert Benoist », rappelle un ancien pilote et résistant, disparu à Buchenwald en septembre 1944. 12 « voiturettes » de moins de 1500 cc, vont prendre le départ pour 36 boucles, représentant 102 km. Aldo Gordini, fils d'Amédée, réalise le meilleur tour en course (1'44"5 à 97,3 km/h de moyenne) et s'impose sur une SIMCA préparé par « papa », devant Robert Brunet sur Riley.

« La Coupe de la Libération », regroupe 15 machines, plus ou moins disparates, d'une cylindrée de 1.5 à 3 litres. Henri Louveau sur une Maserati 6CM, boucle la même distance en 1h01'09" à 99,81 Km/h de moyenne avec un meilleur tour en course de 1'35"5 (106,52 km/h). Auguste Veuillet sur une MG K3 Magnette, beaucoup moins puissance, doit se contenter de la deuxième place à 1 tour.

« La Coupe des Prisonniers » reste l'évènement de la journée. 16 pilotes, tous de nationalité française, sont au départ d'une course de 43 tours (121 km 500). Vous noterez que la distance est relativement courte, pour ménager des mécaniques de plus de 3 litres, dont le manque d'entretien reste la préoccupation. 7 Delhaye 135 S composent la majorité du plateau. Néanmoins, les regards se tournent d'abord vers les deux pilotes phares d'avant-guerre, Raymond Sommer sur la Talbot T 26 à moteur central et sur Jean Pierre Wimille, pilotant la magnifique Bugatti Type 59. Si les pilotes étrangers sont absents, les mécaniques italiennes, répondent bien présentes, par l'intermédiaire de Philippe Etancelin sur Alfa Roméo 8C 2300 et de Louis Gérard sur une Maserati 8CM. De son côté Maurice Trintignant a réglé ses problèmes de « crottes de chèvres », et aligne bien sa Bugatti T 51 aux côtés de celle de Marcel Balsa. Pierre Levegh sur Talbot 150C, inaugure la liste des abandons au nombre de neuf.

La course représente un intérêt, par le duel que se livre Sommer et Wimille. Eugène Chaboud sur la première des Delhaye, finissant 3ᵉ à plus de trois tours. Wimille, qui n'a pu participer aux essais part en fond de grille. 4ᵉ au premier passage, il revient dans les roues de Sommer au 3ᵉ, avant de prendre la tête dès le 4ᵉ tour. Jean Pierre, va laisser finalement Raymond à 1'20", pour l'emporter. Wimille, boucle également le meilleur tour en piste en 1'27"8 à 115,8 km/h de moyenne.

L'Allemagne, exit de toute compétition internationale, pour une durée indéterminée, les autres pays s'organisent dès 1946 pour relancer timidement leurs activités. Il faut patienter dans un premier temps, pour retrouver l'organisation de rallyes ou de courses d'endurance. Une grosse vingtaine de Grand Prix, vont voir le jour au cours de l'année. Afin d'attirer les spectateurs, et faute de circuit restructuré, l'activité se déroule essentiellement dans les centre villes.

Nice, tape les trois coups de la saison, le 22 avril sur la promenade des anglais. Nous retrouvons un plateau franco-italien, agrémenté du monégasque Louis Chiron sur Talbot et du franco-américain Harry Schell sur Maserati 6 CM. A noter que la quasi-totalité des montures, participent à titre privé. Seul Talbot-Darracq, présente des voitures officielles, pour Chiron et Pierre Levegh. En l'absence de Wimille, les 3 Maserati 4 CL des italiens Luigi Villoresi, Arialdo Ruggieri et Franco Corteze, meilleurs temps des essais, monopolisent la première ligne. Seuls Chiron et Sommer, sur Alfa Tipo 308, semblent pouvoir s'opposer à la domination italienne. Villoresi, impérial, boucle les 209 km en tout juste 2 heures, à 104,38 de moyenne, pendant que Sommer prend la 2ᵉ place à un tour, en réussissant le meilleur passage en 1'44"8 (110,40 km/h). Les 18 autres participants, n'ont que peu existé, faute d'une mécanique fiable ou performante. Eugène Chaboud sur Delahaye 135 S, termine 3ᵉ à plus de 4 tours.

Nice continue sur sa lancée 48 heures plus tard dans une course de voiturettes. « La Coupe de la Méditerranée » se dispute sur le même circuit de 3km200, mais sur 45 tours au lieu des 65 du Grand Prix. 15 voitures hétéroclites sont au départ, dont deux seulement représentent un réel intérêt. Gordini dévoile sa Type 11 de facture récente et moderne, conduite par Amédée lui-même. Propulsée par un SIMCA de 1430 cc, « le sorcier » réussit à tirer 90 cv, d'un moteur en développant à peine 32 à son origine. Le châssis, fait de deux longerons à entraxe multitubulaire, donne une bonne rigidité et une voiture particulièrement agile, pour un poids à vide de seulement 410 kg. Autre véhicule intéressant, René Bonnet pilote une D.B Citroën. Barquette qu'il a conçu avec son ami Charles Deutsch, sur la base d'une traction avant 11 cv.

Malheureusement, Amédée Gordini, en pôle position aux essais, sera éliminé en course au 8e tour, à la suite d'un accident. De son côté, René Bonnet se retire au 22e passage pour problème mécanique. Eugène Martin sur BMW 328, pense avoir fait le plus dur en bouclant le meilleur tour, mais retardé il doit se contenter de la 9e place. Le vainqueur s'appelle José Scaron sur SIMCA T8, il précède la Riley 1500/4 de Robert Brunet d'un tour.

La calendrier, continue de se dérouler sous une forme identique avec une course de voiturettes, suivi d'un Grand Prix. Les concurrents, se retrouvent le 12 mai à Marseille sur le circuit du Prado plage. Dans « La Coupe de l'Entraide » sur 54 km, cette fois Amédée Gordini ne laisse pas passer sa chance, il devance de 5", la BMW 328 d'Eugène Martin. Des trois D.B Citroën en compétition, seule celle de René Bonnet, voit le drapeau à damiers, classée 4e à 57". Le Grand Prix se dispute en deux manches qualificatives de 54 km, avec une finale de 35 tours, représentant 125 km. Si le plateau parait séduisant avec 23 montures au départ, 7 seulement terminerons l'épreuve. Les suisses font leur rentrée, avec le comte Emmanuel de Graffenried et Enrico Platé tous deux sur Maserati 4 CL.

En l'absence des Talbot, les « Maseratistes » jouent les vedettes. Robert Mazaud, domine la première manche qualificative, pendant Raymond Sommer s'impose de justesse dans la seconde devant Platé.

La course perd une partie de son intérêt avec l'abandon de Tazio Nuvolari, au 14ᵉ tour sur bris de soupape. « Il Montovano Volante » (*le Mantouan volant),* réalise le record du tour de la journée en 2'06"7 à 101,93 Km/h. En finale, Mazaud est éliminé dès le premier tour sur accident, laissant le champ libre à Sommer qui l'emporte avec un tour d'avance sur Platé et Georges Grignard 3ᵉ sur Delahaye.

La semaine suivante, les pilotes se déplacent à Saint Etienne, pour deux épreuves franco-françaises plus modeste. Au G.P du Forez, Sommer confirme sa victoire marseillaise devant la Maserati de Louveau. Les « italiennes » affirment leur supériorité, Chaboud sur Delahaye finit 3ᵉ pendant que Louis Rosier sur la seule Talbot Lago engagée, n'est que 5ᵉ à deux tours. Dans la « Coupe de la ville de Saint Etienne », Amédée Gordini, montre encore une fois que sa Type 11 est la voiture du moment. Seule la D.B Citroën de René Bonnet avec le record du tour et une 2ᵉ place à moins de 2', offre une résistance. Tous les autres sont à un tour et plus.

Les grosses cylindrées, retrouvent le bois de Boulogne le 30 mai, pour « la Coupe de Résistance ». Jean Pierre Wimille fait sa rentrée sur une Alfa 158, profondément remaniée. La voiture née au printemps 1937, reçoit désormais deux compresseurs Roots au lieu d'un seul, pour faire passer la puissance de son 1500 cc, de 195 à 254 cv. A titre comparatif, une Maserati 4CL offre une puissance maximum de 220 cv, une Delahaye 135 S, moins de 200 cv et la meilleure des Talbot à moteur centrale, frise les 250 cv. Malgré tout Raymond Sommer et sa Maserati, réussissent à s'emparer de la pôle. Le duel entre les deux français reste incertain, jusqu'au moment où Sommer doit faire un passage par les stands, tombe à la 7ᵉ place et doit se contenter du record du tour. Wimille n'a plus qu'à assurer et laisse la Talbot à moteur centrale de Louis Chiron 2ᵉ à un tour.

Outre atlantique, 77 courses voient le jour, dont 6 sont retenues pour le championnat américains. Les 500 miles d'Indianapolis du 30 mai, reste l'épreuve phare. Luigi Villoresi, est le seul étranger à tenter l'aventure sur une Maserati. 30ᵉ temps des 33 qualifiés, l'italien fait bonne figure en course, en terminant 7e dans le même tour que son vainqueur George Robson sur Adams Sparks. Les trois favoris Cliff Bergère, auteur de la pôle, Paul Russo et Sam Hanks, qui complètent la première ligne, seront tous éliminés. Russo à la suite d'un accident, les deux autres, par des moteurs privé d'huile.

La Belgique est le 2e pays européen à reprendre officiellement la compétition le 8 juin à Chimay. Pour essayer d'étoffer la plateau les organisateurs propose une seule course de formule « Libre ». Sans grande vedette, l'élite participant aux courses du lendemain à Saint Cloud, 14 pilotes seulement répondent à l'appel. Prince Bira possédant la meilleure monture, une Maserati 8 CM, fait le meilleur temps des essais. Retardé en course, il doit se contenter de la 6e place à 4 tours du vainqueur, l'anglais Leslie Brooke sur ERA B Type, auteur du meilleur tour en course.

Il faut bien reconnaitre que si toutes ces organisations, rencontrent un engouement auprès du public, la F.I.A (Fédération International Automobile) qui s'efforce de codifier ces compétitions, refusent pour l'instant de labéliser ses courses à l'international. La F.I.A fait une exception le 9 juin à Saint Cloud dans la « Coupe René Lebègue ». Il est vrai que 23 voitures pour le Grand Prix, et 27 pour la course de voiturettes, donnent une autre dimension à l'organisation. Dans une hiérarchie bien établie, Nino Farina et Wimille occupent le devant de la scène sur leurs Alfetta 158, même si la Maserati de Sommer, meilleur temps des essais, semble capable de jouer les troubles fêtes. Les Alfa vont casser leurs boîtes au 15e et 19e passage, laissant le champ libre à Sommer qui boucle les 30 tours en 1h38'42", déposant la Talbot de Chiron 2e à 17". Mazaud également sur Maserati, finit 3e à un tour. Dans la course des voiturettes, Gordini, suite à une rupture de moteur est privé, d'une 3e victoire consécutive.

José Scaron sur une SIMCA 508 C l'emporte de justesse sur la D.B Citroën de René Bonnet.

La F.I.A, livre son verdict pour le deuxième semestre de l'année. La Formule « A » doit comporter des voitures d'une cylindrée de 4 500 cc sans compresseur ou de 1 500 cc avec compresseur. Pour les voiturettes, la cylindrée ne doit pas dépasser 1 500 cc avec moteur atmosphérique.

La Grande Bretagne, se lance à son tour pour deux courses symboliques de 10 km 300, le 15 juin à Grandsen Lodge, un ancien aérodrome de la RAF près de Cambridge. Dans cette compétition remportée par Reg Parnell sur Maserati 4CL pour le Grand Prix, on remarque surtout l'impréparation des véhicules. Sur 8 voitures au départ, deux ne bouclent même pas un tour, pendant que deux autres abandonnent après la première boucle. Ce n'est pas mieux dans la course des voiturettes, où John Appleton sur une de ses fabrications, ne prend même pas le départ, à la suite d'un problème de soupape. Cinq autres abandons vont suivre, pour que finalement 3 voitures seulement ne voit le drapeau à damiers. Ian Nichols sur MG précède de 5" Hamish Weir sur une autre MG.

Wimille, s'impose encore le 30 juin pour le G.P du Roussillon à Perpignan et le 7 juillet à Dijon au G.P de Bourgogne. Dans la course des voiturettes, Amédée Gordini, retrouve le chemin de la victoire en Côte d'Or. Puis le 14 juillet, les italiens gâchent notre fête nationale à Albi. Tazio Nuvolari sur Maserati 4 CL, profite de la défaillance du compresseur de la Maserati 6 CM de Sommer dans la manche qualificative, pour s'imposer en qualif et en finale. Il laisse Henri Louveau Maserati 4 CL, 2e à un tour.

Les choses véritablement sérieusement, commence 21 juillet à Genêve avec le G.P des Nations. Si l'on fait abstraction de la course de Saint Cloud, il s'agit d'une première, officiellement reconnue par la F.I.A. Pilotes britanniques français, italiens et suisse sont réunis dans une même course, une innovation également depuis la fin des hostilités. 23 pilotes, vont en découdre dans deux manches qualificatives de 32 tours de 3 km. Alfa Roméo ne laisse rien au hasard, en présentant 4 de ses Tipo 158 au départ.

Dans la première manche J.P Wimille l'emporte Achille Varzi, pendant que Giuseppe Farina précède Carlo Felice Trossi, dans la seconde. Une seule question reste posée : quelle Alfeta va s'offrir les lauriers dans la finale sur 44 tours ? Wimille, intrinsèquement le plus rapide, réussit le meilleur passage à plus de 110 Km/h de moyenne. Retardé, il doit se contenter de la 3e place à un tour de ses coéquipier. « Il Dotore » Farina, remporte la victoire en précédant Trossi d'1'51". Varzi plus malheureux, n'est que 7e à 6 tours, précédent Sommer dernier classé à 8 tours. La meilleure des Maserati, celle de Nuvolari, n'est que 4e à deux tours.

Sans être considéré comme une épreuve majeure, le G.P de Nantes du 28 juillet, va rester pour la postérité par son caractère dramatique. Organisé par l'ACO (Automobile Club de l'Ouest), le Grand Prix reçoit l'appellation pompeuse de 1er Prix des 24 heures du Mans, le circuit de la Sarthe étant partiellement détruit. Les primes attribuées, particulièrement alléchantes, 280 000 francs pour la course des voiturettes, 410 000 francs pour le Grand Prix et 5 000 francs pour le tour le plus rapide en course, permettent d'attirer de nombreux pilotes de qualité. 25 concurrents sont au départ de la « Coupe du Circuit de Nantes » et 23 pour le « Prix des 24 heures du Mans, avec une seule présence étrangère, Harry Herkuleyns sur MG.

Eugène Chaboud se montre inquiet : « La course sera dure, on ne peut pas accélérer à fond et les grosses cylindrées, seront pénalisées, par une chaussée étroite et dangereuse en plusieurs endroits ! » Le circuit du Petit Port, tracé sur 4,119 km autour de l'hippodrome, trop sinueux, semble ne pas offrir toutes les garanties nécessaire à ce type d'épreuve. La course des voiturettes se dispute le matin, Eugène Martin sur sa BMW 328, domine les débats dans la première manche qualificative jusqu'au moment où la rupture d'une canalisation d'essence, provoque le début d'incendie de sa machine. La Peugeot de Charles de Cortanze lui succède et ne sera plus inquiétée. Dans la deuxième manche, Amédée Gordini assure la victoire devant René Bonnet.

Pour la finale, Auguste Veuillet pénalisé par sa pompe à essence et Eugène Martin, sont finalement repêchés. Amédée Gordini va boucler les 23 tours en tête, dans un ultime sursaut, De Cortanze tente l'impossible pour le dépasser, mais part dans le décors, sans dommage. Eugène Martin hérite de la 2e place.

Pour la course « des gros cubes » disputée sur 45 tours, Jean Pierre Wimille et son Alfa 158, meilleur temps des essais, fait figure de favori. Il domine dès le départ, réalise le meilleur temps en course, à plus de 111 km/h de moyenne, avant que son châssis ne le lâche au 21e tour. Mais un drame se noue dès le 4e tour. Robert Mazaud cherche à doubler Louis Gérard, les deux Maserati s'accrochent, celle de Mazaud se retourne éjectant son pilote et Chaboud, sort volontairement de la piste, pour éviter de rouler sur le corps de son ami. Peine perdue, Mazaud, qui allait fêter ses 40 ans une semaine plus tard, décède peu après son admission à l'hôpital. Louis Gérard reçoit « le drapeau noir », pour conduite dangereuse à son 17e passage. Le reste de la course devient anecdotique, Raphael Bethenod comte de Montbressieux, dit « Raph » l'emporte sur Maserati 6 CM, devant la Talbot TC 150 de Levegh. Louis Rosier, également sur Talbot, finit 3e à un tour.

Le tour de France des Grand Prix, se poursuit le 25 août à Marcq en Baroeul en banlieue nord de Lille, sur le « Circuit des 3 villes ». Le parcours emprunte le « quartier de la Madeleine » et Mons-en-Barœul, sur 5,261 km. Wimille absent, la course s'en trouve plus ouverte, avec Sommer meilleur temps des essais comme favori. Finalement Raymond, va répartir la victoire avec Henri Louveau. Ce dernier, bloqué par un embrayage récalcitrant sur la ligne de départ, partage la Maserati de Sommer pendant la course. Levegh, finit encore une fois 2e à un tour, devant Chaboud 3e sur Delhaye.

L'Italie, attend l'agrément de la F.I.A, pour relancer la compétition sur son sol. Le G.P de Valentino du 1er septembre à Turin, en marque le début.

Le succès est si considérable, que les organisateurs doivent sélectionner aux essais, les 20 places disponibles sur les 26 concurrents. Ainsi quelques ténors comme Raph 21e temps, Schell 22e temps, Taruffi, Grignard ou Platé devront regarder la course des tribunes. Sans surprise, les Alfetta cumulent les cinq meilleurs temps, avec Farina en pôle devant Wimille, Trossi, Varzi et Sanesi. Nuvolari, 6e temps sur la meilleure des Maserati, rend 6" pleines à Farina, sur un circuit urbain de 4720m. La course se déroule par élimination. Farina trahit par sa transmission, ne fait qu'un tour, puis Nuvolari perd une roue au 10e passage. Désormais Wimille est le plus fort, il établit le record du tour à 119,325 km/h, pour finalement offrir la victoire à son coéquipier Achille Varzi, qui évolue devant son public. Jean Pierre, termine 2e à 8/10, laissant Sommer 3e (Maserati 4 CL) à plus de deux tours. Trossi, retardé finit 6e à 9 tours, pendant que Sanesi en panne de magnéto renonce au 9e passage.

L'Italie, organise encore le 30 septembre le « Circuit de Milan ». Bien que reconnue par la F.I.A, cette course est de moindre importance par rapport à celle de Turin. L'organisateur, présente un plateau de 20 voitures, avec deux manches qualificatives de 20 tours de 2,8 km suivi d'une finale sur 30 tours. Les pilotes sont italiens ou français, Wimille absent, Parnell et Brooke apporte une touche anglo-saxonne, pendant que de Graffenried, donne un parfum helvète. Les Alfa, sont encore une fois sans adversaire. Varzi remporte la 1er manche, Sanesi la seconde et les Alfetta, réalisent le triplé en finale. Trossi l'emporte devant Varnesi et Sanesi. Le principal intérêt réside dans la lutte pour la 4e place, où les Maserati de Villoresi et de Sommer s'étripent. L'italien précède finalement le français de 2/10 sur la ligne.

Le 3 octobre au Grand Palais à Paris, est inauguré le 33e Salon de l'Automobile. L'évènement, une première depuis 1939, va accueillir 810 000 visiteurs pendant 10 jours. Si les constructeurs présentent encore beaucoup de créations d'avant-guerre, comme la traction de chez Citroën, la 202 Peugeot, ou la SIMCA 8, Renault et Panhard dévoilent deux vrais nouveautés.

Dans cette période de restriction, la priorité est donnée à la voiture populaire. La 4cv Renault, avec seulement 3m60 de longueur et son moteur placé à l'arrière, offre une habitabilité-encombrement, largement au-dessus de la moyenne. Propulsée par un 4 cylindres de 743 cc, le moteur se veut moderne et endurant. Comme il n'y a pas de petites économies, la seule couleur proposée à ce jour, est le jaune sable, venant d'un stock de saisie de l'Afrikakorps ! Avec ses lignes rondes et sa couleur, la nouvelle petite Renault se trouve un sobriquet « la motte de beurre » ! Un autre slogan permet son lancement commercial : 4cv, 4 portes, 444 000 francs ! Autre attraction, la Dyna X de chez Panhard. La doyenne des marques françaises, dévoile une carrosserie un peu vieillotte faite d'aluminium, donnant ainsi tout de même une touche d'avant-garde. Son bicylindre de 610 cc, développe une puissance modeste, compensé par un poids à vide de moins de 500 kg.

Le 6 octobre, les organisateurs saisissent l'opportunité du Mondial de l'Automobile, pour proposer le G.P du Salon toujours dans les allées du bois de Boulogne. Suivant une procédure, maintenant bien réglée, une course de voiturettes se dispute en ouverture du Grand Prix. Dans la course des petites cylindrées, nommée « Coupe Robert Mazaud » en raison de la disparition du coureur, l'absence de Gordini, permet à Eugène Martin d'imposer sa BMW 328 sur 67 km. Il conserve 10" d'avance, sur la MG d'Auguste Veuillet. Dans le Grand Prix, après le forfait des Alfetta, la course s'annonce plus ouverte. 18 machines doivent en découdre sur 80 tours de 3193m. Surprise, Raymond Sommer sur sa Maserati personnel ne réalise que le troisième temps des essais, derrière la Maserati 4CL de Louveau et la Talbot 150C de Levegh. Raymond rétablit la hiérarchie pendant la course, avec un record du tour porté en 1'35"4 à 120,50 km/h de moyenne, pendant que la pôle se joue en 1'37"6. Ses dauphins, finissent à trois tours. « Raph » sur Maserati 6CM, précède de justesse Pierre Levegh qui a la satisfaction de terminer « premier moteur non compressé ». Louveau, a passé trop de temps à faire de la mécanique, pour ne faire mieux qu'une 4e place à 6 tours.

Le 27 octobre, la dernière épreuve de la saison, nous amène dans la banlieue de Barcelone, à Predalbes, réputé pour son monastère gothique du 14ᵉ siècle. Compte tenu « de mécaniques convalescentes », les organisateurs font la folie de proposer 80 tours d'un circuit de près de 4,5 km. Bref, parcourir 359 km relève de gageure. En conséquence, 10 voitures seulement se présentent aux essais. En dehors des anglais Leslie Brooke sur ERA, Reg Parnell sur Maserati, des locaux Alberto Puigpalao (Maserati 6CM) et Joachim Palacios (Maserati 4CM), tous les autres pilotes sont de nationalité italienne.

Sauf incident, la victoire semble promise à Luigi Villoresi, meilleur temps des essais. Comble de malchance, les voitures de Platé (Talbot), Pagani (Maserati 4 CM) et Palacios, abandonnent d'entrée à la suite d'un carambolage. Puis Parnell, renonce au 6ᵉ tour sur une rupture de moteur. Villoresi, confortable leader, quitte la course également sur problème moteur au 57ᵉ passage. Il ne reste plus en compétition que les « second couteaux ». Giorgio Pelassa (Maserati 4CL) remporte une victoire improbable avec 33" sur Ciro Basadonna (Maserati 4CL) et 4 tours d'avance, sur Puigpalao 3ᵉ.

Chapitre 2 : De la formule A à la Formule 1

Fin 1946, la F.I.A termine sa réflexion sur la règlementation. La « formule A », reste d'actualité avec une cylindrée de 4 500 cc maximum pour les moteurs atmosphériques et de 1 500 cc pour les moteurs munis de compresseurs. L'appellation « voiturette » se transforme en « formule B », toujours avec des voitures de 1 500 cc, sans suralimentation. L'appellation « A » et « B », se transforme l'année suivante en « 1 » et « 2 ».

Avant d'aborder la trentaine de Grand Prix proposer en 1947, il est bon de faire un bilan de la saison précédente. Côté constructeur, Alfa Romeo et Maserati se sont partagés le gâteau. 8 victoires reviennent à la firme milanaise contre 9 à celle de Bologne. Pour les pilotes, cinq noms ressortent du lot. Les français Raymond Sommer et Jean Pierre Wimille, sont les plus de victorieux, mais les italiens Nino Farina, Tazio Nuvolari et Luigi Villoresi ont fait preuve d'autant de talent.

Côté mécanique, les machines munies de compresseurs, malgré une cylindrée inférieure semblent un ton au-dessus des moteurs atmosphériques. Les Alfetta font figure d'épouvantail au milieu de ses concurrentes. Pour les contrer, Anthony Lago prépare sa nouvelle Talbot 26 L6 4483 cc. La machine, reste proche de la Talbot à moteur central de 1939, avec une légère évolution du moteur. Mais d'un modèle unique, la firme de Suresnes, doit procéder au lancement d'une petite série, avec pour objectif de séduire la clientèle privée.

Amédée Gordini, qui a dominé la saison des « courses de voiturettes », fait évoluer sa Type 11 en Type 15, avec une poupe affinée. Il n'exclut pas d'équiper le moteur SIMCA de 1090 cc d'un compresseur, afin de s'attaquer à la formule A.

La saison commence tôt, dès le mois de février en Suède avec deux épreuves mineures. Le 6 au G.P d'Hiver, Reg Parnell sur ERA Type A, l'emporte sur la ligne devant Leslie Brooke ERA type B. Puis il récidive le 23 à Stockholm, devant Georges Abecassis (ERA type A). De l'autre côté de l'Atlantique, les pilotes s'expriment en Argentine à Buenos Aires. Le 8 février, La Maserati 4 CL de Villoresi, précède l'Alfa de Varzi d'une seconde sous le drapeau à damiers. L'italien confirme le 15 février, cette fois devant l'Alfa du local Pablo Pessati.

Avec le retour du G.P de Pau, le lundi de Pâques 7 avril et même en l'absence des Alfetta, la formule 1 prend une autre dimension. 110 tours de 2,769 km, à travers la ville, sur un parcours bien connu des habitués d'avant-guerre, reste dans la tradition. 15 voitures disputent les essais, mais Louis Rosier sur une ancienne Talbot Lago SS insuffisamment préparée, avec des problèmes de freins et d'embrayage, ne pourra se qualifier.

Du côté des écuries, une structure se met en place. Louis Gérard, suspendu de permis de conduire à la suite de l'accident qui a couté la vie à Robert Mazaud l'an dernier à Nantes, crée l'écurie « Gersac ». La société spécialisée en Armagnac et spiritueux, permet d'engager trois Delage 3000 L6 pour Jean Achard, Philippe Etancelin et Pierre Levegh. « L'écurie France » de Paul Vallée, varie les plaisirs avec la Talbot à moteur centrale pour Eugène Chaboud, et des Delahaye 135S Charles Pozzi et Henri Trillaud. Maserati, via son officine la Scuderia Milano, participe avec trois 4CL pour Louveau, Pagani et Ruggeri. Et puis il y'a les indépendants, Prince Bira sur ERA type B et surtout Raymond Sommer, qui réalise la pôle sur sa Maserati 4CL personnelle. Son éternelle rival Jean Pierre Wimille, fait confiance à Gordini avec la nouvelle Type 15.

La maitrise du pilote et l'agilité de la petite Gordini sur le tourniquet palois, permet de placer la voiture en 3e ligne avec le 6e temps. Au baissé du drapeau, Sommer se montre le plus prompt et vire en tête devant Chaboud au virage de la gare. Avec une voie dégagée, Raymond crée un écart rapidement et compte 15" d'avance au 5e tour. Ruggeri manque déjà à l'appel, il sort de la route au virage du lycée et s'encastre dans un lampadaire. Blessé aux jambes et au thorax, il est évacué pour être hospitalisé.

Louveau échange la 3e place avec Prince Bira depuis le départ, puis rétrograde en 6e position. Premier coup de Théâtre, Chaboud toujours second, s'arrête au 8e passage sur rupture de joint de culasse. Pagani occupe désormais la place de dauphin, à 30" de Sommer, qui double tous les concurrents sauf l'italien dès le 15e tour. Derrière Wimille, impérial, place la petite Gordini en 3e position, après une chaude lutte avec Prince Bira. Sommer, bat le record du tour au 35e passage en 1'49'6, à 90,806 km/h de moyenne. Nouveau coup de Théâtre au 46e tour, Wimille possède une vingtaine de secondes sur Pagani et s'arrête au stand, en prise avec un embrayage qui patine. Furieux, Amédée, reprend le volant avant d'abandonner définitivement au 64e passage. A mi-course, au 55e tour, le bal des ravitaillement commence sans grand changement. Levegh, occupe désormais la 3e position devant Connell et Achard. Prince Bira, a déjà rejoint son box définitivement avant le ravitaillement, sur un problème mécanique.

Alors que la course parait figée, Sommer doit faire un passage par son stand, pour un changement de bougies. Il repart très attardé pour un baroud d'honneur, au moment de l'abandon de Gordini. Déchainé, « le sanglier des Ardennes » fait le spectacle en fixant le record du tour en 1'49"1 (91,389km/h) à son 76e passage. Raymond 4e, semble capable de reprendre Levegh et Achard. Dans l'ardeur de la poursuite, il éclate un pneu contre un trottoir, dans une courbe derrière le casino, avant de finir sa course à travers une barrière du parc Beaumont. Dans la foule, on relève quelques blessés, dont un enfant de 12 ans, qui devra être trépané.

La course, se termine désormais sans incident et sans passion. Nello Pagani, l'emporte avec 2 tours d'avance sur Levegh 2e et Louveau 3e. Jean Achard 4e, finit à 3 tours.

Parmi les nombreuses courses proposées, Alfa Corse, ne décide d'aligner ses Alfetta que sur les quatre épreuves majeures de la saison, à Bremgarten en Suisse, Spa Francorchamps en Belgique, Milan en Italie et à Lyon Parilly en France. Puis finalement déclare forfait pour cette 4e épreuve, mais fait une exception au mois de juillet pour le G.P de Bari.

Ses adversaires bénéficient de cette situation, pour se tresser quelques lauriers. En premier lieu Talbot, toujours avec la Lago à moteur centrale, sur le circuit des platanes autour du Castillet à Perpignan, le 27 avril. Eugène Chaboud, 3e temps des essais, profite de l'abandon de Sommer sur rupture de boite de vitesses et de Wimille toujours sur Gordini, avec une surchauffe moteur, pour laisser Louveau (Delage) 4e à un tour. Chaboud, double la mise à Marseille le 18 mai, profitant des problèmes moteurs de Villoresi et Sommer. Platé (Maserati 4CL) devient son dauphin à un tour, devant Louveau 3e à deux tours.

1er juin, dernière épreuve préparatoire avant le G.P de Suisse. Nîmes, offre un circuit routier particulièrement bien aménagé et attrayant sur la RN 87, autour de l'aéroport de Courbessac. En sortant de la ville, l'organisateur, permet de proposer une chaussée de 7 mètres de large, contre les 5 mètres règlementaires. De ce fait, sans mode de qualification particulier, 26 voitures répondent à l'appel. Côté écurie, un conflit s'ouvre entre Eugène Chaboud et Paul Vallée, Manager de l'écurie France. Ce dernier, décide de confier sa meilleure monture, la Talbot à moteur centrale à Louis Chiron. Chaboud frustré, après l'avoir emporté à Perpignan et à Marseille avec cette voiture, décide de claquer la porte après cette course. Par solidarité, Charles Pozzi et Henri Trillaud l'accompagne dans son exil. Pour le reste, la participation étrangère est plutôt maigre, avec Villoresi, Platé, les anglais Parnell, Raymond Mays, Fred Ashmore, et Prince Bira.

Dans une sorte de jeu de chaise musicale, Maurice Trintignant, membre de l'organisation, l'Automobile Club du Gard, récupère la Delage de Levegh. Ce dernier, se retrouve avec la Delhaye de réserve de Jean Achard. Chaboud, prend part à la course sur sa Delhaye personnelle. La longueur de la course, 70 tours de 5km261, soit plus de 368 km ne manque pas d'en effrayer certains. De ce fait, Sommer et Wimille, préfèrent s'engager dans la Coupe Robert Benoist, réservée aux petites cylindrées, avec 131,5 km seulement à couvrir.

Jean Pierre, reste fidèle à sa SIMCA Gordini T15, pendant que Raymond, tente l'aventure sur une Cisitalia D46. Sommer réalise la pôle, avec cette nouvelle monoplace, propulsée par un moteur FIAT de 1090 cc. La monture semble représenter une alternative intéressante, pour s'opposer aux Gordini. En course, il faut tout le talent de Wimille pour l'emporter. « Le Sanglier des Ardennes » s'assure la 2e place à 57" du parisien. Les Cisitalia de Manzon 3e et Schell 4e, s'octroient les places d'honneurs. Par contre les D.B n'ont pas fait le poids. André Bossut, finit 10e à 23 tours et René Bonnet, 15e et dernier.

Sommer, finalement s'aligne dans le Grand Prix. Le résultat, n'est pas à la hauteur de ses espérances. Après un départ quelconque le moteur de sa Maserati 4 CL, rend l'âme au 46e tour. Comme prévu, alors qu'il faut faire deux arrêts ravitaillement, dans une course de plus de 3 heures et demi, les abandons se succèdent, 14 au total. Jean Achard et Eugène Martin, sont éliminés d'entrée dans un accident. Bira renonce au 40e tour et Etancelin s'arrête au 54e, suite à un problème de distribution. Pendant ce temps, Luigi Villoresi sur la Maserati 4CL de la Scuderia Ambrosiana, va vers une victoire confortable, établissant le record du tour à 102,663 km/h de moyenne. Chiron, seul pilote à ne pas être doublé, termine 2e à 2'37". Parnell (Maserati 4 CL) 3e, lui rend 2 tours et Mays (ERA type B) 4e, plus de 5. Dans l'ensemble, à part Chiron, les Français se montrent décevant, avec les 5e et 6e place de Pozzi (Delhaye 135) et d'Yves Giraud Cabantous (Talbot 26 SS).

Le G.P de Suisse du 8 juin, première épreuve majeure de la saison, se dispute avec deux manches qualificatives de 20 tours de 7280m, suivi d'une finale sur 30 tours. Avec le retour d'Alfa Corse, il ne faut pas aller chercher plus loin les favoris. La firme turinoise, présente quatre Alfetta pour Sanesi, Trossi, Varzi et Wimille. Les Maserati 4 CL de la scuderia Milano de Chiron, Grieco, Pagani Prince Bira, Villoresi et Sommer devraient être leur principaux adversaires. Raymond Mays, se présente au volant d'une ERA Type B 1488 cc à compresseur.

Le circuit de Bremgarten, près de Berne, long de 7280 m dessiné à travers une forêt, ne présente pas toutes les garanties de sécurité nécessaire. La luminosité médiocre, surtout pas temps couvert et un macadam irrégulier, sont les principaux griefs des pilotes. Le tracé, ne comporte pas de véritable ligne droite, mais de nombreuses courbes à prendre à grande vitesse. Dans ces conditions, les voitures sans compresseur, sont là pour faire le nombre. L'écurie Gersac avec ses Delage de 3 litres, où Ernst Hürzeler remplace Levegh au nom de « la représentation nationale » n'ont guère de chance. Même cas de figure pour l'écurie France avec ses Delhaye de 3,5 litres. Lucy O'Reilly, ose tout de même engager deux Cisitalia D46 1090cc, pour son fils Harry Shell et pour Raymond de Sauge.

Dans la première manche, Varzi et Trossi, terminent roues dans roues avec 2'23" d'avance sur Mays et 2'43" sur Pagani. Tous les autres sont à un tour et plus. Wimille, se promène littéralement dans la seconde manche, en laissant son coéquipier Sanesi à 2'10". Derrière l'italien, la lutte est plus serrée entre Villoresi 3e et Chiron 4e. La finale ne laisse pas de place au doute. Wimille réalise le meilleur tour en course à 156,934 Km/h de moyenne et laisse Varzi à 45". Trossi termine 3e à 2'18", pendant que Sommer 4e, réussit à intercaler sa Maserati devant la dernière Alfetta de Sanesi, mais à plus d'un tour. Nous restons dans la catégorie « des épreuves majeures », avec le G.P de Belgique du 29 juin, sur un circuit de Spa

Francorchamps rénové, au tracé de 14km500 dans la forêt ardennaise, à couvrir 35 fois.

Qui pour contrer le carré d'as d'Alfa Corse ? Un seul nom peut être avancé celui de Raymond Sommer, d'autant que la Scuderia Milano ne fait pas le déplacement. Nous retrouvons les français au départ pour occuper la grille. L'écurie Gersac, avec les Delage, dont Levegh a retrouvé un volant, avec Trintignant et Louveau pour l'épauler. L'écurie France, engage deux Talbot celle à moteur centrale pour Chiron et celle à moteur décalé pour Yves Giraud Cabantous, complété par la Delahaye d'Emile Cornet. Les « indépendants » fournissent le reste du plateau, Bob Gérard et Peter Whitehead sur ERA B, Louis Rosier et Leslie Johnson sur Talbot, Chaboud sur sa Delahaye 35 S, sans oublier le Suisse Emmanuel de Graffenried sur Maserati 4 CL.

Aux essais, Wimille se montre encore une fois le plus rapide, devant l'autre Alfetta de Varzi. L'exploit, revient au monégasque Louis Chiron, qui réussit à intercaler sa Talbot à la 3e place, en première ligne, devant l'Alfa de Trossi et la Maserati de Sommer.

Surprise au départ de la course, ou Sommer fait la nique aux Alfa. Raymond tient 3 tours en leader, avant de céder la tête à son compatriote Wimille. Le spectacle est gâché au 14e passage, lorsque Sommer rentre à son stand avec un longeron de châssis fissuré. Jean Pierre Wimille, ne va quitter la tête qu'un court moment, le temps du ravitaillement. Il laisse l'Alfetta de Varzi à un tour et celle de Trossi 3e à 2 tours. La course a été marquée par de trop nombreuses casses. Parmi les outsiders, Chiron a coulé une bielle au 9e passage et Sanesi, déjà handicapé aux essais, renonce au 32e tour, sans garniture de frein. « Les petits », peuvent ramasser les miettes, Bob Gérard (ERA), 4e à 3 tours et Maurice Trintignant (Delage), 5e à 4 tours.

Le G.P de Reims du 06 juillet aurait mérité l'appellation G.P de France pour son côté spectaculaire, déjà attribué à la course de Lyon-Parilly.

Considéré à juste titre comme le circuit le plus rapide d'Europe et richement doté par les grandes maisons de Champagne. La course attire la foule des concurrents, sauf Alfa Corse. De ce fait, l'épreuve n'est que plus ouverte. Le spectateur est mis aux petits soins de l'organisateur, l'Automobile Club de Champagne.

Il faut débourser 4 000 Francs pour une loge de piste de 8 places, 600 pour un place couverte en tribune, 200 dans les gradins du virage du Thillois et 80 francs au virage de Gueux. La restauration n'est pas oubliée, avec au menu, truite en gelée, poulet à la broche, plateau de fromage, glace Colbert et biscuit de Reims, le tout bien entendu arrosé au Champagne.

Pour la coupe des petites cylindrées, les Gordini de Prince Bira, Trintignant, Scaron, Wimille et Amédée lui-même, devront faire face aux Cisitalia de Sommer, Schell, Loyer, Manzon, Serafini, Boyer et de Sauge. Parmi les autres concurrents, la firme de Billancourt Salmson prépare deux de ses modèles ES, pour Giraud-Cabantous et Boucard. Reg Parnell répond avec son ERA personnel, dépourvu de son compresseur, pour satisfaire à la catégorie. Autres originalités, la Lagonda Rapier de Metcalfe et une Simca Monopole, pour Jean de Montremy.

La firme Monopole basée à Poissy, s'est spécialisée depuis les années 30, dans la fabrication de chemises, pistons et soupapes pour moteurs. La société, sous-traite essentiellement pour les fabricants français, Citroën, Panhard, Peugeot et Simca. Le rachat cette année, par un suisse spécialisé dans les spiritueux, donne un nouvel élan à l'entreprise.

Les Gordini, marquent leur territoire aux essais. Wimille réalise le meilleur temps, devant Bira et Amédée Gordini. Amédée, tout comme Parnell, 4e temps, voulant sans doute se réserver pour le Grand Prix, ne prendrons pas le départ de la course. Dès le début, Wimille commence son festival. Au jeu de l'aspiration, essentiel sur ce circuit ultra rapide, seuls Prince Bira et Scaron réussissent à rester dans ses échappements. La course semble jouée, lorsque dans le dernier tour, un ressort de soupape, lâche dans le moteur du champion français. Il s'immobilise définitivement à 300m de la ligne d'arrivée, laissant la victoire à Bira avec 4/10 d'avance sur Scaron.

Curieusement, le Grand Prix se montre moins intéressant au niveau des engagements que la coupe des petites cylindrées. Wimille ne prend pas le départ, autres forfaits les Delage d'Achard et d'Etancelin. Les Maserati 4 CL à compresseurs, adoptées par différentes écuries semblent intouchables. La Scuderia Ambrosiana présentent deux premières lames, « l'ancien » Luigi Villoresi et le « nouveau », Alberto Ascari. Enrico Platé s'engage sous son propre nom avec pour ailier le suisse Christian Kautz. Toujours sur Maserati « Raph » de l'Ecurie Naphra Course, et Sommer sur sa voiture personnel. En dehors des britanniques, Bob Gérard, Whitehead, Parnell et Leslie Brooke tous sur ERA privées, les français font pâle figure. Trintignant, pilote la seule Delage disponible de l'écurie Gersac, pendant que Louveau s'engage sur sa monture personnelle. Deux voitures sont disponibles pour l'écurie France, la Talbot à moteur centrale, pour Louis Chiron et une Delahaye 135 S pour Charles Pozzi. Chaboud, continue son chemin en solitaire sur sa Delahaye, pendant qu'Edmond Mouche et Louis Rosier, participent avec des Talbot privées.

Kautz, en pôle, part en tête devant Sommer. Mais l'intérêt, réside en fond de grille où les Maserati de la Scuderia Ambrosiana, qui n'ont pu participer aux essais, partent de derrière et doivent remonter tout le peloton. Villoresi, établit le record du tour au 3e passage, pendant qu'Ascari 3e au 5e tour, ravit la place de dauphin, dès le passage suivant. Kautz tient bon le manche, il est toujours leader au 10e des 51 tours devant les deux italiens. Au cours des 10 passages suivants, les positions restent inchangées.

Seul Chiron réussit à intercaler sa Talbot à la 3e place entre Villoresi 2e et Ascari 4e. Au 21e tour Villoresi passe Kautz. Mais alors que la course atteint son paroxysme, les casses mécaniques gâchent le spectacle. Ascari d'abord, s'arrête définitivement, dans la ligne droite des tribunes sur rupture de moteur, au 26e tour. Après le ravitaillement de la mi-course, Villoresi toujours leader, tombe en panne de moteur, au virage de « la bonne rencontre ». Il reste 17 tours à couvrir, Kautz a désormais le champ libre.

Sommer abandonne dans l'anonymat au 38e tour, trahit pendant toute la course par son châssis et son moteur. Dernière victime, la Delage de Trintignant alors 3e, tombe en panne au virage de Thillois dans le 41e tour. Christian Kautz, reste un vainqueur inattendu, Louis Chiron second lui rend presque un tour, pendant que Bob Gérard 3e et Chaboud 4e en concèdent trois.

Le week-end des 12 et 13 juillet, pas moins de quatre courses de Grand Prix sont proposées, signe d'un engouement retrouvé à la fois par les organisateurs et par le public. Néanmoins, ces organisations présentent l'inconvénient de diviser les forces en présence. Ainsi le samedi, les insulaires britanniques, proposent un plateau trop squelettiques à Gransden Lodge, pour pouvoir intéresser les concurrents du continent. Alfa Corse, boude l'albigeois le dimanche, pour le circuit urbain de Bari. Sans doute, que pour la firme turinoise, « Bari sera toujours Bari ». Toujours est-il que les Alfetta déjà dominatrice en temps normal, se retrouve sans opposition, dans un plateau où seulement 11 machines prennent le départ. Sans leur pilote vedette J.P Wimille, Alfa l'emporte avec Achille Varzi devant Consalvo Sanesi à 3". Le troisième, Renato Balestro, sur une ancienne Alfa 8C 2300, termine …à plus de 7 tours ! Si l'on rajoute, que seulement 6 voitures au total sont classées, Bari représente en quelques sortes … « le cimetière des éléphants ».

Plus sérieusement, en dehors d'un Grand Prix proposée à Bell Ville en argentine, 25 pilotes se retrouvent pour le G.P d'Albi sur le circuit des Planques. L'organisateur propose une seule course, ouverte aux grosses et petites cylindrées. De ce fait quatre SIMCA Gordini et six Cisatalia, sans oublier la DB Citroën de René Bonnet, trouvent leurs places au milieu des gros cubes.

Côté écurie, un changement important intervient. Robert Mazaud, lassé par la non compétitivité de ses Delage, sans parler du cout d'entretien et des engagements, liquide l'Ecurie Gersac. Pierre Levegh réussit à se recaser dans l'Ecurie Naphtra Course, aux côtés de son propriétaire Georges Raphael Béthenot de Montbressieux, alias « Raph ».

Henri Louveau, sur sa Maserati 4 CL personnelle, se montre le plus rapide aux essais, pendant que Wimille sur l'agile Gordini crée la sensation avec le 2ᵉ temps. Tout aussi surprenant Edmond Mouche, sur une Talbot 150C vieille de près de 10 ans, complète la première ligne. 40 tours de 8km900 sont à boucler.

Le temps chaud et ensoleillé, va produire de nombreuses conséquences sur les mécaniques. Shell (Gordini) et Parnell (ERA) renoncent dès le premier tour pour des problèmes moteurs. Wimille s'arrête au 7ᵉ tour et Louveau au passage suivant, toujours à cause de la mécanique ne supportant pas la chaleur. Villoresi, sur la Maserati 4CL de l'écurie Ambrosiana, semble le mieux placé pour l'emporter, lorsqu'une panne d'essence, l'immobilise sur le circuit, juste avant son ravitaillement au 21ᵉ tour. La course ne perd pas de son intérêt, Chaboud (Delhaye) et Rosier (Talbot), s'étripent pour la première place. La Delhaye est accidentée dans le dernier tour, laissant ainsi la victoire à Rosier pendant que Sommer (Gordini), prend la 2ᵉ place à 2'02" de la Talbot. Dans l'ensemble les petites cylindrées, se sont montrées plus résistantes que les grosses. Si la Delahaye de Pozzi termine 3ᵉ à un tour, nous retrouvons derrière les Cisitalia de Loyer 4ᵉ et Minetti 5ᵉ, sans oublier la Gordini de Trintignant 6ᵉ.

Luigi Villoresi va prendre sa revanche sur les deux courses suivantes à Nice le 20 juillet et à Strasbourg le 3 août. Sur la promenade des anglais, Raymond Sommer est encore une fois frappé par la malchance. Alors qu'il vient d'établir le record du tour, son moteur prend feu à son 26ᵉ passage. Sa Maserati n'étant pas réparer à temps, il doit déclarer forfait pour la course suivante.

Wimille, malgré un manque de puissance da sa SIMCA Gordini finit 2e du G.P de Nice à 2 tours de l'Italien. Au G.P d'Alsace, Yves Giraud Cabantous sur la Talbot à moteur centrale, prend la place de dauphin à 1' 14" de la Maserati de Villoresi. Wimille n'a pu reproduire sa course de Nice, contraint à l'abandon pour des problèmes de freins.

Progressivement les organisateurs augmentent les distances. Les courses, dépassent maintenant allègrement les 300 km. De ce fait, il devient nécessaire de composer un plateau conséquent pour tenir le spectateur en haleine, souvent frustré par un nombre d'abandons trop nombreux. Long de 11km le circuit de Comminges à Saint Gaudens, le 10 août, permet d'accueillir 35 voitures, un record pour l'après-guerre. L'absence de Sommer, toujours privé de monture et le forfait de Wimille en dernière minute, suite à un problème moteur de sa Gordini, rendent la course moins attrayante.

Villoresi, meilleur temps des essais, lorgne une troisième victoire consécutive. Les circonstances de course et la météo vont en décider autrement. Dès le départ la Scuderia Ambrosiana, prend les choses en main avec les Maserati de Villoresi et Ascari. Les accidents se multiplient (9 au total), d'autant qu'une violente averse inonde le circuit à la mi-course. Robert (Cisitalia) et Raph (Maserati) en sont les premières victimes, avant que Villoresi et Levegh ne s'accrochent pour un abandon définitif au 17e tour. Ascari prend le relais, mais l'humidité a raison de son allumage et il doit faire un passage par les stands. Les deux Talbot de l'écurie France, de Louis Chiron et d'Yves Giraud Cabantous, entretiennent le suspense jusqu'au bout. A l'arrivée ils restent dans cet ordre, avec 5/10 d'écart. Eugène Chaboud également sur Talbot termine 3e à 1'46", pendant qu'Ascari doit se contenter de la 7e place à un tour.

Chapitre 3 : Deutsch Bonnet, de raison et d'amitié.

La saison 1947 tire à sa fin, des courses diverses et variées, ils restent encore deux épreuves majeurs à disputer. Le 7 septembre, la ronde de la Formule A, se retrouve à Portello un quartier de Milan, sur un circuit ultra rapide tracé dans Sempione Park. Une boucle de près de 3,5 km, doit être couverte à 100 reprises.

Dans le berceau d'Alfa Roméo, la victoire de la marque milanaise, déjà hyper dominatrice, ne fait aucun doute. Mieux même, afin de s'assurer une victoire 100 % italienne, le team manger Giacchino Colombo, n'a pas convoqué Jean Pierre Wimille, pour le remplacer par l'obscur Alessandro Gaboardi.

Les essais sont conformes à la logique. L'Alfetta de Sanesi s'empare du meilleur chrono devant celle de Trossi. Villoresi sur une Maserati 4CLT de la Scuderia Ambrosiana complète la première ligne, mais tout de même à 1"4 de la pôle position. En 2ᵉ ligne, nous retrouvons la 3ᵉ Alfa de Varzi à côté de la Maserati d'Ascari. Les Maserati des français Chiron et Sommer, occupent la 3ᵉ ligne sur le flanc de celle du Suisse de Graffenried, pendant que Gaboardi, flanqué de Levegh (Maserati), réalise seulement le 9ᵉ Chrono en 4ᵉ ligne. Talbot absent, les machines françaises se réduisent aux Delhaye Chaboud et Pozzi, 13ᵉ et 14ᵉ temps et à la Delage de Louveau 22ᵉ sur les 24 partants.

Dans une course de plus de 3 heures, il faut savoir ménager sa mécanique. Prince Bira, n'a pas besoin de se poser la question, le compresseur de sa Maserati le lâche dans la première boucle. Nelo Pagani (Maserati) ne dépasse pas les deux tours, pour un problème de pneumatique. Villoresi, le seul à pouvoir contester la supériorité des Alfetta voit ses espoirs s'envoler peu après la mi-course, privé de freins. De ce fait, Alfa Corse réussit le quadruplé. Trossi l'emporte avec 1/10 d'avance Varzi et un tour sur Sanesi. La 4e place Gaboardi à plus de 5 tours ne fait que confirmer la hiérarchie et la valeur des pilotes, pendant que la 5e place d'Ascari à 6 tours, indique clairement la différence entre les machines.

Changement de décors et changement de casting, le 21 septembre à Lyon Parilly, avec le retour des Talbot et l'absence des Alfa, due à des grèves en Italie. Si le suspens se trouve de ce fait relancé pour le Grand Prix, le retour des petites cylindrées, pour une course de voiturettes, concurrence fortement, un G.P labelisé F.I.A. 25 machines répondent présente, chez « les petits », contre 17 pour les gros cubes.

La « coupe de Lyon », sur un circuit de 7km 300 emprunte une route nationale du futur périphérique lyonnais. Gordini, a pour ambition de devenir l'Alfa Corse des petites cylindrées. Tendance confirmée aux essais, par la pôle position de J.P Wimille, devant une autre SIMCA Gordini de Prince Bira à 2"7, pendant que l'Amilcar d'André de Cortanze complète le première ligne, mais à 4" pleine du parisien. Raymond Sommer sur Gordini, peut aussi jouer les troubles fêtes, mais avec l'inconvénient de partir en fond de grille, sans temps de référence aux essais.

Si les petites Gordini, sont au moins aussi agile que les Alfetta, la différence se situe dans la fiabilité de la mécanique. Sommer doit renoncer au 16e des 28 tours, pendant que Wimille se voit retarder. Finalement contre tour attente, Eugène Martin sur BMW 328, l'emporte devant Prince Bira (meilleur tour en course) à 14".

Wimille, après plusieurs passage au stand, doit se contenter de la 3e place à 20", devant de Cortanze 4e, à plus d'une minute du vainqueur.

L'absence les Alfetta, pour le Grand Prix, fait moins parler que la présence de la nouvelle CTA (*pour Centre Technique Automobile*) Arsenal, projet soutenu par l'état français, afin de promouvoir la construction automobile dans l'hexagone. La voiture fabriquée à Chatillon, possède un moteur de 1 482 cc, développant 215 cv dans sa version de base. Cette puissance, peut passer à 275 cv, boosté par deux compresseurs Roots. L'Arsenal de Chatillon, a pour ambition de concurrencer d'Alfa Corse ...rien que ça !

Sa première sortie en essais privés au début du mois à Montlhéry, n'est guère encourageante. Un défaut de châssis, rend sa tenue de cap en ligne droite complètement instable. Sous la pression du ministère des transports, la voiture est engagée pour le G.P de l'Automobile Club de France, sans changement significatif. Dans ces conditions, il ne peut y avoir de miracle. Sommer, se bat pour obtenir le 13e temps sur la grille à près d'une demi-minute de la pôle position d'Henri Louveau sur Maserati. Nous retrouvons derrière le « sanglier des Ardennes », la lente Delahaye de Pozzi et les Maserati d'Ascari et Villoresi, arrivées en retard, sans temps qualificatif.

Au départ de la course, la voiture de Sommer reste en carafe sur la grille, avec une rupture de pont et un embraye déficient. Brooke (ERA) et Chinetti (Talbot), sur casse moteur, ne bouclent qu'un seul tour. Villoresi, devient leader au 3e passage, mais pour avoir trop sollicité son moteur dans sa folle remontée, doit renoncer au tour suivant. Louis Chiron sur la Talbot à moteur centrale, prend la tête dès le 6e des 70 tours, pour ne plus la quitter. Louveau, un court instant leader, doit se contenter de la seconde place à 1'40" du monégasque, devant Chaboud (Talbot) 3e à un tour. La course est endeuillée malheureusement au 25e passage, lorsque la Maserati de Levegh à plus de 200 km/h se voit lâché par son vilebrequin. Devenue incontrôlable, la machine rentre dans la foule, blessant son pilote et faisant au passage 3 morts et 14 blessés.

L'échec de la CTA Arsenal, ne l'empêche pas de trôner au regard de Vincent Auriol, nouveau Président de la République et du grand public, pour le 34ᵉ salon de l'auto au Grand Palais. La compétition y prend une petite place avec l'exposition de la SIMCA Gordini type 15 et de la toute nouvelle Talbot Lago T 26 C, fondant les espoirs français en F1 pour 1948. Si la 2 CV Citroën et la Peugeot 203, sont toujours en gestation, le visiteur peut se tourner vers quelques protos futuristes comme Grégoire 2 litres, ou l'étrange Dolo en plexiglass, 2 places, 3 CV fiscaux, pour une vitesse de pointe annoncée de 120 km heure.

La saison de compétition, se clôt désormais avec le traditionnel G.P du Salon, le 16 novembre, sur le circuit de Montlhéry. L'épreuve n'attire pas la foule des pilotes, avec une présence de seulement 14 drivers, tous de nationalité française, à l'exception de Chiron. Même si cette dernière course, doit déterminer « un titre officieux » de champion de France, Wimille et Gordini, en particulier, s'en désintéressent totalement. Ce championnat, finalement n'intrigue que quelques journalistes en se posant la question de savoir si Louis Chiron de nationalité monégasque, peut briguer le titre. Les passionnés, savent très bien que les deux meilleurs pilotes français du moment, sont Jean Pierre Wimille et Raymond Sommer. Aucun des deux, ne seront paré par les lauriers. Les Talbot Lago de Chaboud, Chiron, Giraud Cabantous et Rosier, devront faire face aux Maserati de Louveau et Sommer. Entre les Delhaye de Pozzi, de Meyrat et la Delage de Constantin, désormais complètement dépassées, Il faut les Cisitalia de Boyer, Loyer et Robert, ainsi que la DB Citroën de René Bonnet pour compléter la grille.

Chiron s'installe en pôle position, les coureurs devront couvrir 48 tours de 6,300 km. Le suspens ne dure que 18 tours, au moment où Chiron et Sommer abandonnent en même temps. Le premier sur rupture de transmission, le second pour un problème moteur.

Yves Giraud Cabantous a désormais le champ libre, pour l'emporter avec 5 tours d'avance sur Eugène Chaboud 2ᵉ et Charles Pozzi 3ᵉ. Ces trois pilotes finissent, dans le même ordre le pseudo championnat.

Il y'a parfois de belles histoires et de belles rencontres. Celles de Charles Deutch et de René Bonnet, pourraient s'écrire dans un roman. Charles Deutch a vu le jour le 6 septembre 1911 à Champigny. Véritable intellectuel, il sort diplômé de polytechnique promotion 1931. Ingénieur des Ponts et Chaussées, ses goûts l'orientent vers l'automobile, avec une passion particulière pour l'aérodynamisme.

René Bonnet est né le 27 décembre 1904 à Vaumas dans l'Allier, d'un père menuisier et d'une mère coiffeuse. Le premier conflit mondial l'oblige a arrêté sa scolarité en 1915, faute d'instituteur. Il rejoint ainsi son père dans son atelier de menuiserie. Sportif, il se défoule sur les terrains de foot, au poste d'ailier droit dans l'équipe de Dompierre/Besbre. En 1925, il est appelé à faire son service militaire, le grand large le tente, il choisit la Marine. Lors d'une plongée en eau profonde, paralysé par un mal de dos, des camarades sont obligés de le remonter à la surface pour l'extraire de la mer. Démobilisé, des médecins constatent que René est atteint d'une tuberculose osseuse, le condamnant à une immobilité totale.

En 1927, il fait un passage en sanatorium à Berck. Lassé de différents examens inappropriés, il enlève son corset et se rend sur une civière tirée par un âne chez un radiologue. L'examen sans complaisance, révèle que René n'a jamais été atteint du mal de Pott, avec pour conséquence de ne plus savoir marcher, à cause d'une immobilisation prolongée. Il lui faudra plusieurs mois d'une rééducation intensive, pour retrouver toutes ses sensations vitales.

De retour dans l'Allier en 1929, il s'occupe d'une activité dans le tissage. Puis sa sœur le sollicite, pour reprendre le garage à Champigny/Marne, de son mari décédé dans un accident. Très vite, il se passionne pour la mécanique.

En 1931, il rachète une affaire de charronnage, appartenant à Madame Deutch, dont son fils Charles, finit ses études à polytechnique.

René, s'inscrit dans l'école de pilotage Georges Boillot à Montlhéry. Déjà Charles et René sont liés par une certaine amitié. Le premier de petite taille, scientifique idéaliste, réfléchi, réservé, voir même timide, se dit naïf. Néanmoins, il cache derrière son apparence un caractère bien trempé. Le second, contraste par sa carrure d'athlète, autodidacte, homme d'action, charmeur près à forcer un destin qui jusqu'à présent ne lui a pas été favorable. Finalement, ce sont leurs différences qui rapprochent les deux hommes, plutôt que leurs points communs.

En 1937, faute de pouvoir bénéficier d'une voiture compétitive, malgré le peu d'argent dont ils disposent, ils décident de se lancer dans la construction d'une voiture de compétition. La D.B 1 est prête, pour la première fois aux 12 heures de Paris du 11 septembre 1938 à Montlhéry. Charles et René, se sont associés n'ont seulement pour la construire, mais aussi pour la piloter. 32 équipages sont engagés, avec quelques grands noms au départ, René Dreyfus et Yves Giraud Cabantous sur les nouvelles Delahaye 145, René Lebègue et Philippe Etancelin sur Talbot T26, ou encore Eugène Chaboud sur Delhaye 135. Amédée Gordini, fait équipe avec Scaron sur une SIMCA 8. Il ne manque finalement que les deux stars françaises du moment, Raymond Sommer et Jean Pierre Wimille.

Charles et René, participent dans la catégorie 2000/3000cc, le tank spider D.B particulièrement bien profilé, du au dessin de Charles, est propulsé par le moteur de la traction avant 15cv Citroën. La voiture renonce dès le 3ᵉ tour, sur ennuis mécaniques, alors que Charles n'a même pas pu prendre le volant pour la course. L'équipage Lebègue/Morel, l'emportent devant la Delhaye 135 CS de Villeneuve/Biolay. Les joints de culasse et les soupapes ont eu raison des nouvelles Delahaye 145.

René Bonnet cette fois, reprend le volant seul à Chimay le 28 mai 1939, pour une course secondaire et termine à la deuxième place derrière la BMW 328 de Ralph Rose. Nous le retrouvons le 4 juin à Montlhéry pour le Bol d'Or, où il finit 4e.

Avec le début du deuxième conflit mondial, la D.B ne réapparait que pour la coupe de Paris du 9 septembre 1945 au bois de Boulogne, première course d'après-guerre. Toujours propulsé par un moteur Citroën mais de 11cv, Charles Deutch termine 9e du scratch et 2e de sa catégorie.

Pour 1946, notre duo décide de lancer sa D.B 1 en petite série, afin de s'adresser à une clientèle privée. Trois voitures, sont engagées pour le G.P de Belgique, disputé dans les bois de la Cambre à Bruxelles le 16 juin. A cette époque, la quasi-totalité des pilotes, arrivent par la route avec leurs propres véhicules. De ce fait, les retards s'accumulent. Ainsi sur les quarante voitures engagées, vingt-deux se présentent trop tard pour la course. Les DB de Charles Deutsch et d'Auguste Lachaize, se retrouvent dans ce cas pendant que la troisième devra abandonner.

Au cours des années 1946/1947, comme nous l'avons déjà vu, les D.B s'expriment dans des courses de voiturettes, faute de trouver d'autres terrains de jeux. Si la barquette, présente d'incontestable qualités avec un profilage sans reproche, son agilité ne peut rivaliser sur les circuits sinueux, par rapport à des monoplaces plus classiques comme la SIMCA Gordini ou la Cisitalia, De plus, la machine ne se montre pas toujours fiable au plan mécanique. De ce fait, les deux associés ne sont que peu récompensé de leurs efforts. En dehors de deux deuxièmes places de Bonnet à la Coupe de St Etienne et à la Coupe de St Cloud 1946, ainsi qu'une troisième place de Deutsch à la Coupe de Paris 1947, le bilan reste désespérément vide.

Les deux années à venir vont être décisives, pour la survie de la société. Il va bien falloir faire des choix. Est-il toujours compatible, d'être à la fois constructeur, manager et pilote ?

Quelles orientations donner aux futurs constructions ? Sur ce point, un début de réponse peut être apporté, en fonction du retour des courses de Rallye et d'endurance. Le type et la cylindrée des moteurs, sont aussi des éléments à prendre en considération.

Pour D.B, la Formule 1 1948, n'est pas d'actualité. Pour sortir des véhicules d'avant-guerre. Talbot Lago, présente enfin sa T 26C. Si le modèle reprend beaucoup d'éléments de la Talbot à moteur centrale datant de 1939, Anthony Lago, gomme son principal défaut, en élargissant la calandre pour un meilleur refroidissement. La traverse avant reculée de 14cm, évite un montage de la suspension en porte à faux et devrait améliorer la tenue de route. Côté motorisation, le constructeur reste fidèle aux 6 cylindres en ligne de 4,5 litres. Le moteur à bloc allégé en Alpax *(alliage d'aluminium)*, reçoit un double arbre à cames, alimenté par trois carburateurs Zénith. Selon les observateurs, la puissance de 250cv, et son poids de 950kg devrait être encore trop juste, pour contrer les moteurs munis de compresseurs. *(12 modèles seront produits entre 1948 et 1950)*.

Maserati fait également dans la nouveauté. Sa 4CLT/48 représente plus qu'une évolution de la 4 CL. Son châssis à structure multitubulaire, abandonne les traditionnels longerons du modèle précédent et donne à la voiture, une allure plus basse et mieux profilée. Le moteur de 1500cc avec 4 cylindres en ligne, est boosté par deux compresseurs dégageant une puissance de 260cv, pour un poids à vide de 630kg. *(18 exemplaires seront construits de 1948 à 1950)*.

Mais la véritable nouveauté passe par la Scuderia Ferrari. Enzo Ferrari, ex team manager d'Alfa Roméo, démarche Giacchino Colombo, la référence du moment en terme de créations, auquel il adjoint Luigi Bazzi, pour lancer ses deux premiers modèles à partir de 1947. La 125 S *(S pour Sport),* un spider propulsé par un moteur de 1500cc, voit le jour avec un succès pratiquement immédiat. Franco Cortese, l'emporte dès sa deuxième course, au G.P de Rome. Sur 14 courses disputées, la machine voit 6 fois le drapeau à damiers en première position.

Pour l'année suivante une version F1, permet de faire passer la puissance de 118 à 260 cv à l'aide d'un compresseur Roots. La firme au cheval cabré, a désormais une ambition clairement annoncée, rivaliser avec Alfa Corse. A Milan, Alfa Roméo continue de développer son Alfetta 158, en jouant sur la puissance moteur. Elle passe désormais, à 315ch à 7500 tours/minute.

Si la formule 1, représente déjà la nouvelle élite de la compétition automobile, certains organismes se préoccupent de démocratiser ce sport, pour le rendre moins onéreux. Les anglais sont les premiers à réagir, souvent par l'intermédiaire de garagistes passionnés. Ils se transforment bientôt en artisans constructeurs, partant du principe qu'une mini-monoplace, doit peser au minimum 200 kg, avec un moteur d'une cylindrée maximale de 500cc sans compresseur. Les « Racer 500 » viennent de naitre. Cooper et Marwin, sont les premiers à s'engouffrer dans le concept avant que Kieft et plus de « 400 bricoleurs » dans le monde entier, ne viennent les rejoindre au fil du temps. John Cooper en reste le symbole, avant que son créateur, ne gagne le titre pilote et constructeur en F1, deux années de suite, en 1959 et 1960.

Comme il s'agit de faire simple et économique, un moteur monocylindre de moto avec distribution par chaine, peut parfaitement faire l'affaire. Les britanniques, JAP et Norton, sont les premiers concernés. Le premier moteur, produit de base 45cv et le second 50, mais bientôt les préparateurs, vont pouvoir en dégager une puissance beaucoup plus importantes. Une mixture de carburant, composée majoritairement de Super avec 20% de Benzol et un complément d'huile de Ricin, permet d'obtenir un régime de 8000 tours, afin d'atteindre une vitesse de pointe de 180 Km/h.

Pour le châssis, le concept de la structure multitubulaire est adopté. Curieusement, nous allons retrouver le principe de la formule 1 du futur, avec plus de 10 ans d'avance ! Sur la plupart de ces réalisations, le moteur en position arrière centrale, avec un réservoir d'essence entre le siège du pilote et le moteur, permet une meilleure répartition des masses. De ce fait, la voiture tient mieux la route et surtout sa tenue de cap, ne se dégrade pas au fur et à mesure où le réservoir se vide pendant la course.

En France, il faut attendre 1949, pour que l'Agaci, *(l'Association Générale Automobile des Coureurs Indépendant)*, groupement sportif très actif, reprenne le mouvement à son compte. Dans l'hexagone, la conception de la plupart des voitures reste plus classique, avec châssis à poutre centrale et un moteur placé à l'avant. Pour la motorisation, Zundap ou BMW, trouvent plus d'acquéreurs que les motoristes britanniques.

Dans leur recherche de diversification, Deutsch et Bonnet, vont pouvoir élaborer un nouveau projet, en s'appuyant sur le bicylindre Panhard. Toujours dans le cadre de la diversification, la Targa Florio renait de ces cendres.

Chapitre 4 : Wimille, la légende for ever.

Plutôt que de vous faire un long laïus fastidieux sur les 30 Grand Prix de F1, proposé tout au long de la saison 1948, je vais me contenter de vous en décrire, les grandes lignes. L'Argentine occupe presque l'intégralité du calendrier sur les trois premiers mois de l'année, avec cinq épreuves.

Un inconnu de 36 ans, commence à se faire un nom. Juan Manuel Fangio, va bientôt devenir une légende. Il termine 5e à Mar del Plata le 25 janvier, sur une ancienne Maserati 4CL, où Farina l'emporte. Puis il hérite d'une vieille SIMCA Gordini type 11, le 1er février à Rosario. Il propose un beau spectacle établissant le record du tour, tout en rivalisant avec Jean Pierre Wimille, ne cédant la victoire au français qu'à 9 tours de la fin, sur rupture de joint de culasse. Le 14 février à Buenos-Aires, malgré le manque de puissance de sa machine, il réalise le 7e temps des essais. En course où Villoresi l'emporte, Fangio doit se contenter d'une 8e place, à la suite d'un problème mécanique.

La Fédération Internationale Automobile, confirme la réglementation de la F1 élaboré en 1947, en y ajoutant un chapitre pour « les petites cylindrées » devenu FII. La cylindrée, ne doit pas dépasser 2 litres pour les moteurs atmosphériques, ou 500cc pour les mécaniques équipées d'un compresseur. Le carburant est libre pour les deux formules, les voitures doivent posséder au moins un rétroviseur de 60cm2.

Quatre épreuves à Monaco, en Suisse, en France et en Italie sont inscrites comme majeur par la F.I.A. Toutefois, le G.P de Pau lance la saison en Europe le 29 mars. Le plateau se présente, sans les dernières nouveautés et sans Alfa Corse, qui se réserve pour les épreuves de premier plan. Sur les 16 concurrents, en partant du principe que le monégasque Louis Chiron et l'américain Harry Schell, peuvent être « assimilés », 13 sont français et 3 sont étrangers, le Prince de Siam Bira, l'italien Nello Pagani et le suisse Emmanuel de Graffenried.

Pour les écuries, l'équipe Gordini présente trois SIMCA type 15, avec un nouveau moteur à culasse hémisphérique pour Wimille, Bira et Scaron, avec quelques chances de briller, compte tenu de la sinuosité du circuit palois. Schell et Loyer sur Cisitalia D46 se retrouvent dans la même situation. L'écurie France présente, les deux Talbot bien connu des habitués, la monoplace à moteur centrale pour Chiron et celle à moteur décalé pour Giraud Cabantous. Il y'a quatre Maserati 4CL engagées, trois de l'écurie Enrico Platé pour Pagani, de Graffenried et Louveau, Sommer roule sur sa voiture personnelle. Tous les autres sont indépendants, Chaboud sur une « antique » Delahaye 135, Eugène Martin sur une hybride BMW 328 recarrossée course, équipé d'un moteur Frazer Nash, Pozzi, Rosier et Trintignant sur Talbot. Le circuit reste inchangé, mais le revêtement a été refait.

Les premiers essais du samedi, montre un Jean Pierre Wimille souverain. En 1' 49"7, il dépose son dauphin Giraud Cabantous à plus de 2". Le lendemain, il améliore encore de 2/10e, laissant Sommer second à 4/10e. Le circuit, a fait le plein de spectateurs pour la course du lundi, disputé sur 110 tours sous un soleil radieux.

Au drapeau, Wimille se montre le plus prompt, avant d'être débordé au virage Foch par un Sommer profitant de la puissance de sa Maserati. Derrière, la meute suit avec Pagani entrainant dans ses roues Bira et Giraud Cabantous. Chaboud s'arrête dès le premier tour pour changer de roue et Scaron s'immobilise au stand pendant un tour.

Devant Sommer et Wimille offrent aux spectateurs, un spectacle de rêve. Chiron, après un départ laborieux grignote place après place, et se retrouve 3e au 5e passage. Les positions restent inchangées jusqu'au 10e tour, où Wimille prend le meilleur sur le sanglier des Ardennes, avant de le distancer. Bira s'arrête au 14e passage, plongeant le stand Gordini dans l'inquiétude. La panne qui a retardé Scaron vient d'être identifiée, une faiblesse des nouveaux culbuteurs. On craint désormais, que Wimille ne soit touché par le même mal.

Au premier quart de la course, la casse se montre déjà considérable. Loyer, Trintignant, Bira, Scaron, Shell et Chaboud ont renoncés. Wimille, toujours impérial fixe le record du tour à 1'49"8 (90,810 km/h) à son 32e passage. Sommer, largué reste seul à moins d'un tour du parisien. Chiron toujours 3e se fait doubler par la Gordini au 33e tour. Puis c'est la stupeur dans le public, 4 tours plus tard. Wimille passe par son stand, toujours les culbuteurs !

La course cependant conserve un certain suspens. Chiron et Sommer sont au coude à coude, pendant que Pagani, comble une partie de son retard. Wimille, finit par repartir après plusieurs minutes d'arrêt au stand. Nous assistons à du « grand Jean Pierre ». Il balance la petite Gordini dans tous les virages en glissades magistrales, devant un public debout, à chaque passage de la voiture bleue. Le duel Sommer Chiron, s'interrompt au 50e tour dans les courbes du parc Beaumont. La Talbot, rentre au ralenti avec une canalisation d'essence rompue. Sommer, ne peut pas forcément résister, avec Pagani et Giraud Cabantous se rapprochant à un quinzaine de secondes.

Puis vient le temps des ravitaillements au 57e tour, où Sommer et Pagani stoppent simultanément. Ils repartent ensemble, pendant que Giraud Cabantous occupe le commandement jusqu'au 60e tour, moment que choisit Raymond pour le doubler. Pagani suit légèrement distancé. Sommer, creuse l'écart jusqu'au 94e tour, instant où il doit repasser par les stands, pour faire un ravitaillement en eau. Pagani reprend la tête devant la tribune, au moment où le français repart.

Pendant 5 tours, Sommer talonne l'italien sans pouvoir trouver l'ouverture. A trop prendre de risque, Raymond tape le trottoir au virage de la gare. La Maserati bleue, avec une roue voilée et un volant cassé ne renonce toujours pas. Le sanglier des Ardennes, pousse une dernière charge au 100e tour. Après avoir échoué à « la gare », Sommer passe au virage Foch. Il reste moins de 10 tours, la Maserati louvoie dangereusement devant une foule anxieuse. La roue ne va-t-elle pas finir par se détacher ?

Plus que deux tours, Pagani jette ses dernières forces contre la Maserati blessée du français. Fatalitas, au virage de la gare, le pont arrière de la voiture de Sommer cède et la Maserati se traine péniblement jusqu'au Pont Oscar. Pagani n'a pu qu'à finir le dernier tour épuisé, mais vainqueur. Les supporters français sont naturellement déçus. Leur rancœur est atténuée, pour avoir assisté à la plus belle course depuis la reprise. Giroud Cabantous termine 2e à 2 tours, pensant que Wimille figure à la 5e place à 5 tours.

Les organisateurs suisses du circuit des Nations, proposent le 2 mai, deux épreuves sur un tracé de 3km, autour du lac Léman. Alfa Corse toujours en retrait, le G.P des Nations de F1, permet de découvrir la nouvelle Maserati 4CLT aux mains de Nino Farina et l'inédite Ferrari, avec son modèle 166SC équipé d'un V12 à compresseur. Raymond Sommer se voit attribué le modèle. J.P Wimille avec Maurice Trintignant pour ailier, devra batailler ferme avec une Simca Gordini, T15 toujours aussi agile, mais en manque de puissance. Sans surprise aux essais, Farina se dévoile le plus rapide. 4e en début de course, Wimille fait le spectacle tout en glissade à l'épingle à cheveux du quai Wilson. Il prend bientôt l'avantage jusqu'au 51e des 80 tours, où comme à Pau, les culbuteurs de son moteur le trahissent. Entre temps, Faglioli, après un tête à queue, cale le moteur de sa Maserati, laissant le champ libre à Giuseppe Farina. Ce dernier l'emporte facilement, en établissant le meilleur tour en course. Emmanuel de Graffenried (Maserati), réussit à terminer dans le même tour que « El Dotore », pour prendre la 2e place, devant la prometteuse Ferrari de Sommer 3e à un tour.

Pour le G.P de Genève réservé aux formule 2, les 17 concurrents se partagent entre des Simca Gordini T11 et des Cisitalia D46 Fiat. La marque française confirme sa supériorité, dans cette catégorie, en s'offrant les trois premières places. Sommer déterminé, laisse Prince Bira 2e à 14" et Robert Manzon 3e à deux tours. Harry Schell, sur la meilleure Cisitalia, finit 4e à 4 tours.

Le 16 mai à Monaco, Alfa Corse brille encore par son absence. Dans cette première épreuve, « dite majeur », le public découvre enfin la nouvelle Talbot Lago T26 tant attendue. Deux exemplaires, sont confiés à Louis Rosier et au local Louis Chiron. Privé d'Alfetta, Wimille se rabat sur une Gordini T11, pendant que Sommer et Trintignant sont équipés d'une T15. Le circuit monégasque, présente suffisamment de similitude avec le tourniquet palois, pour que les « petites française » rivalisent avec les « grosses italiennes ». Aux essais Wimille, encadre les deux Maserati de Farina en pôle et de Villaresi sur la première ligne. Le problème des Gordini réside dans la fiabilité de leur moteur Simca. Sur 100 tours de 3km145, Prince Bira et Raymond Sommer, renoncent dès le 5e passage, le premier sur baisse de pression d'huile, le second sur rupture de soupape. Devant, Wimille plus prompt au départ fait jeu égal avec Farina et Villoresi pendant 40 tours. Après plusieurs passages au stand, le parisien abandonne définitivement au 60e sur casse moteur. Farina, remporte son deuxième succès de la saison, assorti du record du tour. Chiron, régulier, prend la deuxième place à 36" de l'italien, pour une première sortie prometteuse de la Talbot. De Graffenried (Maserati) complète le podium à 2 tours, devant Trintignant 4e.

Avec le retour en Suisse le 4 juillet, le public peut enfin admirer la meilleure voiture du moment l'Alfetta 158. Jean Pierre Wimille se présente en tête d'affiche de la firme milanaise, flanqué par ses équipiers italiens, Consalvo Sanesi, Carlo Felice Trossi, et Achille Varzi.

La victoire ne semble pas pouvoir leur échapper, malgré la qualité des Maserati défendue par Ascari, Faglioli, Farina, et autre Villoresi. Du coup, les Talbot T26 de Chiron et Rosier sont soumise à un véritable test. A noter, que les espoirs de Sommer, sont très limités sur une Gordini T15 particulièrement désavantagée, sur le circuit ultra rapide de Bremgarten. Déjà réputé pour être singulièrement dangereux en temps normal, avec ses larges courbes tracé au milieu d'une forêt, la piste noyée sous la pluie, devient d'autant plus glissante. En préambule, Omo Tenni se tue dans la course de motocyclette. Les pilotes des F1 deviennent plus prudent, pour les essais. Trop peut-être, lorsque Achille Varzi aborde le virage de « Jordenrampe », une section descendante à trop faible vitesse. L'Alfa perd de l'adhérence et le pilote italien, cherche à retrouver du grip en corrigeant trop fortement sa trajectoire. Il sort de la piste, fauchant au passage un piquet de clôture. Sur l'impact la voiture, (*sans arceau de sécurité à l'époque*) se retourne brisant la nuque du malheureux pilote.

Alfa Corse envisage de se retirer de se retirer de l'épreuve, mais Norma Varzi, l'épouse d'Achille, s'y oppose en argumentant que l'écurie doit remporter la course en hommage à son mari. Wimille réussit le meilleur temps des essais, devant Farina et Villoresi, qui complètent la première ligne devant les deux Alfa restantes. En course, un nouveau drame se joue, le suisse Christian Kautz, sur Maserati, sort de la piste dès le 2ᵉ tour d'Eymatt et meurt sur le coup. L'histoire retiendra que Jean Pierre Wimille, meilleur tour en course, a offert la victoire sur la ligne d'arrivée à Carlo Trossi, ami proche d'Achille Varzi.

Le dimanche 18 juillet 1948, date importante qui va marquer l'histoire. Comme à son habitude, l'Automobile Club de Champagne, organise de main de maitre son Grand Prix, couplé avec la 2ᵉ coupe des petites cylindrées. Dans cette épreuve de F2, Amédée Gordini veut enfoncer le clou, en engageant pas moins de cinq machines Type 11 et type 15.

Au milieu des pilotes habitués de la marque comme Prince Bira, Harry Schell, Robert Manzon, ou José Scaron, figure un certain Juan Manuel Fangio, pour sa première course en Europe. La marque « du sorcier » fait figure de favori face aux deux Cisitalia. Néanmoins les nouvelles Ferrari 166 SC, pilotées par Raymond Sommer et Fernandino Righetti représentent un danger immédiat. Les essais confirment la tendance. « Le sanglier des Ardennes » en pôle laisse Fangio deuxième à 7" au tour, sur le circuit de 7km815 et Prince Bira 3e à 13" !

Dès le départ, Sommer prend la direction des opérations avec Bira dans ses roues. « Prince Igor » (Ferrari) 3e emmène Schell et Fangio, au premier passage devant les tribunes. La fiabilité des Gordini n'est toujours pas au rendez-vous. Schell abandonne le premier au 6e tour, imité au passage suivant par Fangio, avec un réservoir d'essence percé. Au 9e tour Manzon rentre à son stand en poussant sa voiture. Au 11e des 26 tours, Sommer passe avec 35" d'avance sur Prince Bira et 57" sur Prince Igor. L'écart, continue de s'accentuer, jusqu'au 16e tour où la meilleure Gordini de Bira abandonne sur rupture de courroie de ventilateur. Raymond Sommer, se voit débarrassé de son plus sérieux rival Prince Igor au 21e passage, pour un bris de transmission. Raymond, l'emporte avec un tour d'avance sur son coéquipier Righetti, Eugène Chaboud, profite des dix abandons pour compléter le podium sur une Meteor BMW. José Scaron, avec la seule Gordini encore valide, finit 4e à deux tours, juste devant René Bonnet sur une D.B Citroën. A noter que son compère Charles Deutch sur l'autre D.B a renoncé au 11e tour, sur bris de suspension.

Le Grand Prix de F1, va provoquer beaucoup moins d'émotion. « La farce » de la CTA Arsenal, trouve une fin définitive. Eugène Martin pressenti, pour la piloter reste à 39"2 de la pôle position de J.P Wimille (Alfa). Jugé trop lent et par conséquent trop dangereux par les organisateurs, le modèle est retiré pour la course. Les Alfetta, occupent la première ligne avec dans l'ordre, Wimille, Ascari et Sanesi.

Les Talbot de Chiron, Etancelin, Raph, Giraud Cabantous et Comotti, sont en deuxième et troisième ligne, avec peu d'espoir de renverser la tendance. Le petit train des Alfa se met en place dès le départ, seul Villoresi (Maserati) se mêle quelques instants à la lutte, mais doit renoncer au 6e tour. Wimille conduit à sa main abaissant, le record du tour à deux reprises. Le parisien n'est pas inquiété, il laisse ses coéquipiers, Sanesi et Ascari, qui termine 2e et 3e, roue dans roue à 25". Les premières Talbot de Comotti et Raph, sont 4e et 5e, mais à plus de deux tours !

Alfa Roméo ne domine pas la saison, elle l'écrase. La firme milanaise, laisse toutefois des os à ronger sur des courses secondaires. Dans ce cas, Maserati s'impose comme à Saint Gaudens le 1er août et le 29 à Albi avec Villoresi où entre temps le 7 avec Prince Bira à Zandvoort. Dans tous les cas, les Talbot doivent se contenter des accessits.

Dernière épreuve majeure, le G.P d'Italie du 5 septembre. Une fois n'est pas coutume, les organisateurs délaissent l'autodrome de Monza, pour le parc Valentino de Turin. Le succès est considérable, 29 voitures se présentent aux essais, pour seulement 20 places qualificatives. Particularité, la largeur de la piste permet d'accueillir 4 voitures, par lignes de départ. Wimille est encore une fois en pôle, en précédant son coéquipier Trossi d'une seconde 8/10. La Maserati de Villoresi et Ferrari de Sommer, complètent la première ligne. Derrière, nous retrouvons la 3e Alfa de Sanesi, la Ferrari de Farina, la Maserati d'Ascari et la première Talbot de Chiron, avec seulement le 8e temps.

Pour Jean Pierre Wimille, la course n'est encore une fois qu'une formalité. Il l'emporte avec le tour le plus rapide, en laissant Villoresi à plus de 5 km derrière lui. Son coéquipier Sanesi a dû renoncer au 53e passage, pour un problème de compresseur et Trossi à la suite d'un accident. Raymond Sommer 3e, complète le podium à 2 tours, pendant la meilleure Talbot conduite par Louis Rosier, ne peut faire mieux que 6e.

Alfa Corse, fait une seule entorse à sa règle, en s'engageant pour le G.P de Monza, désigné en 2ᵉ catégorie par la F.I.A. Il est vrai que l'Autodrome ne peut être utilisé, conséquence des hostilités mondiales. De ce fait, les organisateurs ont rallongé la partie routière, pour la portée à 6km 300. Pas question de faire dans la demi-mesure pour Alfa Roméo, qui évolue à domicile. Pour épauler Wimille, en dehors de Trossi et Sanesi, Piero Taruffi, pilote une quatrième Alfa 158.

Après les essais, l'issu de la course ne fait guère de doute. Les quatre Alfetta réalisent les meilleurs temps, avec dans l'ordre Wimille en 1'59"3, derrière Taruffi, Trossi et Sanesi, ne sont séparés que de 3/10, mais à 4" du parisien. Les Ferrari de Sommer et Farina résistent le mieux, mais tout de même à 9" de la pôle. La course se déroule sans surprise. Jean Pierre toujours au top, laisse Trossi 2ᵉ à 43" et Sanesi 3ᵉ à 1'40". Malgré plusieurs passage au stand, Taruffi sauve le quadruplé à 2 tours. La Maserati d'Ascari prend la 5ᵉ place à 5 tours, devant l'unique Talbot encore valide de Chaboud, 6ᵉ à 8 tours.

En cette fin d'année, le Salon de Paris de L'Auto, mobilise l'esprit de tous les citoyens, en quête d'autonomie routière. La 2 CV Citroën, après la 4 CV Renault de l'an dernier, arrive à point nommé pour combler leurs désirs. En cette période de restriction, le côté économique du véhicule, doit permettre au français moyen d'échapper au transport en commun, pour plus de liberté.

La venue en masse du public, incite l'AGACI *(Association Générale Automobile des Coureurs Indépendants),* à concocter trois épreuves sportives en parallèle. La Coupe du Salon et le G.P du Salon organisés le 10 octobre, symbolisent une valeur relative par rapport aux 12 heures de Paris du 19 septembre. Cette compétition fait régner un petit air de 24 heures du Mans, pour un retour l'"an prochain. L'autodrome de Linas Montlhéry rénové, retrouve pour l'occasion ses fastes d'avant-guerre. L'épreuve, utilise le circuit routier et l'anneau, tracé sur une distance de 12 km 489. Réunir 65 équipages dans ces conditions, représentent une véritable gageure.

Les pilotes et les voitures sont majoritairement français, toutefois Luigi Chinetti et Lord Selsdon donnent une touche italienne avec leur Ferrari 166 SC. Côté allemand nous retrouvons deux BMW, pendant que les britanniques font face avec deux Healey, deux Riley, une Alvis et une Aston Martin. Chez les gros cubes 5 Delage D6 sont prêtes à en découdre avec 4 Delhaye 135 CS, pendant que les deux Talbot Lago, s'inscrivent en favorites. Chez les petits 8 Simca dont 3 Gordini font le nombre sur les 3 Monopole. 3 D.B Citroën, sont présentes en qualité de gros outsider.

Les qualifications confirment la tendance, la Talbot de Giraud-Cabentous/Mairesse, laisse à 25" au tour, l'autre Talbot de Rosier/Morel. Meyrat/Serraud, sur Delahaye, occupe la troisième place à 33". N'oublions pas que nous sommes dans une course d'endurance, où régularité et fiabilité sont les facteurs essentiels.

Dans un départ type Le Mans, les Talbot trahis par leur moteur, ne font pas illusions bien longtemps. Chaboud/Pozzi (Delahaye) sont en tête à mi-course talonné par la Ferrari de Chinetti. L'équipage, doit par la suite abandonner le commandement, retardé par des ennuis mécanique. Une nouvelle menace se précise, pour l'italien avec l'équipage Louveau/Brunet (Delage). Sans laisser une minute le volant à son coéquipier, Chinetti l'emporte avec 2'44" sur la Delage à 117 km/h de moyenne. L'Aston Martin de Connell/Foland, complète le podium à un tour. Dans les catégories inférieures, la Monopole Simca de Dussous/de Montrémy, 9e du scratch, remporte la classe 1100 cc et la D.B Citroën Lachaize/Debille 10e, la classe 1500 cc.

Le bilan de l'année ne subit aucune contestation. Faute de classement officiel en F1, Jean Pierre Wimille devient « un officieux » champion du Monde sur Alfa 158, meilleure voiture du plateau. Raymond Sommer, pourrait prétendre à la place de numéro 2, devant le bataillon de pilotes italiens, avec Villoresi à sa tête. Néanmoins, « Le Sanglier des Ardennes », évolue les trois quart du temps en pilote indépendant, avec une logistique limitée, conséquence de ses trop nombreux abandons.

Côté mécanique, les moteurs 1500 cc à compresseurs prennent le pas sur les 4500 cc atmosphériques. De ce fait, la Talbot T26 n'a pu concrétiser les espoirs tricolores, y compris sur les Maserati. Pour inverser la tendance, Anthony Lago, cherche à tirer quelques chevaux supplémentaires, en équipant son moteur d'une culasse « course 49 », à double allumage avec une magnéto supplémentaire.

La saison 1949 devrait être plus équilibré, Alfa Corse, décide de faire l'impasse pour mieux préparer 1950, date de la création du championnat du Monde des conducteurs. Le duel Maserati Talbot, pourrait être arbitré par le troisième larron Ferrari.

La marque au cheval cabré, imprime déjà son empreinte en formule 2, face au Simca Gordini bien trop fragile. Le grand Wimille, a beau déployer tout son talent, pour compenser le manque de puissance du moteur, les voitures « du sorcier du boulevard Victor », souffrent trop d'impréparation.

La nouvelle saison commence de bonne heure, dès le mois de janvier en Argentine. Jean Pierre Wimille reste pour l'instant fidèle à l'écurie Gordini. Trois épreuves figurent à son programme. Le 28 janvier sur le circuit des Bosques de Palermo, réplique du bois de Boulogne, avant- première des deux Grand Prix d'Argentine, prévues le 30 janvier et le 6 février, Jean Pierre, inaugure pour l'occasion, un casque en dur en remplacement du traditionnel serre tête en tissu.

La foule exubérante, se montre particulièrement indisciplinée. Les essais débutent, le public néglige les barrières et s'avance pour mieux saisir le passage des bolides. Le drame se produit dès le deuxième tour. Le parisien attaque un virage sur le point de corde, les spectateurs trop avancés, l'obligent à sortir de sa trajectoire pour éviter la catastrophe. Dans des conditions d'adhérence différente, la petite Gordini touche des bottes de pailles, faisant cabrer le véhicule. La voiture retombe roues en l'air, coinçant son pilote. Dégagé péniblement, Jean Pierre décède pendant son transfert à l'hôpital. Il devait fêter ses 41 ans un mois plus tard.

Véritable champion du monde avant l'heure, la France devra patienter 40 ans pour lui trouver un successeur de ce calibre, en la personne d'Alain Prost. Juan Manuel Fangio, avouera lui-même plus tard : « Jean Pierre Wimille était mon modèle, lorsque j'ai commencé la compétition ! »

Ce fils de journaliste automobile, débute la course automobile à 22 ans en 1930 à Pau. Dès la saison suivant, il termine second du rallye de Monte Carlo sur une Lorraine. Puis il remporte ses premiers grand succès au G.P de France 1936 et aux 24 heures du Mans l'année suivant au volant d'un Tank Bugatti, avant de récidiver en 1939. La guerre interrompt sa carrière, la reprise se déroule au bois de Boulogne le 9 septembre 1945, pour la dernière victoire en G.P d'une Bugatti. Lors du G.P de Belgique 1947, il est le premier pilote à conduire en compétition à plus de 300 km/h au volant de son Alfa 158.

Véritable vedette, tout comme Marcel Cerdan, il ne peut échapper à la presse people de l'époque. Après la guerre, il épouse la championne de ski Christiane de la Fressange (*grande cousine d'Ines, mannequin égérie de Chanel).* Peu de temps avant sa mort, il aurait entretenu une liaison avec la chanteuse Juliette Gréco.

Le 28 janvier 1949, Jean Pierre Wimille rentre dans la légende pour toujours…

Chapitre 5 : Retour sur les courses de légende.

Quatre ans après la fin de la guerre, la compétition automobile retrouve une forme de diversification. Programmé du 24 au 30 janvier, 200 équipages partent de Stockholm, Oslo, Glasgow, Florence, Lisbonne et Monte Carlo pour la reprise du plus célèbre des rallyes. Les voitures, toutes issues de la production, sont juste identifiable par une simple plaque numérotée, placée à l'avant et à l'arrière du véhicule.

Jean Trévoux, en véritable spécialiste, fait la liaison avec la dernière édition d'avant-guerre. Déjà vainqueur en 1939 sur une Hotchkiss 686 GS, il récidive 10 ans plus tard, pour une deuxième victoire consécutive sur le même véhicule. La firme de Levallois-Perret réalise également le doublé avec la deuxième place de Maurice Worms. La néerlandaise van Limburg Stirum sur Ford V8, 12ᵉ du scratch remporte la coupe des dames. Globalement, les mécaniques ont démontré une certaine fiabilité. 166 voitures, réussissent à rallier la Principauté de Monaco.

La mort de Jean Pierre Wimille, ne fait que confirmer le danger de la compétition automobile. A la recherche d'un successeur, l'Argentine croit dans son étoile montante Juan Manuel Fangio, pour conquérir l'Europe et la monde. Juan Peron donne l'impulsion nationale à l'Ecurie Automovil Argentina, en faisant l'acquisition de deux Maserati 4CLT pour Fangio et Campos.

Les deux voitures au body ciel et capot jaune, portent fièrement les couleurs du pays. Nous les retrouvons dès le 3 avril à San Remo, démarrage de la saison de formule 1 en Europe.

L'organisation, propose sur le « Circuito di Ospedaletti » deux manches de 45 tours, d'un parcours urbain de 3km333, d'inspiration Monaco. Particularité, le circuit tourne dans le sens inverse des aiguilles d'une montre. Aux virages serrés de Piccadilly, Ponticelle et Quadrata, succède une longue ligne droite longeant la méditerranéen sur un tier du parcours.

Aux essais, Prince Bira sur une Maserati 4CLT de la Scuderia San Ambrosiana, souffle la Pôle position à Fangio pour 2/10. Raymond Sommer sur une Ferrari 125, complète la première ligne. Gordini a délégué une Type 15 à l'écurie Argentine pour le monégasque Louis Chiron. L'écurie Talbot ne présente qu'une T26C aux mains de Louis Rosier. Sur un circuit peu favorable aux bleus, il réalise le 13e temps. Pierre Levegh sur sa T26C personnelle, n'est pas plus heureux en partant en dernière ligne avec le 22e temps.

« Le Prince de Siam » ne profite pas de sa pôle. Il fait patiner son embrayage au départ, Fangio et Sommer en profite pour prendre le large. Sans paniquer Bira, s'efforce de regagner le terrain perdu dans cette première manche. Il bat le record du tour et finit à la seconde place à 9"6 seulement de l'argentin. Sommer, trahit par son joint de culasse, renonce au 37e passage. La chaleur sur la riviera, a raison de beaucoup de mécaniques. La moitié des concurrents ne seront pas au départ de la deuxième manche. Chiron et Rosier, vont regarder la suite depuis les stands.

Fangio enfonce le clou, en s'imposant avec 25"8 sur Prince Bira. Benedicto Campos complète le succès argentin en terminant 3e à 1'46" de son leader. Au cumul des deux manches, Fangio l'emporte naturellement devant Bira, pendant qu'Emanuel de Graffenried sur la Maserati de l'écurie Plate devance Campos, pour la 3e place. 10 coureurs figurent à l'arrivée, où seul Eugène Chaboud, sauve l'honneur tricolore par une 9e place sur une antique Maserati 4CL.

La Targa Florio représente le troisième monument de la course automobile avec les 500 miles d'Indianapolis et les 24 heures du Mans.

Historiquement, il s'agit de la plus ancienne institution crée par le mécène italien Vicenzo Florio le 6 mai 1906. Targa signifiant « plaque » en italien, représente le trophée en or attribué au vainqueur est œuvre de l'artiste français René Lalique. A l'origine et jusqu'à la première guerre mondiale, le parcours fait le tour de la Sicile par la côte, en traversant toutes les grandes villes de l'ile, de Messine à Palerme en passant par Catane, Syracuse, Raguse et Marsala, un périple de trois tours, pour environ 500 km. Inutile de dire qu'il s'agit d'une promotion extraordinaire, pour les marques rejoignant au final le drapeau à damiers.

Après le premier conflit mondial, l'organisateur décide de rendre le parcours « plus humain ». Le circuit des Madonies, davantage montagneux, voit le jour sur 108 km. En 1919, un certain Enzo Ferrari prend le départ et l'année suivante, il s'offre une deuxième place sur Alfa Roméo, derrière la Nazzaro de Meregalli. A partir de 1932, le parcours utilise le « petit circuit des Madonies » sur 72 km, partant de Cerda, pour rallier Campolfelice, Collesano et Caltavuturo.

La Targa ressuscite en 1948, date de la première grande victoire d'une Ferrari avec Biondetti à son volant devant la Cisitalia de Taruffi. Cette 33e édition disputée les 19 et 20 mars 1949 réunit 114 partants, 57 rallient l'arrivée, 47 sont classés. La course se déroule sous la pluie et retrouve son parcours initial, pour un « Giro di Sicilia » de 1080 km. Les étrangers, constructeurs et pilotes boudent cette édition, qui n'atteindra son zénith que dans les années 60. Biondetti, toujours sur Ferrari 166 SC, confirme sa victoire de l'année précédente, devant Rol sur Alfa Roméo. Dans la catégorie Touring, la Lancia Aprilia, 5e du scratch, domine les débats, devant la Bristol de Lurani, 11e du classement général.

Autre course prestigieuse italienne de l'époque, les Mille Miglia, véritable marathon de la route, crée en 1927 par le jeune comte Aymo Maggi. Dans un premier temps, cette course a pour vocation, la promotion des voitures de tourisme sur route.

Au début des années 50, l'épreuve devient un des fers de lance des marques de sport les plus prestigieuses, comme Alfa Roméo, Aston Martin, Ferrari, Jaguar, Maserati ou Mercedes. La course se voit une première fois suspendue, à la suite de la disparition de nombreux observateurs dans l'édition de 1938. L'épreuve de 1957, sonnera son retrait définitif, avec la mort d'Alfonso de Portago (Ferrari) entrainant le décès de 9 spectateurs. Le parcours prend la forme d'un 8 avec un départ de Brescia au nord, une descente jusqu'à Ancône. La partie la plus technique, relie ensuite Ancône à Rome par la montagne avant la remontée sur Trévise. Le croisement des routes, se fait à la hauteur Bologne, pour un total 1618 km soit 1005 miles.

Dans cette édition, du 24 avril 1949, le sarde Clemente Biondetti, toujours sur Ferrari, démontre encore une fois, qu'il est bien la vedette du moment sur les parcours routiers. Il s'offre une troisième victoire dans « la classique italienne » après celles de 1938 et de 1948. Au total, il remportera 4 fois l'épreuve (record absolu), en plus de ses deux victoires à la Targa Florio. Il dispute quelques épreuves en circuit avec moins de réussite. Biondetti, participe à l'édition de 1950 du G.P de formule 1 d'Italie, pour la naissance du championnat du monde des conducteurs. Sur une hybride Ferrari-Jaguar, il n'obtient aucun résultat. Clemente, décède des suites d'une longue maladie le 24 février 1955 à l'âge de 56 ans. Il devient en quelque sorte, le premier pilote de G.P de formule 1, à mourir de cause naturelle…

Le must verra le jour en 1950 avec la Carrera Panamericana. « La Pan Am », « une espèce de drôlerie » organisée sur près de 3 100 km à travers les routes du Mexique et construite en 6 étapes, devient populaire dès sa première édition. Les voitures, richement décorées de la simple publicité aux American Graffitis les plus sophistiqués, contribuent grandement au succès de l'épreuve.

La première édition, sur route ouverte avec autant de partie en terre que de route bitumée, part de Ciudad Suarez, ville frontière avec le Texas voisin pour rejoindre Ciudad Cuanthémoc, en lisière du Guatemala.

132 concurrents sont au départ, la plupart sur des grosses berlines américaines V8, Buick 40 Spéciale, Cadillac 62, Chrysler Saratoga, Lincoln Cosmopolitan, Oldsmobile 88, ou Studebaker Champion. Les belles américaines, se voient opposées à quelques européennes, une Jaguar Mark V et cocorico, une Talbot Lago ainsi qu'une Delahaye 175 S, pilotée par Jean Trévoux. Le normand, spécialiste des Rallyes (Trois victoires au Monte Carlo), deviendra le premier importateur de la marque Renault au Mexique en 1955.

Dans une course de 27 heures 34' et 25", Mac Griffith/Elliott sur Oldsmobile, se montre à la fois les plus rapides et les plus résistants, en devançant la Cadillac de Deal/Cresap d'à peine 1'16". Les frères Rogers, sur une autre Cadillac terminent troisième à 21'14". Trévoux associé à Mariotti, prend une honnête 12ᵉ place à 1h 20' 39" des vainqueurs. 47 équipages sont finalement classés. Une demi-douzaine, sont disqualifiés pour changement de pilote illégale, ou dépassement de temps à l'arrivée d'une étape.

Devant le fantastique succès populaire de la course, les constructeurs et les pilotes de renoms, décident de s'engager dès la deuxième édition. Ferrari s'engouffre le premier dans la brèche en engageant deux coupés 212 Inter Vignale, pour Taruffi/Chinetti et Ascari Villoresi. Coup d'essai, coup de maitre, les deux équipages italiens font le doublé, laissant la première Chrysler Sarratoga 3ᵉ, à près de 16'. Toujours fidèle à l'épreuve, Jean Trévoux associé cette année à Marcel Lesurque, sur une Packard 400, monte à la 5ᵉ place.

1952, Mercedes profite de l'évènement, pour promouvoir sa dernière sportive, la 300 SL. Déjà vainqueur au Mans cette année en juin, la firme de Stuttgart compte bien finir l'année et ne fait pas les choses à moitié, en engageant deux coupés « à portes papillons » ainsi qu'un cabriolet. Ferrari appâté par sa victoire de l'année précédente, via des écuries privées, se retrouve avec quatre 340 America Mexico et trois 212 Export. Parmi les autres européennes, nous retrouvons quatre Lancia Aurélia, deux Jaguar XK120 et une Porsche 356 super cabriolet. Gordini assure la présence française, avec une T15S 2,3 litres pour son champion Jean Behra.

L'ancienne vedette motocycliste, fait le spectacle dans la première étape en l'emportant confortablement à Oaxaca de Juarez. Il domine toujours le jour suivant jusqu'à 50 km de l'arrivée à Oaxaca Puebla, lorsque probablement victime de ses freins, il sort de la route. La voiture est complètement détruite, Jean ne souffre que d'une commotion cérébrale modérée.

Malgré la disqualification de leur cabriolet, Mercedes contrôle parfaitement le reste de la course, pour finir par un doublé. Kling/Klenk s'imposent devant Lang/Grupp. La Ferrari de Chinetti et du français Lucas sont 3e devant la Lancia de Maglioli/Bornigia. A noter qu'un certain Phil Hill, futur champion de monde de F1 9 ans plus tard, commence à se faire un nom en prenant la 6e place sur une Ferrari. Désormais complètement dépassée en vitesse pure, les grosses américaines, doivent se contenter des places d'honneur au scratch et de remporter la catégorie Tourisme. Nous retrouvons, des Lincoln Capri, dernière création de Ford, de la 7e à la 10e place.

Après un ballon d'essai l'année précédente, la Scuderia Lancia se lance dans la course avec des moyens très importants. La firme turinoise, avec sa D24 carrossée par Pinin Farina, n'a rien à envier au plus récent spider Ferrari. Cinq machines sont engagées pour l'édition de novembre 1953, avec des équipages de renom. Taruffi/Maggio, Castellotti/Luani et cerise sur le gâteau Fangio/Branzoni, sont prêt à en découdre. De leur côté, Bonetto et Braco, feront la course sans équipier. Autre firme montant en puissance, Porsche avec deux nouveaux spiders 550 pour Hermann et Kling ainsi qu'un coupé du même modèle, pour Gonzales/Herrarte.

Si les allemands, ne peuvent pas rivaliser en puissance par rapport aux italiens, ils peuvent toujours compter sur la plus grande agilité de leurs autos.

Les français sont regroupés dans une sorte d'amicale, le Club Francia Amigos de la Panamericana. Jean Behra et Jean Lucas, prennent le départ avec des Gordini T24S et T16S, pendant que Louis Rosier s'engage avec sa Talbot T26 GS personnelle. A noter que les français comme les allemands, préfèrent partir sans co-pilote navigateur, afin de gagner sur le poids embarqué. La course revêt un intérêt particulier cette année, en étant la 7e et dernière manche du Championnat du Monde des Constructeurs, nouvellement organisé par la F.I.A. Ferrari assuré du titre de champion, se fait représenter par cinq 375MM de la Scuderia Guastalla.

L'écurie Lancia, domine la Carrera sans partage. Felice Bonetto, prend les commandes dans les trois premières étapes. Dans la 4e, le pilote italien finit sa course dans une maison, il est tué sur le coup. Un autre drame endeuille la course, dès la première étape la Ferrari Sagnoli/Scotuzzi éclate un pneu, les deux pilotes perdent la vie.

Après le décès de Bonetti, Fangio n'est plus inquiété pour la victoire il l'emporte avec 7' 51" sur son coéquipier Taruffi, et 23'52" sur l'autre Lancia de Castelotti 3e, pour un triomphe endeuillé. Porsche, malgré l'abandon d'Hermann dans la 3e étape, sur bris de suspension entrainant une sortie de route et de Kling en panne d'embrayage, la firme de Stuttgart, sauve l'honneur avec Gonzales/Herrarte, en remportant la catégorie Sport 1,6 litre. Le prix de l'originalité, revient à la comédienne britannique, Jacqueline Evans, au volant d'une Porsche 356 blanche à l'effigie d'Eva Peron, sponsor du véhicule. L'actrice n'est pas dans son meilleur rôle, éliminée dès la deuxième étape pour dépassement de temps. Néanmoins, sa voiture va rentrer dans l'histoire, en étant exposée, après restauration, au salon Rétro Mobile de Paris 2017. Elle fait encore aujourd'hui le bonheur de tous les modélistes, passionné par cette période dédiée à la Carrera.

Nos français, dans cette édition vont connaitre des fortunes diverses. Louis Rosier, tout en régularité glisse sa Talbot à la 5ᵉ place, mais à 2 heures et 22" de Fangio. La Gordini de Lucas, soupape cassée, ne peut pas prendre le départ de la 5ᵉ étape, pendant que celle de Behra, alors 6ᵉ, doit abandonner avec un problème de culbuteur dans cette même 5ᵉ étape.

Les français boudent la 5ᵉ édition de la Carrera, disputée du 19 au 23 novembre 1954. Seul Jean Trévoux, fidèle pami les fidèles, prend le départ au volant d'une Panhard spéciale. 6ᵉ et dernière manche du championnat du monde des constructeurs, les jeux sont déjà faits, comme l'année précédente, Ferrari a déjà le titre en poche. La marque de Modène, peut néanmoins compter sur ses nombreux clients pour la représenter. Pas moins de neuf machines sont au départ, allant de la 250 Monza à la 750 Monza, en passant par les 375 MM. La plus remarquée, est un modèle 375 MM spécialement carrossé par Vignal, avec une dérive façon Jaguar D, confiée à l'américain Phil Hill.

La victoire du « Cheval Cabré » semble ne faire aucun doute, d'autant que Jaguar et Mercedes, ont choisi de faire l'impasse sur un déplacement trop couteux. Seules les Porsche 550 spider, d'Hermann et du local Juan, peuvent représenter une opposition crédible.

Cette édition s'avère particulièrement dramatique. La course n'est pas encore lancée, que la Ferrari 375 Plus de Mac Affee/Robinson, victime d'une crevaison heurte un mur avant de verser dans un ravin. Si Mac Affee est relevé juste commotionné, son co-pilote, nuque brisée, décède sur le coup. Le lendemain Carroll Shelby, le père des futurs AC Cobra, au volant d'une Austin spécialement préparée par Donald Healey, rentre en collision avec un rocher. La voiture est complète détruite, Carroll ne vaut pas mieux.

Il est relevé avec de nombreuses fracture, qui le laisse sans volant pendant plus de 3 mois. Dans la 4ᵉ étape, au nord de Mexico, Karl Bechem perd le contrôle de sa Borgward Rennsport 55, Palacios

Pover sur Pegaso Touring, arrive en trombe et ne peut l'éviter. Dans le choc, le véhicule fait plusieurs tonneaux, le pilote est éjecté pendant que la voiture continue sa course folle, fauchant au passage un soldat, qui décède peu après. Dernière victime dans la 6e étape, avec l'accident de la Chevrolet Bel Air Menghi, qui coute la vie à son co-pilote Olvera Zabado.

La lutte entre la Ferrari d'Umberto Maglioli et celle de Phil Hill va tenir le public en haleine, tout au long des 8 étapes. Après deux jours d'une bataille intense, l'américain mène avec 4'9" d'avance sur l'italien. A Atlixco, Phil se montre prudent en traversant la localité, face aux spectateurs particulièrement exubérants. Umberto ne s'embarrasse pas de ce genre de principe, fonce et reprend 3' à son rival. Dans l'avant dernière étape Phil Hill tombe en panne d'essence et perd 25' dans l'aventure. Il est trop tard pour l'américain afin de refaire son retard dans l'ultime manche, qu'il remporte pour le prestige. A l'arrivée, au classement général 24' et 24" séparent les deux Ferrari. Hans Hermann et Jaroslav Juan sur Porsche, prennent les 3e et 4e place, faisant le doublé dans la catégorie -1500cc. Le Monégasque Chiron, sur Osca MT4, 8e du scratch, complète le podium. A 174 km/h de moyenne, Maglioli bat le record de l'épreuve, jusqu'à présent détenu par Fangio de plus de 30'.

L'édition de 1955 fait déjà saliver tous les passionnés. L'organisateur promet, la plus longue, la plus importante et la plus fabuleuse course du monde sur route ouverte. Hélas, l'accident des 24 heures du Mans la même année qui fait 84 victimes, en décide autrement (*Voir du même auteur « Monsieur Bouillin est mystère Levegh »*). La course automobile, se voit suspendue momentanément dans la plupart des pays. En regardant dans le rétroviseur, nous nous apercevons qu'en 5 années d'existence seulement, la Panamericana a fait 26 morts pilotes et spectateurs confondus.

Beaucoup trop pour continuer une aventure dans ces conditions, les autorités mexicaines décident de jeter l'éponge. L'épreuve va renaitre en 1988, sans le charme désuet de ses premières éditions.

Reste la course des véhicules historiques, pour continuer d'entretenir la légende.

Pour revenir à 1949, une autre légende renait des cendres de la 2e guerre mondiale, les 24 heures du Mans. Si la piste, entièrement refaite sur 13,492 km, emprunte toujours une partie de la route nationale le Mans Tours, son tracé n'a pas évolué depuis 1939. Par contre, les parties des stands et des tribunes, n'ont plus rien à voir. Les vétustes constructions en bois, ont laissé place à de vastes bâtiments en béton, pour la somme de 40 millions de francs.

Le succès ne dément pas, l'ACO reçoit 58 candidatures, pour l'édition des 25 et 26 juin. Les engagements pour la plupart privés, se présentent comme un amalgame de véhicules disparates, composé pour moitié de véhicules d'avant-guerre. Côté innovation, les frères Jacques et Jean Delettrez, deux ingénieurs parisiens, montent sur un châssis de la marque UNIC et des éléments de carrosserie Delage, un moteur diesel de camion GMC. La motorisation, récupéré d'un surplus de l'armée américaine laissé au débarquement de 1944, se compose d'un six cylindres d'une cylindrée de 4395 cc développant 70 cv, pour une vitesse de pointe de 170 km/heure. Faute de vélocité, les deux frères comptent sur la résistance de leur mécanique.

La fiabilité, reste la hantise de tous les participants, afin de pouvoir tenir un double tour d'horloge. Avec un marché de l'essence toujours contingenté, les concurrents doivent utiliser un carburant dit « ternaire ». Ce mélange détonnant, associe 60% d'essence à 25% d'éthanol et 15% de benzol, n'a pas la réputation de favoriser la longévité des moteurs. Autres innovations, en dehors du premier moteur Diesel engagé, la 4cv Renault privée de Camille Hardy, sera la première voiture propulsée par un moteur arrière au Mans. La Simca 8 de Jean Mahé/ Roger Corvetto, se voit équipée d'une radio à bord. A l'international, pour la première fois un équipage tchèque Let/Aviation, prendra le départ d'une des deux Aero Minor bicylindre de 744 cc. Si les nouveautés attirent l'œil, les bonnes vieilles grosses cylindrées éprouvées, figurent dans la liste des favorites.

Qui des sept Delahaye, où des trois Talbot Lago 5 litres, va pouvoir l'emporter à la distance. Ne négligeons pas les 3 litres, avec quatre Delage et une Aston Martin Lagonda au départ et n'oublions pas les deux litres, capables de créer la surprise. Cinq Aston Martin DB2 et surtout deux Ferrari 166 MM sont attendues. Celle de Lord Selsdon, pilotée par Luigi Chinetti, encore auréolé de sa victoire aux 12 heures de Paris en septembre dernier, compte bien réaliser le doublé.

Les petites cylindrées, cherchent naturellement les victoires de classes. Formidable publicité pour la promotion des voitures grand public, Les grands constructeurs, regardent d'un œil attentif le résultat de leurs clients. Gordini, s'engage avec deux T15S en 1500cc, il fera face à deux Deutsch Bonnet Citroën et trois HRG *(Henri Ronald Godfrey)* britannique, ainsi qu'une MG Touring. Enfin en 1100cc, Simca rafle directement la mise, avec six modèles T8 recarrossés, où indirectement par son fournisseur Monopole, avec deux voitures. Gordini joue sur les deux tableaux, avec trois autres de ses constructions. A noter que ces 13 voitures, sont propulsées par un moteur unique, le Simca S4 de 1092cc.

Nous vivons une époque, où la quasi-totalité des véhicules arrivent par la route et, par leurs propres moyens. Dans son impréparation quasi habituelle, Gordini ne peut produire au contrôle que deux de ses cinq engagements, dont aucune des deux T15. Après les différents forfaits, 49 voitures participeront à la course.

83 000 spectateurs payant, assistent au spectacle. Au départ du samedi à 16 heures, comme prévu les Delahaye se montrent les plus rapides. Chaboud/Pozzi, occupent le commandement pendant 4 heures, avant qu'un problème électrique n'interrompe leurs chevauchés au 52e tour. La N°4 de Simon/Flahaut, se tenant en seconde position, prend le relais pendant une heure, avant que son moteur ne donne des signes de lassitude sous la chaleur. La Delhaye finit par repartir, avant d'abandonner dans la matinée de dimanche, alors qu'elle se trouvait en 5e position. A 21 heures la Talbot Lago de Mairesse/Vallée deviennent leader, mais déjà les deux Ferrari sont

sur ses talons, et poussent la voiture bleue dans son dernier retranchement. Dans sa précipitation Luca sur la 20, sort de la piste, sans dommage pour le pilote. Chinetti sur l'autre Ferrari N°22 prend le commandement à la nuit tombée, pour ne plus le quitter. Il s'est débarrassé de la Talbot menaçante à 2 heures du matin, trahit par son moteur. Luigi, n'a pas pu compter sur son coéquipier Mitchell-Thompson malade. Ce dernier, finit par prendre un seul relais entre 4 heures et 6 heures du matin.

Alors que la course semble jouée Chinetti, qui tiendra finalement le volant 22 heures, éprouve une fatigue bien légitime. De plus, il doit lever le pied en ménageant un embrayage faiblissant. De trois tours sur la Delage de Louveau/Jover, qui occupe la seconde place depuis la mi-course, l'écart tombe à un tour au baissé du drapeau à damiers. La Ferrari, remporte également l'indice de performance, après avoir couvert 3 178 km 279. La Frazer Nash de Norman/Culpan, une 2 litres, occupent la 3e place à 11 tours des vainqueurs. 19 voitures seulement réussissent à boucler le double tour d'horloge. La HRG de Thompsom/Fairman, 8e du scratch remporte la classe 1500cc et la Monopole de Dussous/de Montremy, 12e la classe 1100cc.

Parmi les 30 abandons, la Delettrez Diesel, a dû renoncer au petit matin ...faute de carburant ! L'unique 4ch Renault n'a pu effectuer que 21 tours à la suite d'un problème de soupape. Les deux DB spider tank Citroën, ont connus des fortunes diverses. Celle « des patrons » Deusch/Bonnet, renonce en fin de matinée le dimanche, pour un problème moteur, pendant que celle de Lachaize/Debille, prend la 14e place.

Gordini, boit le calice jusqu'à la lie. La T11 de Trévoux/Lesurque, n'a effectué que 5 tours à cause de son embrayage. Même cause, même effet pour la T8 de Veyron/Scaron à la 11e heure.

Chapitre 6 : Jean Rédélé, Monsieur Alpine.

Que dire de la saison de monoplace ? En F2, pas moins de 28 courses sont organisées pendant l'année 1949. Lorsque la Scuderia Ferrari prenait le départ, les voitures rouges se montraient intraitables. En une seule occasion les Gordini prennent le dessus, le 7 septembre, lors du Prix du Lac Léman, où les bleus s'offrent le triplé avec dans l'ordre, Sommer devant Manzon et Trintignant. En l'absence du « Cheval Cabré », les voitures « du sorcier » dominent une concurrence, il faut le dire bien légère. Quelques Véritas BMW ramassent les miettes, le plus souvent en l'absence des Gordini.

Un seul être vous manque et tout est dépeuplé. Sans les Alfetta, trois marques doivent se partager l'héritage de la formule 1. Les italiennes Ferrari et Maserati où la française Talbot Lago. Nous avons déjà évoqué le début de saison, des cinq épreuves considérées comme majeure, Les Grands Prix de Grande Bretagne, de Belgique, de France de Suisse et d'Italie, Pau mériterait d'en faire partie, mais la F.I.A décide d'attribuer le label, qu'à une seule épreuve par pays.

Qu'importe, l'épreuve béarnaise, reste un must et permet de prendre la température, d'une saison qui s'annonce bien indécise. L'absence des Ferrari, est compensée par la présence de deux Simca Gordini, dont l'agilité peut leur permettre de briller sur le tourniquet palois.

Les vedettes argentines Fangio et Campos, sont engagés par l'intermédiaire de la Squadra Achille Varzi sur deux Maserati 4CLT/48 1500cc à double compresseur. L'écurie Enrico Platé, présente un modèle identique pour le suisse de Graffenried et un modèle plus ancien 4CL, pour le vainqueur des deux années précédentes, le milanais Nello Pagani. Eugène Chaboud sur sa 4CL privée, complète la marque italienne. Les huit Talbot Lago prennent la moitié du plateau. A côté des trois T26C de l'écurie France pour Chiron, Mairesse et Rosier, nous retrouvons les véhicules personnelles d'Etancelin, Grignard et Levegh. Enfin Pozzi, sur la vieille Lago SS de l'écurie Lutetia, et Harry Schell, le « plus français des américains », sur la monoplace décalée de l'écuric bleue, font le nombre en vue d'une victoire française.

Aux essais, Fangio marque son territoire d'entrée, en reléguant De Graffenried à 1"5, pendant que son compatriote Campos complète la première ligne. Harry Shell « s'enflamme », en maitrisant lui-même un début d'incendie de sa Talbot dans chaque séances. Le pompier d'un soir, n'en reste pas moins cool en maniant l'extincteur avec dextérité. La déception vient des deux Simca Gordini de Trintignant et Manzon, qui occupent les dernières places du plateau.

La course, est émaillée de nombreux arrêts pour des changements de bougies, en raison la forte chaleur. Devant, nous assistons à la balade argentine de Fangio. Seul De Graffenried au virage de la Gare, réussit à prendre le commandement quelques centaines de mètres. Peu avant la mi-course, l'argentin talonne déjà Chiron 3e, afin de lui prendre un tour. Le monégasque s'arrête peu après, victime d'une insolation. Des 15 voitures qui ont pris le départ, 7 seulement sont encore en course. Il ne se passe plus rien jusqu'au 90e tour, où Fangio rentre à son stand pour ravitailler en huile. Coup de théâtre, la Maserati refuse de démarrer. Les secondes passent, De Graffenried se rapproche, l'argentin décide d'employer les grands moyens. Il descend de son baquet, empoigne la manivelle et d'un tour de bras énergique, soulève le véhicule de terre.

La mécanique chante de nouveau, lorsque le Baron Suisse apparait en bout de ligne droite. Fangio n'est pas seulement rapide, il se montre endurant, avec une résistance peu commune à la chaleur. Rien ni personne, ne va l'inquiéter jusqu'au drapeau à damiers au 110e passage. De Graffenried, prend une deuxième place méritée, en terminant dans le même tour et Campos finit 3e à un tour. Pour une fois les Gordini ont fait preuve de solidité, Trintignant 5e rend 3 tours pendant que Manzon, retardé par plusieurs arrêts, prend la 6e place à 12 tours. Deux Talbot figurent à l'arrivée, celle de Chiron 4e et celle de Giraud Cabantous, ferme la marche à la 7e place.

Après San Remo et Pau, celui que l'on n'appelle pas encore le Maestro, s'offre une 3e victoire consécutive au pied du Castillet, pour le G.P du Roussillon. Changement de monture le 22 mai à Marseille au parc Borelli, les voitures suralimentées interdites dans cette course, Fangio fait une fleur à Gordini, en acceptant de prendre le volant d'une Simca, accompagné de son ailier Campos. Ticket gagnant Juan Manuel l'emporte, la Gordini de Trintignant fait 3e, celle de Campos 5e. Consolation pour Talbot, avec un Philippe Etancelin, prenant une brillante 2e place à seulement 19" de l'argentin. Autre satisfaction pour le clan tricolore, la meilleure Ferrari de Bonetto n'est que 4e.

Après les hors d'œuvres, on passe au plat de résistance avec la première épreuve majeure, le G.P de Grande Bretagne à Silverstone. Si le plateau se veut quantitatif avec 26 machines, la qualité n'est pas au rendez-vous. L'absence de la Scuderia Argentine, entre autres fait passer l'épreuve « de majeure à mineure ». Le côté international n'est pas vraiment d'actualité, les pilotes britanniques sont au nombre de 18 et en dehors d'Abecassis, Parnell et Whitehead, tous sont inconnus en dehors du Royaume-Unis. Pour les voitures, dix Maserati contre sept ERA de type A ou B sont majoritaires face à cinq Talbot. La Ferrari de Whitehead prend le départ avec une autre 125 verte modifiée « Thinwall » pour Raymond Mays. Aux essais, les Maserati de Villarosi et Bira, réalisent les meilleurs temps.

Plus surprenant, Walker glisse son ERA en première ligne, devant la Maserati de De Graffenried. Le début de course, confirme les performances des essais, Villoresi mène devant Prince Bira, pendant que Parnell et De Graffenried s'échangent la 3ᵉ place sur les 15 premiers tours. La course, prend une autre physionomie au 27ᵉ passage, lorsque Villoresi fait un arrêt au stand, avec un problème de vilebrequin. Prince Bira aux commandes, possède 50" sur Parnell et 52 sur De Graffenried. Le Prince de Siam, s'enflamme et finit sa chevauchée dans les bottes de paille de Club Corner, peu avant la mi-course avec une direction faussée. Le baron Suisse de Graffenried à la voie dégagée jusqu'à l'arrivée, il l'emporte devant l'ERA de Bob Gérard avec 1'5" d'avance, la Talbot de Rosier complète le podium à un tour.

Pour le G.P de Belgique à Spa du 19 juin, un duel Fangio Ferrari est attendu, même si les plus optimistes, sont prêts à jouer une petite pièce sur les Talbot. Sur ce circuit ultra rapide, les machines d'Edouard Lago, moins gourmande en carburant, pourraient boucler la distance sans ravitailler, alors que les Ferrari et les Maserati, devront passer deux fois par les stands. La Ferrari de Villoresi prend l'avantage aux essais, devant la Maserati de Fangio, mais bonne surprise Philippe Etancelin et sa Talbot, complète la première ligne avec le 3ᵉ temps. En deuxième ligne Farina sur Maserati, voisine avec la Ferrari britannique de Peter Whitehead.

Dès le premier tour, Fangio connait sa première défaite de l'année avec un piston crevé. Villoresi confirme sa pôle au premier passage devant Farina et Ascari (Ferrari). En tête, la lutte fait rage jusqu'au 8ᵉ tour, où Farina sort de la piste, faussant sa direction. Confortablement installé en tête, Villoresi doit céder le commandement à Etancelin au premier ravitaillement. Au 14ᵉ tour, l'ordre s'inverse avant que « Phiphi » ne soit contraint à l'abandon au 19ᵉ passage, sur rupture de boîte de vitesses. Une Talbot chasse l'autre, Louis Rosier, très régulier depuis le départ pointe à 1'06" de l'italien.

Le Français, prend les commandes aux 2e ravitaillement de la Ferrari. Néanmoins avec 25" d'avance, Louis devrait voir Villoresi, fondre sur lui en moins de trois tours. Contre tout attente, non seulement l'écart ne se réduit pas, mais il passe à 51" au 30e passage, à cinq tours du drapeau à damiers. Rosier tient sa victoire, il l'emporte devant les trois Ferrari de Villoresi, Ascari et Whitehead. Satisfaction, pour le public belge Johnny Claes, avec sa Talbot jaune couleur nationale, termine à la 5e place.

Nous retrouvons le sinistre circuit Bremgarten pour le G.P de Suisse, le 3 juillet. Faute de prime suffisante, la Scuderia Argentina ne prendra pas le départ. De ce fait, Fangio et Campos, ne sont pas engagés. La longueur du parcours, 300 km au lieu des 500 de Spa, 15 jours plus tôt en Belgique, ne favorise pas le dessin des Talbot. Les Ferrari et les Maserati suralimentées, n'auront qu'un seul arrêt ravitaillement à faire.

Farina (Maserati), meilleur temps des essais prend le commandement jusqu'au 14e tour où une baisse de pression d'huile, le contraint à l'abandon. A partir de là, une voie royale s'ouvre pour les deux Ferrari d'Alberto Ascari et de Luigi Villoresi, terminant dans cet ordre, aux deux premières places. Les Talbot Lago s'en sortent bien aux troisième et quatrième place, avec Raymond Sommer et Philippe Etancelin, dans le même tour que les leaders. Chose étonnante, sur les vingt partants, dix-sept vont rallier l'arrivée sans encombre,

En dehors des 24 heures du Mans, le week-end champenois du 15 au 17 juillet, reste l'évènement des sports mécaniques dans l'hexagone. Deux courses motocyclistes pour des 350cc et 500cc, encadrent la coupe des petites cylindres de formule 2, avec pour dessert le G.P de l'A.C.F. En F2, trois Simca Gordini pour Manzon, Sommer et Trintignant se heurtent à quatre Ferrari pour Ascari, Fangio, Folland et Tadini. Les trois Cooper, dont une pilotée par un jeune débutant nommé Stirling Moss, une Alta et la D.B Citroën de René Bonnet, finalisent le plateau sans espoir de briller.

Fangio, survole les essais du vendredi en laissant Trintignant à 7" au tour et le surprenant Moss 3e, avec sa Cooper beaucoup moins puissante à 14"4. L'argentin domine l'épreuve, jusqu'à la mi-course en se payant le luxe de doubler tous les concurrents, sauf Ascari, Trintignant et Manzon. Un problème moteur, interrompt ensuite sa chevauchée fantastique, laissant une victoire facile à Ascari devant Tadini et Trintignant. René Bonnet se console par une 6e place, à 3 tours du vainqueur.

Organisé sur 500 km, le G.P de F1, après la victoire de Rosier à Spa, un doute s'installe dans la tête des partisans des moteurs suralimentés. La consommation, ne va-t-elle pas encore leur jouer des tours ? Luigi Farina, se voit tellement perturbé par les « nervous breakdown », qu'il décide d'abandonner provisoirement sa Maserati pour une Talbot T26 C. La marque de Suresnes, concentre les envies avec huit engagements pour ce modèle, contre cinq Maserati pour Fangio, Campos (Squadra Argentina), Ashmore, Reg Parnell (Scudéria Ambrosiana) et Prince Bira (Scuderia Plate). Ferrari engage seulement deux machines pour Villoresi et Whitehead. Alberto Ascari prévu au départ sur une Ferrari 125 déclare finalement forfait. Eugène Chaboud sur une antique Delhaye 135, et Georges Abecassis sur Alta HWM terminent le plateau.

Aux essais Villoresi prend le meilleur sur Fangio et Rosier, la deuxième ligne est toute bleue, avec les Talbot de Sommer et d'Etancelin.

Une fois n'est pas coutume, Fangio hésite au départ, gênant au passage Etancelin, du coup Villoresi et Rosier prennent la tête. Au premier passage devant les tribunes, l'argentin rétablit l'équilibre en passant deuxième dans l'échappement de Villoresi. Campos, Sommer et Chiron, sont au contact dans cet ordre. Surprise au petit jeu de l'aspiration, Campos prend le meilleur au 2e tour sur l'italien et son compatriote. Peu à peu l'argentin creuse l'écart, l'avantage devient plus important avec l'abandon de Villoresi, privé de frein au virage du Thillois.

Dès le 8e tour, vient le bal des premiers arrêts. La Talbot de Sommer, qui n'avait pas prévu de ravitaillement doit stopper. Un problème d'allumage, l'oblige à un changement de bougies. Au 10e tour Campos tient toujours bon le manche, mais Fangio s'est rapproché à moins de 3". Au 15e tour, il fait la jonction avant de dépasser son compatriote au 20e. Fangio ravitaille au 21e tour, il laisse le commandement à Campos qui s'arrête au tour suivant. Après 25 passages, le classement est le suivant, Prince Bira mène avec 1'02" sur Campos et 1'14" sur la deuxième Maserati Argentina. Alors que tout le monde, s'attend au retour de Fangio, l'argentin rentre au stand définitivement, avec un problème d'embrayage et un câble d'accélérateur rompu.

Campos reprend la tête au ravitaillement de Bira. Chiron (Talbot), fait une course régulière et pointe 3e à seulement 25". A l'abandon de Campos au 35e tour sur problème de soupape, le monégasque devient deuxième sous la menace de Whitehead 3e. Le second arrêt de Bira, permet à Chiron de passer en tête au 47e tour, il en reste encore 17. Le Prince de Siam 2e à 17" et l'anglais 3e 48", ont beau faire le forcing jusqu'au bout, Louis Chiron tient sa victoire. Louis Rosier finit 4e à 56", pendant que Sommer à force de volonté, prend la 5e place à 3 tours. Pour l'anecdote, le « sanglier des Ardennes », aura changer 19 bougies tout au long de la course ! Anthony Lago peut être fier, sur trois épreuves majeure en course de formule 1, Talbot remporte une deuxième victoire.

Si l'on excepte la coupe du Salon, le G.P d'Italie disputé à Monza le 11 septembre, clos la saison 1949. L'absence de Fangio de retour au pays, laisse seul son coéquipier Campos et gâche un peu la fête. Dans l'euphorie, les Talbot peuvent-elles réaliser la passe de trois, en contrant à domicile les italiens ? Onze Maserati et cinq Ferrari, contre six Talbot Lago, la balance penche du côté des rouges. La voiture d'Etancelin, bénéficie enfin du double allumage 49, attendu toute la saison. Il fait le meilleur temps des Talbot, mais seulement en 8e position, à prêt de 9" de la pôle d'Alberto Ascari (Ferrari).

Le « cheval cabré » prend l'avantage sur le « trident » avec le 2ᵉ temps pour Villoresi et le 4ᵉ pour Sommer. Farina 3ᵉ à 2"8, semble le mieux placé pour contrer les Ferrari.

La démonstration d'Ascari, va être d'autant facilité, que ses principaux adversaire sont éliminés les uns après les autres. Farina au 17ᵉ tour sur rupture moteur et Villoresi au 29ᵉ à cause de son levier de vitesses. Sommer de son côté, comme à Reims, multiplie les arrêts pour des problèmes d'allumage. Seul Campos semble en mesure de troubler la quiétude de l'italien, avant de couler une bielle au 56ᵉ tour. Alberto Ascari réalise le grand chelem, pôle position, record du tour et victoire finale. La Talbot de Philippe Etancelin tout en régularité prend la 2ᵉ place à un tour, Prince Bira (Maserati) complète le podium à 3 tours. Sommer, termine péniblement 5ᵉ à 5 tours derrière De Graffenried.

Jean Redelé, voit le jour le 17 mai 1922 à Dieppe. Ses parents sont des nordistes, la maman est la fille d'un industriel ardennais, pendant que le papa Emile, passe son enfance à Tourcoing. Le père se distingue dès l'âge de 12 ans, par une admiration sans borne des moteurs à pétrole, objet de convoitise en ce début de 20ᵉ siècle. A l'adolescence, Emile Redelé poursuit son rêve, en trouvant un job à Boulogne Billancourt, siège de la société Renault. Sa motivation, lui permet d'accéder au service de compétition et il devient rapidement essayeur de la marque. Il s'occupe de la voiture de Marcel Renault, vainqueur de Paris-Vienne en 1902. Après le décès de ce dernier, l'année suivante dans Paris-Madrid, il prend en charge la machine du pilote d'origine hongroise Ferenc Szicz, vainqueur du premier G.P de France en 1906.

Des essais à la compétition il n'y a qu'un pas, qu'Emile franchit à Dieppe pour un Grand Prix. Sur ce circuit, il teste pour la première fois un système de roues à moyeu central. L'expérience s'avère catastrophique, il perd trois des quatre roues dans un virage, pour finir sa course dans une mare. Est-ce que la Normandie l'inspire ?

Toujours est-il, après avoir quitté Renault, Emile revient dans la sous-préfecture de la Seine Inférieure, pour installer une entreprise de taxis, à laquelle vient s'ajouter bientôt une société de cars. Plus tard Rédélé père, abandonne son local vétuste pour une construction moderne, afin d'y installer une agence Renault.

Il est temps pour Emile de fonder une famille, il épouse mademoiselle Prieur en 1921. Le petit Jean né l'année suivante, baigne très tôt dans la mécanique, le garage paternel devient rapidement son terrain de jeu favori. Etudiant studieux, il décroche à la fin de l'année 1946 un diplôme des hautes Etudes Commerciales. Entre temps la guerre a fait des dégâts. Le garage familial, ravagé par les bombardements, n'est plus qu'une ruine.

Pendant ses études, Jean a économisé quelques argents, à travers de petits boulots. A 24 ans, il décide de les investirent, en louant le garage Renault de son père, pour entreprendre une reconstruction de la concession. Il devient ainsi le plus jeune concessionnaire Renault de l'hexagone. Néanmoins si les clients ne manquent pas, les matières premières se font rare dans cette période d'après-guerre, entrainant des livraisons de deux ans pour des véhicules neufs. Afin de pallier un manque de chiffre d'affaires, Jean à l'idée d'entreprendre le négoce de matériel de surplus américain, laissé après le débarquement en Normandie. La concession se transforme bientôt en agence Dodge, GMC et Chevrolet.

Les bénéfices engrangés, permettent de remettre en état rapidement, la reconstruction des bâtiments de la ruc Thiers. La sortie de la 4cv Renault au salon de Paris 1946, devient bientôt le rêve du français moyen. Plus d'1 million 100 000 véhicules de ce type, seront produits jusqu'en 1961. Jean Redelé, comme tout bon distributeur du réseau Renault de l'époque, bénéficie largement de cet engouement. La concurrence avec son voisin de chez Peugeot, l'amène a relevé un défi. Faire une course amicale entre Rouen et Dieppe, pour déterminer qui de la Peugeot 203 ou de la 4 cv Renault, se montrera la plus rapide.

Sur le papier, la Peugeot plus puissance, ne laisse guère de chance à la Renault. Néanmoins la maniabilité de « la puce » de Boulogne Billancourt et sans doute le coup de volant de Jean Rédélé, font bientôt la différence, le tout sur route ouverte.

Jean, se prend rapidement au jeu en prolongeant son activité professionnelle par une activité de loisir, en devenant pilote amateur. Il s'engage au Rallye de Monte Carlo, pour l'édition du 22 au 27 janvier 1950, avec pour co-pilote Marcel Delforge. L'aventure se termine à Roanne, faute à des rails de tramways dissimulés par la neige, provocant un accident. Loin de le décourager, la création officielle du Rallye de Dieppe les 22 et 23 juillet 1950, lui donne une seconde chance. Non seulement Redelé participe, mais il remporte l'épreuve toujours sur une 4cv, devant les Peugeot de Lazier 2e et de Lecuyer 3e.

L'année 1951, voit la naissance d'une version sportive de la 4cv, la 1063. De 18 cv de base, la puissance passe à 35. Au cours de l'année, Jean participe à huit épreuves, avec la nouvelle motorisation. Associé à Scott, il prend la 44e place du Monte Carlo, terminant 4e de sa catégorie, puis il enchaine avec le Rallye de Dieppe où il finit 4e du scratch. Après une 5e place fin juin au Rallye du Dauphiné avec François Berteaux, il renoue avec la victoire en juillet au Rallye de Dax. Il s'engage en août pour le « Marathon de la Route » sur le parcours Liège-Rome-liège. L'épreuve représente un aura aussi important que le Monte Carle, avec 126 engagés à l'international. 57 équipages couvrent l'intégralité du parcours. Les belges Johnny Claes et Jacques Ickx (*père de Jacky*), l'emportent sur une Jaguar XK 120, Jean associé à Bouchard prend une bonne 12e place. L'année, se termine avec la renaissance du Tour de France Automobile. L'épreuve avec un aller retour sur Nice, comprend pour la première fois, une course de côte sur la Turbie. Les puissantes Ferrari 212 Export, se montrent intraitable en réalisant un triplé. Rédélé/Hammersley, 18e du scratch, prennent la 3e place de leur catégorie derrière deux autres 4cv.

Si pour Jean, le pilotage reste un loisir, il exerce l'activité avec sérieux. Sa rencontre avec Louis Pons, lui permet de rentrer dans une autre dimension. Les deux hommes se lient d'amitié et Jean décide de franchir un palier, en s'engageant avec son compère dans les Mille Miglia 1952. 502 concurrents prennent le départ. Sur le parcours Brescia, Aquila, Rome Brescia, Pons/Rédélé 71e du scratch, remporte la catégorie 750 cc.

Qui ne rêve pas de participer aux 24 heures du Mans ? Le rêve pour Jean, se transforme en réalité lors de l'édition 1952, alors qu'il vient de fêter ses 30ans. Rédélé associé à Guy Lapchin prend le volant d'une des six 4cv Renault 1063 engagées. La régie nationale, se fixe pour objectif une victoire dans sa catégorie. Dans une lutte franco française, les Renault doivent faire face à cinq Panhard D.B ou Monopole, toutes mieux profilées les unes que les autres. La différence se sent aux essais. Toutes les Panhard sont plus rapides. René Bonnet avec Elie Bayol réalise le 40e temps, pendant que le duo Rédélé/Lapchin 50e temps, se distingue en étant les plus véloces des Renault, sur les 57 qualifiés pour la course.

L'épreuve, prend un tour dramatique pour les français. La Gordini de Behra/Manzon occupe la tête de la 3e à la 10e heure, avant qu'elle ne rétrograde, suite à une avarie de frein. La Talbot de Pierre Levegh, prend ensuite le relais, jusqu'à 50' de l'arrivée, où épuisé par 23 heures de conduite le parisien casse sa mécanique, offrant une victoire inespéré aux Mercedes 300 SL. Chez « les petits », le coupé X 86 Dyna Monopole prend la 12e place, pendant que le tank X 84 Monopole 14c, remporte la classe 750 cc et l'indice de performance devant les Mercedes. Deux des 4cv sont à l'arrivée. Celle de Porta-de Regibus, finit 15e, pendant que Rédélé-Lapchin, en tête de leur classe, doivent lever le pied à trois heures du drapeau à damiers, pour une surchauffe moteur. Ils finissent « lanterne rouge », à la 17e place.

Jean termine son année avec le Tour Auto. Seule la DB Panhard des époux Gignoux et la Ferrari 225 S de Pagnibon, précède la 4cv de Rédélé Moser, pour une excellente 3e place.

Mais déjà Jean Rédélé se donne une autre ambition, construire sa propre voiture. Au cours de l'année 1952, il rencontre le carrossier italien Michelotti. Il lui commande une carrosserie profilée, pour mettre sur un châssis de 4cv Renault. La voiture baptisé « Rédélé Spéciale » voit le jour en décembre 52, équipée d'une boîte « Claude » 5 vitesses, révolutionnaire pour l'époque. La carrosserie tout alu, donne un ensemble de 550 kilos. Au cours de l'année 1953, il enchaine les victoires avec cette voitures au Rallye de Dieppe, sur le nouveau circuit de Rouen les Essarts et la coupe de la ville de Lisbonne.

L'idée de produire le coach à l'export pour le marché américain fait son chemin. Il rencontre un industriel américain qui expose au « Motor Show » de New York, la Rédélé spéciale, sous le nom de « The Marquis ». L'industriel américain passe ensuite une commande à la régie de 150 plates-formes de 4cv, pour une fabrication aux states. Les voitures, ne verront finalement jamais le jour, avec une perte sèche de quelques centaines de milliers de dollars pour Jean Rédélé.

Loin de découragé le dieppois, Jean poursuit son but en rencontrant les frères Chappes, carrossier sur Saint Maur. Les deux frères commencent à maitriser le coulage en stratifié polyester, tissus de verre. La « Rédélé spéciale » étant une réussite, il suffit de faire évoluer le modèle, en remplaçant sa carrosserie en alu, par une coque moulée plastique. Le prototype sort en 1954 sous le nom « Alpine », en souvenir de la participation de Jean à la coupe des Alpes.

Chapitre 7 : Naissance du championnat du Monde.

La proposition du comte Antonio Brivio, délégué de l'Automobile Club d'Italie, de mettre sur pied un championnat du Monde de formule 1 pour l'année 1950, trouve enfin écho auprès de la F.I.A. Au milieu des vingt et une courses prévues par les différents organisateurs, la fédération internationale, s'oblige à faire un tri.

Six grandes épreuves européennes sont retenues, plus les 500 miles d'Indianapolis, avec pour but de fédérer le nouveau continent. Néanmoins, la différence entre la course américaine et la formule 1 est si criante, qu'aucun retour ne pourra se faire. Les 500 miles d'Indianapolis quitteront définitivement le calendrier de F1, à l'issue de l'année 1960.

L'attribution des points se fait de la manière suivante, 8 points au vainqueur de chaque épreuves, 6 au deuxième, 4 au troisième, 3 au 4e et 2 au cinquième. Le meilleur tour en course, se voit revalorisé par l'attribution d'un point. Ce règlement relativement simple, comporte néanmoins des failles. La conduite partagée étant autorisée, comment dans ce cas, l'attribution des points peut-elle se faire ? De plus aucune précision, n'est apporté sur le nombre de performances retenues, pour établir le classement en fin de saison. Une polémique va naitre après le dernier Grand Prix soulevé par de nombreux magazines spécialisés. Le classement réel entre Faglioli et Fangio, va interpeller bon nombre observateurs.

Concernant les participants, le retour d'Alfa Roméo après un an d'absence, alimente toutes les conversations. Les Alfetta vont-elles reprendre leur domination ou pas ? La 158 n'a pas vraiment évoluée, la puissance moteur est simplement passée de 335cv à 8000 tours à 350 cv pour 8500 tours. Côtés pilotes, la « bande des 3 F » se constitue avec Fagioli, Fangio et Farina.

Si le championnat représente une vraie révolution, les voitures engagées n'en sont pas vraiment. Du côté « du Trident », depuis que les frères Maserati ont quitté la marque pour crée OSCA fin 1947, la firme se cherche. La 4CLT à compresseur n'a pas beaucoup changé et ne développe que 306 cv, un peu juste pour contrer les Alfa. Un V12 de 4472 cc, tourne actuellement au banc et donne une puissance de 330 cv.

Moteur compressé ou atmosphérique, That Is the Question ? Le premier trop gourmand en carburant, nécessite de nombreux arrêts aux stands et l'atout puissance, se gomme au fur et à mesure, par à la sobriété du second. Chez Ferrari, on refuse de trancher le sujet. La Tipo 125 suralimenté de 300 cv, plus légère que ses concurrentes, va devoir se frotter bientôt à une Tipo 375 de 4498 cc de 330 cv, mais 160 kg plus lourde.

Les britanniques voudraient bien « avoir l'air », mais ils n'ont pas l'air du tout ! En attendant la sortie de l'hypothétique projet B.R.M (*British Racing Motor*), leurs plateaux, ne se composent que de poussives E.R.A, développant à peine 260 cv, dans sa version E la plus évoluée, ou des Alta souffreteuses tirant 230 cv.

Reste nos frenchies. Talbot, généralise son double allumage sur toutes les Lago T 26 C. Néanmoins, la sobriété du moteur ne fait pas tout. Le poids embarqué de 910 kg et une puissance maximum de 280 cv à 5000 tours, parait bien légère, pour pouvoir effrayer les rouges italiennes. Amédée Gordini, sur sa type 15 a joint un compresseur Roots au 4 cylindres de base Simca de 1490 cc, déjà profondément modifié.

Si la puissance de 164 cv demeure nettement insuffisante, la maniabilité de la voiture et son poids plume (474kg), peuvent faire la différence sur circuit lent, comme Pau ou Monaco.

La ville du bon roi Henri justement, représente le test idéal avant le lancement officiel du championnat. En ce lundi 10 avril, Alfa Corse boude l'épreuve, mais Ferrari la prend très au sérieux. En dehors des deux Tipo 125, bien connue des fidèles, rouge pour Villoresi et bleu pour Sommer, la Scuderia, teste une Tipo 166 expérimentale 12 cylindres de 2 litres atmosphérique, dotée pour la première fois d'un pont de Dion. La machine confiée à Alberto Ascari, se voit pourvue d'une carrosserie plus fine et plus basse, que celle de ses ainées.

En dehors des quatre Talbot T26 C, toutes privées et des trois Simca de l'équipe Gordini pour Trintignant, Manzon et Simon, les deux Maserati de la Scuderia Argentina pour Fangio et Gonzales, représentent la principale opposition. Deux autres Maserati 4CLT complètent le plateau pour Bonetto et Chiron.

Aux essais, Fangio et Villoresi s'étripent pour la pôle. Le dernier mot, revient à l'argentin. En 1'43"1 (96,686 km/h), il bat le record du tour établi par les Mercedes en 1939 de près de 4". Sommer complète la première ligne à 1"4 de la Maserati.

Le départ reste conforme à la hiérarchie des essais. Fangio s'empare du commandement devant Villoresi et Sommer, jusqu'au 4e tour, où Raymond saute « Gigi » à la statue du Maréchal Foch. « Le sanglier des Ardennes », trouve l'ouverture au 15e passage sous les hourras du public. Déjà on dénombre les premières victimes. Simon, pousse sa Gordini jusqu'au stand depuis le lycée, pendant qu'Ascari abandonne sur rupture de boîte. Nous sommes au 17e passage, Fangio tourne plus vite qu'au essais et en 1'42"8, reprend les commandes. Son compatriote Gonzalès, fait les frais du rythme infernal, après un premier arrêt au 25e tour, il abandonne trois tours plus tard. Sommer faiblit, Villoresi, lui prend la seconde place au 33e passage. Devant Fangio a fait un écart d'une trentaine de secondes.

Derrière les trois cadors, Chiron roule isolé à 1'24", puis vient le bal des ravitaillements. En fonction des arrêts, l'ordre change, mais sans réelle signification, sauf pour Fangio qui passe 55" a son stand. Un temps beaucoup trop long mais qui lui permet néanmoins de conserver 10" d'avance sur Villoresi.

La course est jouée. Fangio reprend le large et termine avec 30" d'avance sur Villoresi. Après l'abandon de Chiron, la Talbot de Rosier s'offre la 3ᵉ place à 1'02" du vainqueur. Sommer, dont le moteur s'essouffle se retrouve 4ᵉ à un tour devant la Simca Gordini de Manzon 5ᵉ à 4 tours.

Un mois plus tard, la date du samedi 13 mai 1950, retient toute les attentions. La toute première manche du Championnat du Monde de formule 1 se tient à Silverstone, entre Northampton et Oxford. Le circuit, reprend l'implantation d'une ancienne base militaire de la RAF pendant la guerre. Le temps chaud sous un soleil printanier, attire une foule estimée à 150 000 personnes. Sa majesté Georges VI roi d'Angleterre, se fait présenter les pilotes et les chefs d'écuries avant le départ.

Les spectateurs, peuvent admirer la nouvelle B.R.M équipée d'un étonnant moteur V16 compressé sensé donner 485 cv à 10 000 tours minutes, puissance pharaonique pour l'époque. Il reste un peu sur leur fin, la voiture ne participe même pas aux essais. Raymond Mays, se contente de trois petits tours de circuit, histoire de montrer le potentiel d'accélération de la nouvelle machine. Sans surprise, les Ferrari réservant leur rentrée pour la deuxième manche. Les Alfetta occupent toute la première ligne, avec dans l'ordre Farina, Faglioli, Fangio et Parnell. Derrière en seconde ligne, nous retrouvons la Maserati de Prince Bira à 1"8 de la pôle et les Talbot Giraud Cabantous et d'Eugène Martin.

Au baissé du drapeau, une course d'école se met en place pour les Alfetta, dans une stratégie simple de tableau noir. Farina, boucle le premier tour en tête, devant ses trois coéquipiers.

Seul Bira à distance, montre quelques velléités défensives. Les supporters britanniques, voient déjà tout espoir de suivre une de leurs voitures s'envoler. Les deux ERA de Johnson et de Walker, sont à l'agonie. Une épaisse fumée noire s'échappe de la première, pendant que la seconde s'arrête à son stand avec une boite récalcitrante. Insensible, les Alfa continuent leurs arabesques, dans les courbes rapides de Woodcote Corner, où de Chapel Curve. Unique intermède pour briser la monotonie, l'arrêt de la Talbot d'Eugène Martin sur baisse de pression d'huile au 10e tour. La Maserati de Chiron, subit le même sort au 34e passage, pour un problème d'embrayage.

Le ravitaillement de la mi-course, permet de distraire le public. Après l'arrêt de De Graffenried à Abbey Curve, il reste encore 15 concurrents en piste. Faglioli et Parnell s'arrêtent en premier. Les mécanos d'Alfa Corse, se montrent très efficace, les deux véhicules ne s'immobilisent que 25". Bira, 5e depuis le début, se voit devancé par les Talbot de Giraud Cabantous et de Rosier. Le Prince de Siam, renonce au 49e passage, en panne de moteur.

Devant Farina et Fangio, jamais séparé de plus de 2" ne se lâchent pas. Alors que l'on s'attend à un final palpitant, le sort en décide autrement. A huit tours du drapeau à damiers, une canalisation d'huile se perce sur la voiture de l'argentin. « El Dotore », remporte la première manche avec le record du tour, devant ses coéquipiers Faglioli, 2e à 2"6 et Reg Parnell 3e à 52". Le deux Talbot de Giraud Cabantous 4e et Rosier 5e à 2 tours, grapillent les derniers points.

A Monaco, 8 jours plus tard, le décors change du tout au tout. Les larges courbes de Siverstone, se substituent aux virages en épingles à cheveux de l'ancienne gare et du gazomètre. Le retour des Ferrari, laisse place également, aux Simca Gordini 1500 de Trintignant et Manzon. Plus étonnant, la présence de la petite Cooper JAP 1100 à moteur arrière, pour le Franco-Américain Harry Schell, ne manque pas d'attirer la curiosité du public. Pour l'occasion, une tête couronnée chasse l'autre, son Altesse Sérénissime, le Prince Rainier va suivre la course.

Fangio fait une démonstration aux essais, en laissant son coéquipier Farina à 2"6. Froilan Gonzales réussit à intercaler sa Maserati devant la 3e Alfa de Faglioli, qui partage la deuxième ligne avec la Talbot d'Etancelin. Globalement, les Ferrari ne se montrent pas dans leur meilleur jour. Villoresi et Ascari sont 6 et 7 sur la grille et Sommer encore plus loin à la 9e place. Après les forfaits de Whitehead et Pian, 19 voitures prennent le départ de la course.

Dès le début, Fangio fait la différence dans la montée vers le Casino, pendant que Gonzalès tire le peloton. Au virage de la Gare, Villoresi pointe second, puis Farina dépasse Gonzalès à l'entrée du tunnel. Un vent violent, fait passer des vagues par-dessus le parapet, formant des flaques d'eau à la hauteur du « bureau de tabac ». Farina, alors 3e se laisse surprendre par la piste rendue glissante. Faglioli le suit de près et cherche à prendre l'intérieur, pendant que son collègue dérape. La manœuvre audacieuse ne réussit pas, l'Alfa part en travers et les deux voitures se heurtent. Devant la voie bouchée, Gonzalès joue aux autos tamponneuses, derrière s'en suit un carambolage monstrueux impliquant Rosier, Rol, Manzon, De Graffenried, Trintignant, Harrison et Schell.

Neuf coureurs sont éliminés d'un coup, alors qu'ils n'ont même pas bouclé un tour. Nous vivons une époque, où la neutralisation des courses n'est pas d'actualité. Les mécaniciens et les commissaires dégagent la piste, au milieu de réservoirs éventrés, pendant que des centaines de litres de carburant se répandent. Gonzalès, qui a réussi à sortir sa Maserati de la mêlée, repart lorsque soudain la voiture s'embrase. L'argentin freine en catastrophe, saute de son véhicule en marche, pendant que sa machine finit sa course dans les bottes de paille de l'épingle des Gazomètres. Alors que la combinaison de l'argentin brule, quelques spectateurs bravent les interdictions pour lui venir en aide. Il n'est que légèrement brulé. Autre victime Franco Rol, hospitalisé avec un bras cassé, un moindre mal compte tenu du carnage. Fangio arrive sur le lieu de l'accident avec prudence, pour négocier une deuxième fois le virage du « bureau de tabac ».

Néanmoins mal renseigné par un commissaire, il se retrouve enfouis au milieu de racers immobilisés. Sans s'affoler, il pousse l'Alfa à la main avec beaucoup de sang froid pour la remettre dans le sens de la course. Villoresi suit de près et cale son moteur en ralentissant trop brutalement. Faglioli réussit à rejoindre son stand péniblement avec une direction fossé. Les mécaniciens ont beau s'activé pendant un quart d'heure, l'Alfa ne repartira pas.

L'intérêt désormais, se fixe dans la course poursuite engagé par Villoresi. Il pointe à la fin du 2e tour, en 9e position à 1'20" d'un Fangio toujours solide leader. L'italien bat 7 fois le record du tour, pour se retrouver en position de dauphin de l'argentin à mi-course (50e tour). Sa chevauché, ne trouve pas la moindre récompense lorsque le différentiel de sa Ferrari, le lâche 13 tours plus tard.

Fangio entre deux ravitaillements se désaltère et gagne la course à sa main. Le record du tour, lui permet d'ouvrir le compteur pour 9 points et de rejoindre Farina en tête du classement. Ascari, prend la deuxième place à un tour devant le local Louis Chiron. Raymond Sommer perturbé par les freins de sa Ferrari, sauve l'honneur des tricolores avec les 3 points de la quatrième place.

Je passe rapidement sur les 500 miles d'Indianapolis, troisième épreuve du championnat, qui comme je l'ai déjà expliqué, n'intéresse pas la moindre équipe outre atlantique. La date du 30 mai à une semaine du G.P de Suisse, ne favorise pas le déplacement des teams européens. En ce dimanche 4 juin, les larges courbent du circuit de Bremgarten, semble taillé sur mesure pour les Alfetta. Pour tous les pilotes, il faudra éviter le piège d'un revêtement, parfois agrémenté de pavés et surtout le décors champêtre des arbres, jouant entre ombre et lumière, pour une visibilité variable. Comme prévu, après les essais, « les trois F » occupent la première ligne avec dans l'ordre Fangio, Farina et Faglioli. Les Ferrari de Villoresi et d'Ascari sont juste derrière et il faut regarder en troisième ligne pour trouver du bleu avec les Talbot d'Etancelin et Giraud-Cabantous, aux côtés de la Maserati de Bira.

Particularité, Raymond Sommer qui dompte une Simca Gordini dans l'épreuve de F2, se présente avec la même voiture pour le Grand Prix. Il s'agit du modèle à Pont de Dion, utilisé par Villoresi à Pau. Le manque de puissance du racer, le relègue avec le 13e temps de la grille sur les 18 partants.

Le début de course, se conforme au résultat des essais. Au virage de l'Eymatt, Fangio entraine Farina et Faglioli, puis la Ferrari d'Ascari. Seul Prince Bira gagne une place sur Villoresi, qui précède « le train bleu » des Talbot avec Rosier comme locomotive. A la fin de la première boucle Ascari double Faglioli pour la 3e place, pendant que Giraud Cabantous, ouvre la liste des abandons, après avoir abimé sa machine contre un arbre, sans dommage pour le pilote. Il ne tarde pas d'être suivi par Ascari au 3e tour, pour un problème de pompe à huile. Les Ferrari, baissent définitivement le pavillon, après le retrait sur le circuit au 9e tour, de Villoresi pour une rupture de joint de cardan de transmission. Puis, le sort frappe Sommer au 19e tour, toujours à cause de la transmission.

Le triplé des Alfetta devient inéluctable. Devant Fangio et Farina échange régulièrement leurs positions. Le sort de la course se joue à 8 tours de la fin, lorsque l'argentin s'arrête sur le circuit, loin de son stand, moteur coupé. Il ne peut remettre en marche et rentre au box à pied. Farina n'a plus qu'à assurer, Faglioli alors à 18" revient dans ses roues, sans toutefois lui contester la victoire. Louis Rosier prend la 3e place à un tour, devant Prince Bira 4e à deux tours.

A Spa le 18 juin les Alfa, toujours dans leur jardin, répondent « à l'appel ». Dans la descente de Masta, Faglioli est chronométré à la vitesse stupéfiante de 323,272 km/h ! Une vitesse qui fait froid dans le dos, compte tenu de l'insécurité à la fois du circuit et des machines. Sans surprise « les 3 F » sont toujours en première ligne, Farina devant Fangio et Faglioli. Villoresi (Ferrari) et Sommer (Talbot), profitent de la seconde ligne à 10" da la pôle, pendant qu'Etancelin (Talbot), Ascari (Ferrari) et Rosier (Talbot) occupent la 3e ligne.

La course ressemble à une longue procession des Alfetta. Le mano à mano, de Fangio et de Farina, tient néanmoins le spectateur en haleine. L'argentin, ponctue un record du tour à 185,350 km/h au 31e passage. Les deux hommes, n'ont cédé le commandement à Sommer qu'un court instant, pendant le ravitaillement. Alors que l'on s'attend à un finish à couteau tiré, Farina repasse par les stands, pour quatre longues minutes. Louis Rosier, en profite pour récupérer une 3e place inespéré, derrière Fangio qui l'emporte avec 13'' d'avance sur Faglioli. Farina conserve la 4e et prend 4 points précieux, avec un record du tour fixé à 185,720 km/h de moyenne.

Ce n'est pas à Reims le 2 juillet, que la concurrence va pouvoir contrer la firme au « trèfle à quatre feuilles » sur le circuit le plus rapide d'Europe. Domination d'autant facilité, que la Scuderia Ferrari déclare forfait, préférant se réserver pour l'ultime manche de Monza à la maison. Si je vous dis que « les 3 F » monopolisent la première ligne avec Fangio en pôle, vous me répondrez, « rien de très original ! » Je vais essayer de vous faire saliver, sans toutefois vous convaincre, en rétorquant que trois Talbot, dont celle d'Etancelin, sont derrière devant deux Maserati. On se console comme on peut.

Comme souvent la chaleur de ce début d'été, écrase la campagne champenoise, laissant entrevoir des défaillances pour la course. Les Alfetta prennent d'entrée la direction des opérations. A la fin de la première boucle, Farina ouvre la voie devant les stands, précédant ses compères Fangio et Farina. Surprise, derrière sur une Maserati vieillissante, Bonetto, se retrouve devant les Talbot d'Etancelin et Levegh. Sommer (Talbot), est le premier à s'immobiliser dès le 3e tour, avec un radiateur porté à ébullition. Alors qu'en tribune les spectateurs espèrent une défaillance des Alfa, pour mettre un peu de piment à la course, les Maserati donnent des signes de faiblesse. Rol d'abord, au 7e tour avec un problème de moteur, puis Parnell au 10e, enfin Bonetto, le plus représentatif au 15e, avec un piston grillé. Les Talbot Lago, moins rapide, compensent en partie, par des arrêts peu fréquent aux stands, par rapport aux Alfa trop gourmande en carburant.

Le train-train des Alfetta est en partie brisé à mi-course, quand Farina doit s'arrêter avec un problème d'alimentation. Il terminera la course très attardé à la 7ᵉ place à 9 tours. Whitehead, parti en derrière ligne avec sa Ferrari personnelle, remonte au 3ᵉ rang. L'anglais, conserve cette place jusqu'au bout, à 3 tours derrière Fangio et Faglioli. Manzon sur la petite Simca Gordini, prend une méritoire 4ᵉ place, devant la Talbot partagée d'Etancelin/Chaboud, grignotant les deux derniers points de la 5ᵉ position.

Il est temps de faire un point, avant l'ultime manche du championnat. Si nous faisons abstraction des 500 miles d'Indianapolis, après cinq épreuves répertoriées, Fangio qui en a remporté trois, mène avec 26 points, devant Faglioli, quatre fois second 24 points et Farina 3ᵉ, deux victoires, 22 points. Tout reste possible entre ses trois pilotes. L'autodrome de Monza, avec sa largeur de 24 mètres à certains endroits, et de 9 mètres sur sa portion la plus étroite, permet d'accueillir 26 concurrents.

La firme milanaise, voit les choses en grand. Sanesi et Taruffi viennent s'ajouter aux Alfetta des 3 F. Les cinq « 158 », ne seront pas de trop pour contrer les Ferrari d'Ascari 2ᵉ temps des essais à 2/10 et de Fangio et de Duilo Serafini 6ᵉ temps, remplaçant occasionnel de Luigi Villoresi. La performance des Ferrari au niveau des Alfa Roméo, peut surprendre. Les deux nouvelles Tipo 375, animées par un 4,5 litres atmosphérique, ni sont pas étrangère. En 8ᵉ position, nous retrouvons « le premier des laissés pour compte », Raymond Sommer sur Talbot, à 10" de la pôle position sur le circuit de 6,300 km. A noter la place honorable des Simca-Gordini à compresseur, avec le 10ᵉ temps, pour Manzon et le 12ᵉ pour Trintignant.

Au départ de la course, il n'est pas étonnant de voir Farina prendre l'initiative. Sauf incident mécanique, il va devoir l'emporter à minima, pour combler ses quatre points de retard sur Fangio.

L'argentin se contente de jouer « au suceur de roues », devant Sanesi troisième. Ascari qui n'a rien à perdre, pointe sa Ferrari en deuxième position dès le passage du premier tour.

Puis Alberto prend le commandement, sous les hourrah des 100 000 spectateurs déchainés. Pour la première fois depuis la guerre, les Alfa voit leur suprématie menacée. Cette situation, n'arrange pas « Nino » Farina, qui passe à l'attaque, trois tours plus tard, pour reprendre les commandes au 16ᵉ passage. On note déjà les abandons, de Bira, Manzon, Sanesi, Trintignant et Chiron, tous pour des problèmes moteur ou de transmission.

Le duel Ascari Farina, tourne court au 22ᵉ tour, lorsque la Ferrari se range en bord de piste, suite à un panne de boîte de vitesses. Fangio, tout en ménageant sa monture, hérite de la 2ᵉ place. Peine perdue, deux passages plus loin, il doit renoncer à son tour, toujours pour un problème de boîte. La défaite semble consommée pour l'argentin, lorsqu'au ravitaillement, la directeur de course de l'écurie milanaise, demande à Piero Taruffi de céder son volant à Fangio. L'argentin repart alors, sous les quolibets d'un public italien, partial et chauvin.

Ce n'est pas le jour de Juan Manuel Fangio, le moteur de sa deuxième monture coupe définitivement au 35ᵉ tour. Alors que Farina semble se diriger tranquillement vers le titre, Ascari récupère le baquet de Serafini, pour engager une course poursuite. Privée de deuxième rapport, il réussit néanmoins à doubler Faglioli pour la deuxième place échouant à 1'19" derrière Farina pour la victoire. Sur les 26 machines au départ, 7 seulement voit le drapeau à damiers. Les Talbot de Rosier et d'Etancelin, prennent les 4 et 5ᵉ place, à 5 tours du premier champion du Monde de l'histoire, le Docteur Giuseppe Farina.

La saison, pourrait se terminer de la meilleure des façons. Le 10 septembre 1950, la petite localité de Cadours à 35km de Toulouse, accueille une banale course de formule 2. Toutefois, le plateau ne manque pas de charme, avec la présence d'Aldo Gordini (fils d'Amédée), de René Bonnet, d'Elie Bayol, de Marcel Balsa, d'Harry Schell et de Raymond Sommer, au volant d'une Cooper Jap à moteur arrière d'une cylindrée de 1100 cc et d'un poids plume de 250 kg.

21 voitures sont engagées pour un tour préliminaire, les 8 premiers devront ensuite s'expliquer dans une finale. Sommer, se distingue aux essais en réalisant le meilleur temps. Néanmoins, il doit renoncer dans la manche qualificative au 3e tour, avec un problème d'allumage. De son côté, René Bonnet se fait une frayeur. Aveuglé par la poussière, il fait une embardée, faisant partir sa DB en tonneaux. Ejecté du véhicule, heureusement, il peut rentrer à pied au stand, victime seulement de quelques contusions.

Repêché, Raymond Sommer, se voit autorisé à participer à la finale. Relégué en fond de grille, il prend la tête dès le 3e passage. Au 8e tour la Cooper ne passe plus. Elle vient de quitter la route pour s'écraser contre un arbre. « Le sanglier des Ardennes », git en contre bas. Le médecin qui se rend sur place, ne peut constater que son décès. Une enquête est ouverte, les conclusions tombent trois mois plus tard. Dans un premier temps, une fusée arrière est suspectée, avant que le rapport ne conclus à une rupture de direction.

Moins de deux ans après la disparition de Jean Pierre Wimille, le sport automobile français, perd « sa deuxième étoile ». Raymond venait de fêter ses 44 ans, 10 jours plus tôt. L'émotion gagne au-delà des frontières de l'hexagone. A ses obsèques, en dehors du milieu, comme son ami Harry Shell, Amédée Gordini ou Edouard Lago, des personnalités sont présentes, Gabriel Voisin, le boxeur Georges Carpentier, le cycliste Charles Pélissier et l'acteur François Perrier, font partie du cortège.

Une stèle sera érigée, sur le lieu même de l'accident.

Chapitre 8 : Talbot Lago, le dernier souffle.

Blacklisté depuis la seconde guerre mondiale, l'Allemagne retrouve peu à peu sa place dans le concert international. Certes la Formule 1, ne fait pas partie de ce premier championnat, mais 400 000 spectateurs le 20 août 1950, peuvent redécouvrir le charme immuable des 22,810 km de la boucle nord du Nürburgring.

Il ne s'agit pas d'une simple course de Formule 2, mais de « la course de l'année » dans cette catégorie. Les organisateurs n'ont pas lésiné en encadrant l'épreuve reine d'une compétition pour voitures de sport et d'une épreuve de monoplace « racers 500 ». Ces mini-machines, ancêtre de la Formule 3, sont le fer de lance outre-manche. Simple économique, elle révèle une marque comme Cooper, ou de jeunes pilotes, dont un certain Stirling Moss.

Quelques vieilles gloires locales d'avant-guerre, reprennent du service, sur le circuit d'Adenau. Manfred von Brauchitsh sur une AFM BMW, Hermann Lang sur Véritas Meteor, ou Hans Stuck sénior (AFM) sont là, pour ranimer la flamme d'un patriotisme germanique.

Les programmateurs peuvent se frotter les mains, en réunissant un plateau de 36 machines, représentant pour la première fois, toutes les marques du moment en F2. La Scuderia Ferrari, dominatrice du moment, fait le déplacement avec Alberto Ascari, Dorino Serafini et Giovanni Bracco. Gordini donne la réplique avec ses pilotes d'usine, André Simon, Maurice Trintignant, Aldo Gordini et Robert Manzon, renforcé par les indépendants, le local Ernst Seiler, Roger Loyer, Antoine Branca, Alfred Datner et Ernesto Tornqvist. Avec neuf Type 15 engagées, Amédée joue sur le nombre, pour les primes de départ en espérant asphyxier les italiens. Autre présence française, la DB Citroën de René Bonnet, qui a transformé son spider habituel en vrai monoplace.

Les anglais ne rate pas la fête, avec deux HWM Alta pour Lance Macklin et Fergus Anderson. Enfin, il y'a les électrons libres, comme l'espagnole Francesco Godia sur une Cisitalia, ou le franco-américain Harry Shell sur une Cooper JAP. Fangio attendu au départ, doit déclarer forfait, à la suite d'une casse moteur de sa Maserati, aux essais.

Au baissé du drapeau, la Gordini du suisse Branca, prend un court instant l'avantage, avant que les Ferrari d'Ascari et Serafini, ne lui grillent la politesse. A la fin du premier tour, Shell manque déjà à l'appel, pendant qu'Ascari précède son coéquipier d'une quinzaine de secondes. Puis au deuxième passage, Manzon réussit à s'intercaler entre les deux italiens. Au 5e tour, Ascari toujours en tête, précède Manzon de 58", talonné par Serafini, Simon 4e, pointe à 1'13" du leader. Les abandons se succèdent, Kling (Véritas) pour un problème de piston dès le 3e tour, Anderson (différentiel) et surtout Serafini au 6e, sur rupture de boîte. Nous ne sommes pas à mi-course, que déjà vingt voitures manquent à l'appel.

Au 7e passage, Ascari établit le record du tour à 127,675 km/h de moyenne, belle performance sur le circuit aux 173 virages ! Puis il perd son plus sérieux adversaire, Robert Manzon au 13e tour, avec un problème de soupape. L'italien doit lever le pied, il se fait une frayeur au Karrusel, avec une sortie de route faussant sa roue arrière droite.

Son avance suffisante, lui permet de conserver l'avantage jusqu'au drapeau à damiers. Amédée Gordini, se console avec les 2e et 3e place de ses poulains, André Simon et Maurice Trintignant, dans le même tour que le leader. La Véritas de Toni Ulmen, finit 4e à un tour, devant la Gordini de Seiler 5e et la HWM de Macklin 6e. Dans une course encore une fois endeuillé par William Lucas et un spectateur, 10 voitures seulement, se retrouvent à l'arrivée.

Anthony Lago, ne se fait guère d'illusion. S'il a réussi son coup commercialement avec douze productions de T26 C en F1, après des débuts encourageant en 1948, le modèle ne fait plus le poids fassent aux Alfetta et autres Ferrari. Les quelques accessits, pris ne suffisent plus à faire la promotion de ses modèles « Grand Sport ». Les 24 heures arrivent à point nommé, pour lui permettre de redorer son blason.

Afin de ne pas engager une étude trop couteuse, il décide de partir de sa T26, pour la transformer en biplace. La T26 « Course », devient ainsi la T26 « Grand Sport ». La transformation se fait en décalant le moteur de 50mm sur la gauche, par rapport à l'axe du châssis. La carrosserie reste très proche, sauf sur la partie arrière, pus plate. L'ensemble s'habille de quatre phares alimentés par une dynamo, de gardes boue façon bicyclette et d'une roue de secours obligatoire sur le côté, faute de coffre. Le tout, représente une esthétique un peu vieillotte, avec au moins l'avantage de se démarquer totalement de ses concurrentes.

Pour 1950, quatre châssis sont en production, mais un seul sera engagé pour les 24 heures, avec Rosier père et fils au volant. Deux autres modèles sont prévus, un coupé « SS » de 1948, pour Chambas et Morel, ainsi que la monoplace à moteur décalé de 1939, reconditionnée pour Meyrat/Mairesse. A noter, que les voitures sont toutes équipées du 6 cylindres en lignes de 4483cc donnant, 240cv à 4 500 tours/minute.

Gordini, comme à son habitudes, joue sur plusieurs tableaux. Deux coupés T15 1500cc mieux profilé et doté d'un compresseur Wade, pour Fangio/Gonzalès et Manzon Trintignant, peuvent compter sur l'appui de deux spiders, atmosphériques. En catégorie 1100cc, deux autres spiders T 15 et une T11 privée terminent les engagements.

Signe d'un autre temps, deux Delahaye 175S de 4,5 litres, pour l'écurie Lutecia, font un dernier galop, suivi par la Delage 3 litres d'Henri Louveau. Les frères Delettrez continuent l'expérience du moteur diesel. MAP (*Manufacture d'Armes de Paris*), se joint à eux avec un spider à moteur arrière plutôt disgracieux.

Dans la plus petite cylindrée de 750cc, un duel Panhard/Renault est attendu. La régie fait face avec cinq 4cv appartenant à des particuliers. De son côté, l'usine du quai d'Ivry, profite de son « Flat Twin » sur trois Dyna X84 sport, mais également équipe deux Monopole et deux DB sport. Deutsch et Bonnet prennent ainsi un tournant. Pour une dernière fois sur une DB 5, ils accordent leur confiance au moteur Citroën de 15cv.

Ferrari, vainqueur sortant, représente la principale opposition, même si la Scuderia ne se repose que sur des partenaires privés. En tête, Luigi Chinetti avec deux coupés 195 S de 2390 cc, quatre autres 166 MM 2 litres indépendantes. Les modèles identiques à la gagnante de 1949, seront au départ.

Une grosse concurrence britannique, promet une farouche opposition. L'écurie Aston Martin, avec pour Manager John Wyer, engage trois DB2 de 2581cc, Jaguar compte sur ses clients, avec trois cabriolets XK 120S de 3441cc. Nous retrouvons également deux Bentley de 4,2 litres et dans les moyennes cylindrées deux Frazer Nash de 2 Litres et une Riley de 2,5 litres.

L'amérique s'intéresse à l'épreuve mancelle, par l'intermédiaire de Briggs Cunningham. Un coupé Cadillac « Sedan de Ville » de 5439cc, des plus classique se présente au pesage, mais surtout sur la même base de châssis, un spider surréaliste surnommé « The Monster », fait le buzz. Enfin l'anglais Sydney Allard, propose une de ses créations toujours équipée d'un V8 Cadillac de 5439cc. 60 machines au total, prendrons le départ.

Ce nombre, se réduit d'entrée avec l'immobilisation de la Delahaye de Guelfi/Serraud en panne de batterie, puis l'abandon au 6e tour de la DB de Guyot/Chaussat, à la suite d'un accident à Mulsanne. La Ferrari de Raymond Sommer, prend les commandes sur les deux premières heures, suivi par la Talbot de Rosier et l'Allard de Sydney

Allard. Retardé dans un premier temps et tombant à la 3ᵉ place, le sedanais renonce à mi-course, pour des problèmes électriques.

A partir de 18 heures, Louis Rosier se place en tête pour ne plus la quitter, que pendant 3 heures. Seule inquiétude à 4 heures du matin, lorsque Rosier père, change lui-même une rampe de culbuteurs de sa Talbot, perdant une demi-heure dans l'opération. L'autre Talbot de Meyrat/Mairesse, prend le relais jusqu'à 9 heures du matin, avant que la famille Rosier ne s'installe de nouveau en leader.

Au cours de ces 24 heures, son fils Jean Louis, ne prendra le volant que pendant deux tours, soit 10 minutes tout au plus. Le duo argentin Fangio/Gonzales, dont la Gordini souffre de multiples problèmes, ne peut occuper au mieux qu'une 9ᵉ place de 18 à 20 heures, avant de renoncer définitivement à 5 heures du matin, avec un problème de soupapes.

Les Talbot Lago, reine de la piste, ne sont pas vraiment en danger. Les Ferrari, comme les Simca Gordini, cassent les unes après les autres, ou abandonnent sur accident. Seul suspens dans la dernière heure, quand la Allard de Cole/Allard, vient souffler la 3ᵉ place à Nash-Healey de Rolt/Hamilton, à 5 tours de la Talbot victorieuse. Les deux Aston Martin DB2, 5ᵉ et 6ᵉ, confirment la fiabilité des constructions britanniques. Les américains sont aussi à l'arrivée, mais beaucoup plus loin. Le coupé « De Ville » termine 10ᵉ à 23 tours, devant the « Tank Monster », 11ᵉ à 24 tours.

Chez « les petits », la Monopole de Hémard/de Montrémy (22ᵉ), s'offre l'indice de performance, à égalité avec l'Aston d'Abecassis/Macklin 5ᵉ. Trois 4cv rallient l'arrivée. La meilleure de Sandt/Coatlen finit 24ᵉ, remportant sa catégorie à 96,433 km/h de moyenne.

Talbot a désormais mangé son pain blanc. 1951, commence par un dépôt de bilan de la marque de Suresnes, entrainant une première régression, avant la glissade sur la pente fatale. En formule 1, Ferrari continue sa progression pendant qu'Alfa Corse, fait évoluer sont Alfetta en Tipo 159. La différence se situe au niveau de la suspension arrière, où un Pont de Dion, remplace le traditionnel demi-essieu oscillant. Le moteur, avec une puissance portée à 450 cv à 9 300 tours, ingurgite 165 litres de carburant aux 100 kms. De quoi multiplier le passage par les stands, malgré l'augmentation de la capacité des réservoirs, comprenant 300 litres de Méthanol. Les Talbot ne peuvent se réjouir qu'à moitié, dans la mesure où la plupart des Grands Prix, passent de 500 à 300 km.

Sept épreuves en dehors des 500 miles d'Indianapolis, sont inscrites au programme du championnat. Pendant que Monaco disparait du calendrier, le Nurburgring et Pedralbes en Espagne, font leurs entrées. Hasard du calendrier, le G.P de Suisse du 27 mai inaugure la saison trois jours avant Indianapolis. Ce n'est surement la meilleure façon, de fédérer les deux continents.

A Bremgarten, l'épreuve ressemble à un remake de la saison précédente. Fangio s'adjuge la pôle devant Farina le champion en titre. Villoresi en outsider, intercale sa Ferrari 375, devant les deux autres Alfetta de Sanesi et de De Graffenried. Il faut remonter au 8e rang sur les 21 participants, pour retrouver la meilleure Talbot de Rosier, à 16"8 de la pôle position. Signe des temps, deux Maserati seulement pour Shell et Chiron, prennent le départ avec les 17e et 19e temps.

La course débute avec 150 000 spectateurs, copieusement arrosé par une pluie soutenue. Un duel serré, s'engage pendant 10 tours entre Fangio et Farina, toujours sous le contrôle de l'argentin. Sanesi 3e à 23", se fait alors doubler par Villoresi. Ce dernier, ne profite pas longtemps de cette position, il percute une haie dans le 13e tour, le contraignant à l'abandon. Au bout de 15 passages, les positions sont désormais bien marquées.

Fangio occupe toujours la tête, avec 17" sur Nino Farina et 50" sur la Ferrari de Taruffi. Suivent les Alfa de Sanesi et De Graffenried, mais déjà avec un écart d'une minute. A mi-course (21e tour), les positions ne changent pas sauf que les écarts se creusent. Farina, navigue (*c'est le cas de le dire vu le temps.)* à 40" et Piero Taruffi en pleine progression à 53". « Le Maestro », s'arrête en premier pour le ravitaillement au 23e tour, mais ne laisse que brièvement le commandement. Seule suspens en fin de course, lorsque « Nino » se fait reprendre par « Piero » pour la seconde place. Sanesi et De Graffenried complètent le succès d'Alfa Corse au 4e et 5e rang. Les Talbot n'ont jamais été dans l'allure, Rosier finit 9e à trois tours. Il est même devancé d'une place par le débutant Stirling Moss, sur une HWM souffreteuse.

Le duel Alfa Ferrari, se poursuit à Spa le 17 juin pour le G.P de Belgique. Les deux écuries sont à égalité, avec trois voitures de part et d'autre. Néanmoins, la Scuderia peut espérer compter, sur un allié inattendu une « Thinwall Spéciale ». Il s'agit en fait d'une Ferrari 375, amélioré par différentes pièces fabriquées par la firme anglaise. Cette machine, allait donner naissance trois ans plus tard, à la « Vanwall », première voiture à remporter le championnat du Monde des constructeurs en 1958.

Petit cru, pour une épreuve de championnat, 13 voitures seulement se présentent aux entrainement. La Thinwall et le deux Maserati déclarent finalement forfait. Sept Talbot Lago, complètent le plateau et prennent... les sept derniers temps des essais. Fangio en pôle, Farina et Villoresi en première ligne, voilà un tiercé qui ne rapporterait pas grand-chose chez les bookmakers.

Avec une course de 500 km, la côte des Ferrari remonte, les Alfa devront ravitailler deux fois, contre un seul aux créations de Modène. Vous me direz que c'est aussi la chance des Talbot, qui n'auront pas à ravitailler ? Certainement, mais dans ce cas, il faudrait aussi une grosse casse des favoris ! Surprise au départ, Fangio fait patiner son embrayage et se retrouve 4e à « l'eau rouge », derrière Villoresi, Farina et Ascari.

Les voitures circules dans cet ordre à la fin de la première boucle. Après un départ prudent, au 5e tour, Fangio passe Villoresi pour la troisième place, pendant qu'Ascari se retrouve second. Au tour suivant, l'argentin prend la deuxième place à 7" de Farina. Puis arrive les premiers incidents. Villoresi s'arrête à son stand, pour colmater une fuite d'huile, pendant que Taruffi, pont arrière cassé renonce. Sanesi stop le premier pour ravitailler au 12e passage. Radiateur fumant, il ne repart que pour quelques tours. La Talbot de Rosier alors 5e, semble capable de rentrer dans les points.

Au stand, les mécaniciens s'activent. Ravitaillement et changement de roues se succèdent chez Alfa Corse. Un moment en tête, la situation se complique pour Fangio, lorsque sa roue arrière gauche refuse de sortir de son logement. D'un calme olympien, l'argentin se rafraichit, observant ses mécanos faire leur travail. Après 15 minutes d'arrêt, il finit par repartir avec 4 tours de retard, sous les acclamations de la foule. La situation désormais figée ne change plus. Farina, l'emporte avec 2'51" d'avance sur la Ferrari d'Ascari 2e et 4'22" sur celle de Villoresi 3e. Les Talbot de Rosier 4e et de Giraud Cabantous 5e à deux tours, ont su tirer profit des différents incidents.

Avec 25 engagements Les primes conséquentes, attirent les candidats du G.P de France et d'Europe, le 1er juillet à Reims. Les Simca Gordini, font leur rentrée avec quatre voitures pour Manzon, Trintignant, Simon et Aldo Gordini. Les « 3 F » sont réunis une dernière fois, au côté de Sanesi. Luigi Faglioli 53 ans, est en effet convoqué par Alfa Corse, pour une ultime course. Chez Ferrari, Froilan Gonzalès remplace Piero Taruffi souffrant, pour conduire une des trois 375 de l'usine. La Scuderia peut compter sur le modèle personnel de Peter Whitehead, mais également sur la Thinwall, pilotée par Reg Parnell. En dehors de trois Maserati, nous retrouvons la « légion » de sept Talbot, toutes engagées à titre privé, sans ambition particulière, malgré une course portée à 600 km.

A noter que depuis le dépôt de bilan de la marque en début d'année, Edouard Lago, n'a plus les moyens d'engager des voitures au nom de l'usine.

Sans surprise, Fangio réalise le meilleur temps des essais, devant son coéquipier Farina. Ascari et Villoresi sont 3e et 4e à plus de 2" de l'argentin. Il faut remonter au 8e rang, pour retrouver la première Talbot, pilotée par Chiron, elle précède tout de même la « Thinwall ».

Sur une épreuve aussi longue, la course peut se jouer dans les stands. Les Alfa devront s'arrêter trois fois, les Ferrari deux fois, et les Talbot, pourraient même boucler la distance sans s'arrêter. Au départ Fangio prend les choses en main, devant Ascari et Villoresi., alors que Farina loupe son envol. A la fin de la première boucle, Ascari à l'aspiration passe l'argentin, pendant que Farina pointe en 6e position à 9". C'est déjà terminé pour Whitehead, culasse cassée et pour De Graffenried (Maserati) sur panne de transmission.

Farina fait le forcing. Il profite des problèmes de Magneto de Sanesi et dépasse Gonzalès, pour se retrouver 4e, au 4e passage. Entre le 5e et le 8e tour, le record chute 3 fois, Farina le fixe à 188,204 de moyenne. Au 9e tour, Ascari fait un passage de 15" par les stands, pour faire régler ses freins. C'est la fin pour l'italien, reparti 5e, il renonce au tour suivant sur rupture de boite. Fangio reprend un court moment la tête, mais en proie à des problème d'allumage, il cède devant Farina, puis Villoresi le double également. L'argentin, finit par passer par son box, pour faire remplacer ses magnétos.

Au 20e tour, soit au premier quart de la course, Farina mène confortablement avec 1'10" sur Villoresi, 1'12" sur Faglioli et 1'15" sur Gonzalès. Tous les autres sont à un tour et plus.

Puis vient le temps des ravitaillements. Guidotti, le team manager d'Alfa Corse, ordonne à Faglioli de céder son baquet à Fangio. L'argentin repart en 4e position à 2' de Farina. Le « Maestro », peut alors commencer son concerto. Au 30e passage, il n'a plus qu'1'43" de retard, 5 tours plus tard, pendant que Gonzalès cède son volant à Ascari, il devient second à 1'30" de son coéquipier. Alors qu'un final grandiose s'annonce, Fangio reprenant 2" au tour sur Farina, ce dernier s'arrête au 44e passage pour ravitailler et changer de pneus.

Trop nerveux, voulant faire au plus vite, il dépasse son stand et se voit obligé de pousser sa voiture en marche arrière, perdant au total 3' dans l'opération. Au 50e tour, Ascari, profite du ravitaillement supplémentaire des Alfa, pour se retrouver en tête devant Fangio à 18" et Farina à 1'56". L'argentin prouve qu'il est bien le meilleur pilote au monde, en prenant plus d'une minute dans les 10 tours suivants, ne laissant aucune chance à l'italien. Farina connait à son tour des problèmes d'allumage et finit 5e à 4 tours. Fangio s'offre une victoire partagée avec Faglioli, devant le tandem Ascari/Gonzalès, Villoresi terminant 3e à 3 tours. Aucune Simca Gordini, ne voit le drapeau à damiers et les Talbot n'ont jamais été dans la course. Chiron passe la ligne d'arrivée à la 6e place à 6 tours du leader. A noter les débuts encourageant de la « Thinwall » 4e à 3 tours.

Il est évident, que l'écart se réduit entre les Alfetta et les Ferrari. Le G.P de Grande Bretagne, organisé à Silvertone le 14 juillet, pourrait en apporter la confirmation. Surprise, la BRM P15, attendue par tous les britanniques est enfin prête. Le modèle ne manque pas d'intérêt, avec son moteur V16, boosté par un compresseur Rolls Royce à deux étages, pour une puissance annoncée de 450ch à 10500 tours. Si l'ensemble parait séduisant, avec sa large bouche frontale s'ouvrant sur le radiateur, la complexité de son moteur et sa consommation d'un litre au kilomètre, ne manque pas d'interroger les spécialistes. Deux modèles sont en piste pour Reg Parnell et Peter Walker.

Malgré tout son talent, Fangio rend une seconde pleine pour la pôle, à la Ferrari de son compatriote Froilan Gonzalès.

Farina réalise le 3e temps. Nous retrouvons derrière, les deux 375 d'Ascari et Villoresi, devant les Alfetta de Sanesi et Bonetto. La meilleure Talbot de Rosier, se retrouve avec le 9e temps. Les deux BRM, n'ont pas pu tourner et partirons en dernière ligne. La supériorité des Ferrari, s'explique par la configuration du circuit, moins rapide que celui de Francorchamps ou de Reims Gueux. La longueur de la course de 418 km, ne va nécessiter qu'un seul ravitaillement. De ce fait, les sobres Talbot, partent avec un handicap supplémentaire.

Au départ, Bonetto avec une monture plus légère, sans réservoir complémentaire, surprend tout le monde au virage de Woodcote pour prendre le commandement. Il passe le 1er tour en tête, avec Gonzalès, Farina, Ascari et Fangio roues dans roues. Les deux BRM entreprennent leur progression et se situe au milieu du peloton. Dès le 2e tour Gonzalès prend le dessus sur Sanesi, Ascari et Farina, confirmant la supériorité des Ferrari sur ce circuit. Puis Fangio, décide de passer à la contre-attaque. Au 5e passage, il pointe à la 2e place à 6" de Gonzalès, Bonetto passe 3e à 13", juste devant Ascari. « Le Maestro » prend la tête au 6e tour, devant le « Taureau de la Pampa ». Son style coulé, contraste avec la brutalité de son compatriote argentin. Après 10 tours, Fangio compte 25" d'avance sur Ascari classé 3e. Gonzalès ne lâche rien, à mi-course, il réussit à doubler Fangio. Farina 3e, pointe à 52" et Ascari avec des problèmes de freins, 4e à 1'38".

Ravitaillements et changements de roues, créent de l'animation avec une modification des positions. Fangio reprend brièvement la tête, mais après son passage au stand, il est toujours 2e à 1' de Gonzalès. L'écart est fait, Juan Manuel Fangio ne reprend pratiquement plus de temps. Gonzalès l'emporte avec 51" sur son compatriote. Villoresi finit 3e à 2 tours devant Bonetto 4e à 3 tours. La BRM de Reg Parnell, profite des abandons d'Ascari (Boîte) et de Farina (embrayage), pour offrir à la firme de Bourne la 5e place, synonyme de ses deux premiers points au championnat.

Alfa Corse, vient de subir sa première défaite en Grand Prix depuis la libération. Le G.P d'Allemagne du 29 juillet, sur la boucle nord du circuit de l'Eifel au Nürburgring, pourrait accentuer la prise de pouvoir des Ferrari. Chez Alfa en dehors des trois titulaires, le local Paul Pietsch se voit attribuer la quatrième Alfetta, pour sa connaissance du circuit.

Les Simca Gordini, font leur retour, en espérant profiter de la sinuosité du circuit. Par contre les BRM déclarent forfait, 22 voitures tout de même, sont présentes aux essais.

Comme prévu, les Ferrari se montrent plus à l'aise. Ascari réalise la pôle devant son coéquipier Gonzalès. Fangio qui découvre le circuit, réussit le 3e temps devant Farina et la 3e Ferrari de Villoresi. Du côté des bleus, Manzon (Gordini) se place 9e et Giraud Cabantous (Talbot) 11e. A noter que de la 18e à la 22e place, nous retrouvons cinq Talbot Lago. La course, comprend 452 km à parcourir, avec deux ravitaillements pour les Alfa, contre un seul pour les Ferrari.

Farina prend le meilleur départ, mais Fangio le passe dans la courbe sud. A la fin de la première boucle de 22,810 km, l'argentin possède 3" sur Ascari second, qui précède dans l'ordre Gonzalès et Farina. Paul Pietsch, alors 5e, sort de la piste au Carrousel dans le 2e tour. Après avoir calé, il met 7 minutes pour reprendre la piste. Dans le même temps, Fangio continue les écarts alors qu'ils sont de 7" au 2e tour, ils retombent à 1"2 à la fin de la 4e boucle. L'argentin s'arrête au 6e tour, pour un premier ravitaillement et un changement des roues arrière. Il repart après 38". Ascari devient leader, avec 9" d'avance sur Gonzalès, talonné par Fangio. Farina 4e, abandonne au 9e tour avec un problème de boîte. Peu après la mi-course, Fangio en battant le record du tour, reprend le commandement. « Le Maestro » effectue son deuxième ravitaillement au 14e tour. Victime d'un problème de boite de vitesse, l'argentin cale au moment de repartir.

Après 15 tours, Ascari précède Fangio de 56", Gonzalès 3e perd de plus en plus de terrain et se bat pour conserver sa troisième place. La course est jouée, les positions n'évoluent plus. Les Ferrari de Villoresi 4e et de Taruffi 5e, s'offrent les derniers points. Manzon (Gordini) qui a fait une belle course, doit céder sur la fin la 6e place à la Ferrari du suisse Rudi Fisher.

Après deux défaites consécutives, Alfa Corse se doit de réagir. Le 16 septembre, l'autodrome de Monza à deux pas de Modène, doit permettre aux Alfetta de retrouver un terrain plus favorable, pour contrer les Ferrari. En début de mois, Fangio a pris sa revanche au G.P de Bari, disputé hors championnat.

Nous retrouvons les mêmes protagonistes du G.P d'Allemagne, avec en plus les deux B.R.M. Comme prévu les Alfetta retrouvent des couleurs avec le meilleur temps des essais pour Fangio devant son coéquipier Farina. Les Ferrari, avec dans l'ordre Ascari, Gonzalès, Villoresi et Taruffi, monopolisent les 4 places suivantes. Coup de tonnerre, les BRM de Parnell 8e temps et de Richardson 10e chrono, ne prennent pas le départ de la course, à la suite de problèmes mécaniques. 20 voitures, rejoignent la grille de départ.

Le début de course se montre conforme aux essais, avec Fangio entrainant Farina dans ses roues et la horde des Ferrari, orchestré par Gonzalès. Ascari réagit et après un temps d'hésitation, se retrouve dans l'échappement du « Maestro » à la fin du premier tour. L'italien, réussit à passer l'argentin, sur la 4e boucle, pendant que Farina victime d'une fuite d'huile renonce. L'allure ne faiblit pas en tête, Fangio reprend le dessus au 8e tour, jusqu'au 14e, où victime de l'éclatement d'un pneu, il doit repasser par son stand. Après 20 tours, Ascari mène avec 11" sur Gonzales et 1'14" sur Fangio, qui vient de doubler d'un coup Villoresi et Bonetto. Alors que le « Maestro » fond sur Gonzalès, un piston de son Alfa, passe à travers le moteur peu avant la mi-course. Le dénouement ne réserve plus de suspens. Ascari l'emporte avec 44" d'avance sur Gonzalès. Farina, qui a pris le relais sur l'Alfa de Bonetto, finit 3e à 1 tour. Villoresi et Taruffi 4e et 5e complètent le triomphe des Ferrari. La Gordini d'André Simon 6e et la Talbot de Rosier 7e, sont encore en dehors des points attribués.

Alors qu'il ne reste plus qu'une course pour le titre, il est temps de faire le bilan. Fangio avec 28 pts, se retrouve de plus en plus sous la menace d'Ascari, qui en compte 25. Avec 21 points, il reste une toute petite chance à Gonzalès, qui en cas de victoire et d'une place en dehors du podium de ses rivaux, peut décrocher la timbale.

L'inédit circuit de Pedralbes, un quartier de la banlieue de Barcelone, doit servir de juge de paix sur 442 km, le 28 octobre.

Dans la lutte d'influence aux essais, Ferrari l'emporte sur Alfa, avec Ascari en pôle, Fangio à 1"7, Gonzalès à 3"4 et Farina à 4"3. 19 voitures s'élancent par un temps très chaud, devant 300 000 spectateurs. Gonzalès le plus prompt au départ, se laisse surprendre au premier virage, par Ascari. Le « Taureau de la Pampa » n'est que 6ᵉ à l'issu du 1ᵉʳ tour, pendant que Farina a pu s'intercaler entre Ascari et Fangio. Le regard vif, « le Maetro » double dans un premier temps son coéquipier, avant de s'apercevoir que les Ferrari roulent avec des pneus trop tendre, se dégradant rapidement sous la forte chaleur. Les créations d'Enzo vont devoir ralentir, favorisant la prise de pouvoir de Fangio devant Farina.

Dans cette course « à la gomme », toutes les Ferrari finissent par repasser par leurs box les unes après les autres, plusieurs fois. Après 20 tours, Fangio précède Farina de 24" et Bonetto d'1'52". Gonzalès 4ᵉ n'est qu'à 4" de la 4ᵉ Alfa, mais Ascari désormais 6ᵉ à un tour, ne se fait plus d'illusion. A mi-course, le Maestro possède 1'1" sur Farina et 1'25" sur Gonzalès. Bonetto retardé, est maintenant précédé par Villoresi et Ascari. Tout en gestion Fangio n'est plus inquiété, pour la victoire et pour son premier titre de champion du Monde. Gonzalès sur la fin réussit à précéder Farina pour la 2ᵉ place. Ascari 4ᵉ à 2 tours, n'a plus que ses yeux pour pleurer.

Alfa Roméo peut souffler. Toutefois, la marque milanaise, sait que ses Alfetta sont dépassées. La victoire et le titre, n'ont tenu qu'à un mauvais choix de son rival Ferrari. Faire un nouveau modèle, prendrait trop temps pour un résultat aléatoire. De ce fait Alfa Corse renonce à la F1 pour 1952, entrainant un autre choix pour la FIA. Le championnat du Monde des conducteurs, faute de concurrence sérieuse, sera disputé pour les deux années à venir dans des épreuves de Formule 2 avec moteur atmosphérique de 2 litres. Cette décision condamne les Talbot Lago T26 C au musée, mais peut donner une seconde chance aux constructions d'Amédée Gordini.

Chapitre 9 : De la Simca à la Gordini tout court.

Faute de formule 1, Anthony Lago peut encore rêver de voitures de sport et de course d'endurance, avec un titre à défendre aux 24 heures du Mans. Depuis sa victoire de l'an dernier, son modèle T26 GS n'a pas évolué. Faute de moyen et compte tenu des difficultés financières de la marque, Talbot ne peut compter que sur ses clients.

Une force non négligeable de six véhicules, participe parmi les 63 inscrits. En dehors du modèle vainqueur l'an dernier, présenté en quatre exemplaires figure « l'antique » T26 MD *(Moteur Décalé)*, pilotée par Levegh/Marchand et un spider mieux profilé pour Chambas/Morel. Au niveau des équipages, la marque donne des gages. Froilan Gonzalès, fait équipe avec l'espoir argentin Onofre Marimon, pendant que Louis Rosier reçoit le soutien de Juan Manuel Fangio en personne.

La Scuderia Ferrari, toujours concentré pour l'instant sur la F1, bichonne ses clients. Pour « les gros cubes », quatre modèles 340 America 4,1 litre, prennent part aux essais dont deux de l'écurie Chinetti, épaulé par un coupé 166MM 2 litres. Enfin un coupé 212 Export de 2,6 litre, voisine avec deux spiders identiques. Lancia assure sa promotion, avec un coupé « Aurelia » 1991 cc, par l'intermédiaire de l'écurie Ambrosiana.

Les britanniques d'année en année, deviennent de plus en plus menaçant. Outre cinq Aston Martin DB2 dont deux de l'usine, Jaguar arrive en force avec quatre type C et une XK120 plus traditionnel. La « Type C », permet au constructeur de Coventry, de se lancer résolument dans un modèle uniquement dédié à la compétition. Le châssis, résolument moderne, se constitue d'un assemblage de tubes légers et robustes permettant d'accueillir l'ensemble boite, pont et moteur dérivé de la XK120. La carrosserie tout alu, à l'aérodynamique particulièrement soignée, est due au crayon de Malcolm Sayer. La motorisation peaufinée par Harry Weslake développe une puissance raisonnable de 210 chevaux et un poids à vide de seulement 940kg. Le bolide atteint une vitesse de pointe de 240 km /h. Deux Allard J2 Cadillac et deux Jowett Jupiter d'usine sont aussi engagées. Mais nous retrouvons également de nombreux privés, aux volants de Bentley, Frazer Nash, Nash Healey et autres MG TD.

Fort de son expérience de l'an passé, l'américain Briggs Cunningham revient au mans avec pour l'occasion, une construction personnelle. Il s'agit d'un spider C2R, propulsé par un moteur Chrysler 5426 cc pouvant atteindre 245 km/h. Toutefois, un poids de 1800kg, risque de représenter un handicap insurmontable. Trois modèles identiques, sont drivés par des pilotes 100% américain, Fitch/Walters, Rand/Wacker, pendant Briggs « le boss », partage sa voiture avec Huntoon.

L'Allemagne fait un retour discret, par l'intermédiaire d'une marque débutante dans la Sarthe et dont on n'a pas fini d'entendre parler, Porsche ! Le coupé 356 routier fortement revisité et baptisé 356 SL (*Super Light*), reçoit de nombreuses améliorations. Avec son modeste « flat-four » de 1086cc, refroidi par air développant 46cv, la firme de Stuttgart, outre un gain de poids de 90 kg par un usage intensif d'aluminium, et un aérodynamisme amélioré par quatre flasques sur les roues, s'attaque à une catégorie délaissée par la concurrence, à l'exception de Panhard.

Les « Frenchies » justement font des petites cylindrées leurs chevaux de bataille. Panhard en tête, avec son « flat-twin » agrémenté à toutes les sauces. Un moteur de 611cc, équipe une Dyna X84 de la maison mère, mais également un 851cc et deux 745cc pour son client DB sport, sans oublier son fournisseur Monopole qui engage un 614 cc. Au mans l'exotisme, n'est jamais très loin. Antonio Monge, avec son compère Robert Rowe, s'appuie sur un 611cc, pour proposer un cabriolet de leur création « la Callista ». La régie Renault prend l'affaire très au sérieux et pour contrer la marque de l'avenue d'Ivry, engage en nom propre, six 4cv 1063, d'une cylindrée de 747cc. Dans les équipages figure le fils Rosier, Jean Louis, qui avec l'arrivée de Fangio dans l'équipe Talbot, ne peut plus courir avec son père.

Reste Gordini, toujours motorisé par Simca. Contrairement à ses habitudes Amédée, met tous ses œufs dans le même panier en propulsant ses quatre T 15S, par un nouveau 1495cc double arbre à cames en tête.

Pour la compétition proprement dite, Jaguar allie modernité et sens tactique, avec un bonheur égal. La firme de Coventry, profite de son « jeune sprinter » Stirling Moss, pour le projeter comme lièvre. La Talbot de Chaboud, prend brièvement le commandement dans le 1er tour avant que Moss, ne commence son festival. La concurrence, tombe rapidement dans le piège tendu par les britanniques, en voulant suivre le jeune impétueux. Les Talbot dépassées en vitesse de pointe, ne peuvent compter que sur leur fiabilité. La fougue de Gonzales, conduit sa monture à l'essoufflement. Plus au moins au contact dans les trois premières heures avec son compatriote Marimon, un passage par les stands après 19 heures et la N°7, retombe en 4e position. Elle remonte, pour finalement abandonner 4 heures plus tard, radiateur percé. A partir de cet instant, la deuxième type C de Walker/Whitehead, se tient sagement en seconde position. Une des quatre Jaguar, conduite par Biondetti Johnson, alors 3e se retire la première, pour un problème de pression d'huile. Rosier/Fangio, ne sont pas non plus à la noce.

Leur Talbot, navigue régulièrement entre la 5ᵉ et 6ᵉ place. A la nuit tombante, ils réussissent néanmoins à se hisser sur le podium. Puis renoncent peu après minuit, avec un carter fendu. L'équipage de tête, après avoir rempli sa mission, abandonne pratiquement en même temps, le moteur de la Jaguar a rendu l'âme.

Une fois le ménage fait, Walker/Whitehead peuvent assurer la victoire. Après un départ prudent, la Talbot de Mairesse/Meyrat, s'installe à la 5ᵉ place à mi-course, puis grignote des positions, profitant du malheur des uns et des autres, pour se retrouver seconde le dimanche à midi. Le duo français, conserve la place de dauphin jusqu'au bout, à 9 tours des vainqueurs. Par contre, le spider de Chambas/Morel déçoit. Jamais dans l'allure, la voiture se retrouve 17ᵉ, au passage du drapeau à damiers. Certes, la deuxième place de Talbot n'est pas déshonorante. Toutefois l'amateur éclairé, sent bien qu'une page de la compétition automobile, se tourne inéluctablement.

Signe d'un autre temps, la vétuste Talbot de Levegh/Marchand, réussit à s'intercaler à la 4ᵉ place, entre les Aston DB 2 de Macklin Thompson et d'Abecassis/Shave-Taylor. Le bilan des Ferrari n'est pas non plus très glorieux. Jean Larrivière, sur la 212 Export du team Johnny Claes, sort de la piste au Tertre Rouge au 6ᵉ tour. Le pilote est tué sur le coup. Toutes les 340 America, doivent renoncer, sauf celle Luigi Chinetti. Associé à Jean Lucas, l'italo américain prend une modeste 8ᵉ place à 21 tours des vainqueurs, juste devant la 212 Export de Mahé/Perron, 9ᵉ à 23 tours.

La Cunningham de Fich/Walker, seconde de cinq heures du matin à midi, rétrograde ensuite pour un problème moteur, avant de finir non classée pour distance insuffisante. Les deux autres C2R de Cunningham, Huntoon, et de Rand/Walker sont éliminées à la suite d'accidents. Porsche fait une entrée réussie par la 19ᵉ place de Veuillet/Mouche, assortie d'une victoire en catégorie 1100cc. Encore une fois, aucune Gordini ne voit le drapeau à damiers. Quand ce n'est pas le moteur qui lâche, la pompe à carburant ne fonctionne plus.

Panhard, fait tout de même retentir la Marseillaise. La Monopole d'Hemrard/Montrémy, remporte l'indice de performance devant la Dyna de Gaillard/Chancel. Renault, peut toujours se consoler avec la victoire de Landon/Briat dans la catégorie 750cc.

Comme nous le savons, Amédée Gordini commence son aventure avec Simca en 1937, lorsque la marque de Poissy, lui confie la préparation de sa Simca 5 de 568 cc, pour les compétitions de Rallye. Puis en 1938 et 1939 Amédée prépare les Fiat Millecento 1100cc pour de nombreuses victoires à Reims, Donington, Montlhéry et Spa Francorchamps.

Rien de très original, dans la mesure où la **S**ociété **I**ndustrielle de **M**écanique et de **C**onstruction **A**utomobile, n'est au départ en 1934 que la filiale française de **F**abbrica **I**taliana **A**utomobili **T**orino. Dans ces conditions, naissent les jumelles Fiat Topolina Simca 5 et Fiat 1100, Simca 8. De ce fait, les créations Gordini, reposent sur des châssis et des mécaniques Simca ou Fiat, comme vous voudrez, amélioré par le sorcier du boulevard Victor.

Amédée crée officiellement sa société en 1946, tout en se reposant toujours sur les constructions de Simca. Le moteur Simca Huit 108 C licence Fiat 1100 cc, reste une source d'inspiration pour de nombreux constructeurs. Ainsi Enzo Ferrari, lui-même le double en 1940 pour en faire un 8 cylindres. Plus étonnant encore, Keith Dukworth, le père avec Franck Costin du fameux moteur Ford Cosworth, recordman des victoires en Formule 1, songe à le gonfler à ses débuts en 1959.

Gordini de son côté en bon préparateur, développe la puissance du groupe de 32 cv à 4000 tours à 61cv à 5 500 tours en décembre 1946, puis à 70 cv 6 100 tours, un an plus tard. Par rapport au modèle de base, l'alésage passe de 65 à 68 et la cylindrée de 995 à 1089 cc. La course reste inchangée, le bloc 4 cylindres en fonte au phosphore manganèse à trois paliers, reçoit une culasse en aluminium plus légère avec des soupapes en tête inclinées.

Autre modification, l'arbre à cames passe à gauche pour une meilleure respiration du moteur. Enfin, pour remplacer l'empirique refroidissement à thermosiphon, Gordini colle sur l'avant de la culasse une pompe à eau.

Pendant l'hiver 1947, Amédée fait dessiner une culasse hémisphérique 1100 sur un bloc modifié. L'augmentation de l'alésage pour un moteur super carré de 1430, répond ainsi aux normes de la nouvelle Formule 2 1500 cc.

Côté châssis, les modifications sont tout aussi profondes. Il part du modèle commun à longerons de la Fiat 1100 et à la Simca 8, référence 508, en l'allégeant dans un premier temps, par de nombreuses perforations. Dès l'après-guerre, il adopte pour ses futures modèles F2 Type 11 et type 15, ainsi que pour la sport 31 S, un châssis personnel, simplifié, très léger, plus étroit et plus court, mieux adapté à la compétition. Les voies et les empattements réduits, donnent au véhicule une légèreté et une excellente tenue de route, qui vont convaincre des pilotes de la trempe de Jean Pierre Wimille, Raymond Sommer et du grand Fangio, lui-même.

Toutes ces précisions, pour vous faire comprendre, qu'à la fin des années 40, au fil du temps, les Gordini sont de moins en moins Simca. Après réflexion, Amédée reprend son indépendance, en décidant de voler de ses propres ailes. Nous sommes à l'aube de la saison 1952. Désormais Simca, ne sera plus qu'un simple sous-traitant, pour la marque du boulevard Victor. Amédée, va bientôt encore réduire l'influence de la marque de Poissy, en passant directement par Monopole, pour les moteurs.

Voler de ses propres ailes est une chose, en avoir les moyens financier en est une autre. Gordini, va se lancer dans une course effrénée aux primes de départ, afin de faire rentrer un maximum de fonds. De ce fait la logistique, a du mal à suivre, réduisant le temps d'entretien des véhicules, avec des conséquences techniques et de fiabilité entrainant de mauvais résultats.

Avec l'avènement de la formule 2 passé de 1,5 litres à 2 litres et retenu comme support du championnat du Monde des conducteurs, les Gordini font figure de premier outsider, derrière les Ferrari. Les constructeurs britanniques, sont aussi les grands gagnants de cette nouvelle formule. Si BRM, tout comme Talbot et Alfa Corse, peuvent mettre leurs créations au musée, avec Alta, HWM et Cooper, faute d'être encore performant, les anglais ont l'avantage du nombre.

Ferrari, se lance avec la 500 F2, évolution du modèle précédent. Un moteur 4 cylindres d'une puissance de 180 chevaux à 7000 tours minutes, pour un poids total de 590 Kg, donne un rapport poids puissance équilibré. Gordini, réplique avec la Type 16, en sortant son premier 6 cylindres, délivrant 175 chevaux, le tout accuse 680 kg sur la balance. La « ligne jockey » de 450kg de la Cooper T20, peut présenter un avantage. Son 6 cylindres Bristol, dérivé du BMW 328, tire péniblement 150 chevaux, malgré l'apport d'un carburant à base de nitrométhane. L'HWM 52, se voit équipé d'un moteur Alta 4 cylindres de 145 chevaux, le même qui propulse les châssis Alta des frères Whitehead.

Maserati, pensait pouvoir compter sur Juan Manuel Fangio. Néanmoins la nouvelle A6GCM, n'est pas prête pour l'ouverture du championnat, le G.P de Suisse du 18 mai 1952. L'argentin engagé avec son compatriote Gonzalès doit finalement déclarer forfait. Chez Ferrari, Alberto Ascari participe aux essais des 500 miles d'Indianapolis. En son absence la Scuderia, constitue son équipe avec Giuseppe Farina, Piero Taruffi et le français André Simon. Louis Rosier participe avec sa 500 F2 personnelle, pendant que Maurice Trintignant s'engage avec une Ferrari 166 plus ancienne. L'écurie Espadon, ne peut pas louper son Grand Prix National, avec ses helvètes, Peter Hilt et Rudi Fischer, tous deux sur Ferrari. Pour l'équipe Gordini, Jean Behra et Robert Manzon, sont en tête d'affiche avec les nouvelles T16, pendant que Prince Bira et le local Max de Terra, doivent se contenter de montures T15 et T11 plus anciennes.

Le jeune et talentueux Stirling Moss, sera au départ sur HWM, avec ses concitoyens Lance Macklin et Peter Collins. Alan Brown et Eric Brandon défendent les couleurs des Cooper Bristol. Si Maserati officiellement est absente, elle est tout de même représentée, via l'écurie Platé avec Emmanuel de Graffenried et Harry Shell. Au total 21 voitures prennent part aux entrainements.

Sans surprise les Ferrari se montrent leur supériorité aux essais avec Farina en pôle précédant Taruffi de 2"6. Manzon crée la bonne surprise en glissant sa Gordini au 3e rang, devant les autres Ferrari d'André Simon et de Fisher. Le tout jeune Peter Collins, se montre le meilleur des britanniques avec le 6e temps, juste devant Jean Berha.

Sous un temps sec et chaud, Farina s'élance en tête et compte 4" d'avance, sur les Ferrari de Taruffi et Simon à la fin du premier tour. Manzon se tient sagement en 4e position, devant Moss qui a passé 5 concurrents en 7km300. Le panache du britannique, ne dure pas longtemps, faute à l'essieu arrière des HWM trop fragile. Jean Behra réagit pour se retrouver en 3e position au 5e passage. Le cavalier seul de Farina, s'interrompt brutalement au 16e tour, suite à un problème de magnéto.

Piero Taruffi lui succède au commandement devant André Simon à 6" et Jean Behra 3e à 9". Tous les autres sont à plus d'une minute du leader. Ferrari, rappelle Simon à son stand, pour qu'il laisse son baquet à Nino Farina. Après 25 tours, Taruffi possède 7" d'avance sur Behra et 20 sur Farina. Ce dernier, reprend régulièrement du temps sur le français, handicapé par un échappement percé, rendant la température dans l'habitacle de la Gordini insupportable. « El dotore, s'empare de la place de dauphin au 36e tour. Après le 40e tour, Jean Behra finit par s'arrêter à son box, pour une réparation de fortune, qui ne va pas tenir. Dans l'opération, le français perd sa 3e place au profit du Suisse Rudi Fisher, qui navigue à plus de 2' du leader. Devant Taruffi, établit le record du tour à 155 km/h de moyenne. Nouveau coup de théâtre au 51e tour, ou Farina renonce pour la 2e fois de la journée, à cause de l'allumage de sa Ferrari.

Piero Taruffi, l'emporte haut la main avec 2' 37'' d'avance sur Rudy Fisher, toujours très régulier pendant sa course. Jean Behra, courageux en diable, malgré deux arrêts, conserve sa 3e place à 1 tour. Prince Bira, moteur explosé dans les derniers moments, perd le bénéfice de la 4e place, offrant les derniers points à Ken Wharton (Frazer Nash) 4e à 2 tours, et Alan Brown (Cooper Bristol) 5e à 3 tours.

12 jours plus tard, le 30 mai se dispute les 500 miles d'Indianapolis. Le nouveau règlement du championnat du Monde, creuse un peu plus les écarts de cylindrées, entre la course américaine et les épreuves européennes. Malgré cette distorsion, la FIA décide de maintenir la reine des course en anneaux, dans le cadre de son championnat.

L'Europe, tente une timide incursion par l'intermédiaire de Ferrari. Le constructeur italien, part d'une ancienne 375 F1 en rallongeant l'empattement et rigidifiant châssis, pour l'adapter au contrainte du circuit. Le constructeur américain, Kurtis Kraft, fourni l'essentiel du plateau avec 20 voitures. Côté motoriste, le 8 cylindres Novi, s'oppose au légendaire Offenhauser « Offy 4 cylindres ». Une des Kurtis Kraft est équipée d'un étrange Cummins 6 cylindres à compresseur, dérivé d'un moteur de camion.

Aux essais, les Lesovsky, concurrentes directes des Kurtis Kraft, sont devancées par leurs rivales. A noter, que les voitures portent le nom de leurs sponsors. Fred Agabashian sur la « K.K » à moteur Diesel se retrouve en pôle position à 222,431 km/h de moyenne. Andy Linden K.K (Miracle Power), à ces côtés partage la première ligne avec l'autre K.K de Jack McGrath (Hinckle Spécial). La première Lesovky de Duane Carter (Bélanger Motor Special), se retrouve en deuxième ligne avec le 6e temps. Beaucoup plus loin, Alberto Ascari sur sa Ferrari 375 S, part en 7e ligne. Une autre Ferrari 375 S de couleur blanche, est engagée par le milliardaire américain d'origine arménienne, Joshua « James » Agajanian. Pilotée par Walk Faulkener, elle réalise un temps insuffisant, pour prendre le départ de la course.

99 pilotes, tenteront de se qualifier sur une des trois séances, 33 sont finalement retenus. Firestone est l'unique manufacturier de pneumatique, pour l'ensemble des concurrents.

800 km sont à parcourir, il est nécessaire pour les couvrir, d'effectuer deux ravitaillements. Conformément à ce type de course, les concurrents font un départ lancé, derrière un pace car. Placé à l'extérieur de la première ligne, Jack McGrath prend le meilleur départ. Derrière, Jim Rathmann, parti avec le 10e temps, réussit l'exploit de se positionner en 2e position. Les deux premiers, passent dans cet ordre à la fin du premier tour, devant Troy Ruttman et Duane Carter. Au 5e passage Ruttman, (Kuzma Offenhauer), s'empare de la tête devant McGrath. Bill Vukovich K.K (Fuel Injection), devient de plus en plus menaçant pour la seconde place.

La Ferrari d'Ascari, 19e au départ, se hisse au 8e rang au 7e tour, mais doit renoncer au 40e passage. Après 20 tours (50 miles), Vukovich mène la meute, devant Ruttman et Rathmann. Après 60 tours, l'homme de tête compte 29" sur Ruttman. Sam Hanks, désormais 3e à un tour, précède Rathmann. Deux boucles plus tard Vukovich, s'arrête en premier pour le ravitaillement, Il repart 3e. Ruttman devenu leader, stop à son tour au 83e passage. L'arrêt se passe mal, un mécanicien laisse tomber du carburant sur le tuyau d'échappement, déclenchant un début d'incendie. Il perd 2' minutes dans l'intervention.

A mi-course (100e tour), les positions sont les suivantes P1 Vukovich, P2 à 46" Rathmann, P3 Ruttman à 1'37". Au 135e tour, pour son 2e ravitaillement, Vukovitch perd la tête, à la suite d'un changement de roues trop long. Au trois quart de la course Bill Vukovich reprend le commandement en faisant rapidement un écart de plus de 30" sur Ruttman. Alors qu'il fait figure de vainqueur en puissance, une rupture de direction, le condamne à 9 tours de la fin. Troy Ruttman (Kuzma Offenhauser) l'emporte avec 4'02" sur la Kurtis Kraft de Jim Rathmann. Sam Hanks « K.K » termine 3e à 6'11", devant la Lesovski de Duane Carter 4e à 6'48".

Après l'échec de sa Ferrari, Alberto Ascari, n'aspire qu'à une chose, retrouvé la victoire sur les Grand Prix européens. L'occasion se présente dès le G.P de Belgique du 22 juin. Nous retrouvons sensiblement le même plateau, qu'un mois auparavant en Suisse. D'autant que 15 jours plus tôt, Juan Manuel Fangio, subit un terrible accident, lors d'un Grand Prix disputé hors championnat à Monza.

Le champion argentin, bénéficie enfin de la dernière création de chez Maserati de F2 l'A6GCM. Après le G.P de l'Ulster, Fangio a convenu de rejoindre Milan, dans l'avion personnel de Prince Bira, en partance de Belfast. Rien ne se passe comme prévu. Le Prince de Siam, éliminé dans le premier tour de la course irlandaise, décide de prendre son avion pour l'Italie, sans attendre le Maestro. Fangio mit devant le fait accompli, cherche à prendre un vol régulier, Londres-Milan, ou Londres-Turin, sans succès. Finalement, il se rabat sur un Londres-Paris, dans l'espoir de trouver un vol pour Milan au départ du Bourget. Malheureusement, une fois sur Paris, tous les départs sont annulés, en raison du mauvais temps.

Louis Rosier, lui propose alors de descendre par la route jusqu'à Lyon dans sa Renault Frégate. Ensuite l'Auvergnat, trouvera un ami pour le ramener chez lui à Clermont Ferrand. Fangio n'aura pu qu'à poursuivre sa route avec la Frégate jusqu'à Milan. L'argentin après avoir traversé la frontière par le Mont Cenis, rejoint l'autodrome de Monza à 14 heures, pour une course qui doit débuter une heure plus tard. Sans temps aux essais, il obtient néanmoins l'autorisation de prendre le départ en dernière ligne.

En manque de sommeil après une nuit blanche, Fangio sort de la piste au virage de Lesmo, dès le 3e tour. Il est relevé avec une fracture du pouce gauche et un tassement des vertèbres, ainsi que des disques du cou. Dans un premier temps, les secours sur place miniment ses blessures, ne parlant que de « quelques bleus ». Après examen approfondit, le diagnostic révèle, que l'argentin doit cesser toute activité de pilotage pour le reste de la saison.

Privé de son meilleur pilote, la saison prend une autre tournure. Qui peut désormais s'opposer aux Ferrari ? Dans un premier temps, certainement pas Maserati qui préfère déclarer forfait à Spa.

Le « cheval cabré », en profite pour occuper toute la première ligne, avec Ascari en pôle, devant ses coéquipiers Farina à 3" et Taruffi à 9". Les Gordini de Manzon et Behra, sont en deuxième ligne, mais respectivement à 15 et 19". Le meilleur des britanniques Mike Hawthorn (Cooper-Bristol) occupe la 3e ligne, devant son compatriote Ken Wharton (Frazer-Nash). Au total 22 voitures, prennent le départ de la course.

La température froide et une pluie pénétrante, pourraient avantager les Gordini, sur la piste détrempée. Jean Behra en profite dès le départ pour se faufiler, devant Taruffi, juste derrière Ascari et Farina. Dès le virage de Masta, le français devient leader. Il passe la première boucle avec 1" d'avance, sur Ascari et Farina, Hawthorn étant 4e à 8". Dans le 2e tour, Jean Behra, essaye de résister aux deux Ferrari et finit par une embardée. Il se rattrape mais désormais, il perd le contact des deux italiens. Piero Taruffi, qui a loupé son envol entame une remontée, qui l'amène à prendre la 4e place d'Hawthorn au 4e tour. Robert Manzon, sur l'autre Gordini, se maintient en 7e position. Un tour plus tard, le jeune Hawthorn, cède sa 5e place à la Frazer Nash de Ken Wharton.

Au 10e tour, Alberto Ascari s'est construit un écart de 28" sur Farina, de 40" sur Behra et d'une minute sur Taruffi. Derrière le chassé-croisé pour la 5e place, entre la Cooper et la Frazer Nash, se poursuit. Au 13e passage, Taruffi fait la jonction avec Behra et le passe dans la foulée. Pas pour longtemps, alors que l'italien aborde le virage de Burnenville pour la 14e fois, il dérape entrainant dans ses roues la Gordini. Dans l'incident, les deux voitures sont éliminées. Manzon après s'être rapproché d'Hawthorn, finit par le passer. Il devient 3e au 15e passage, mais à plus de 3' d'Ascari, pendant que Farina toujours second, navigue à 38".

Désormais, la course est jouée et les positions ne vont guère évoluer. Toujours sous la pluie Ascari continue de creuser l'écart. Il l'emporte devant Farina à 1'55" et Manzon 3e à 4'28". Pour son premier G.P, Mike Hawthorn malgré une fuite de carburant, le contraignant à deux arrêts en fin course, conserve la 4e place à un tour. Le belge Paul Frère (HWM), auteur d'un course régulière, prend les deux derniers points de la 5e place à deux tours.

Préambule au G.P de France, les concurrents se retrouvent à Reims, une semaine plus tard, pour disputer le G.P de la Marne hors championnat. La délicate traversée de Gueux, est désormais évitée par la naissance d'une nouvelle route, qui prend sa source à la sortie des stands de ravitaillement, réduisant le tour de 600 mètres.

Chez Gordini, l'indépendance a un prix et le manque d'argent commence à se faire sentir. Amédée, reçoit le soutien du grand magazine « l'Action Automobile », qui distribue un feuillet en faveur d'une souscription de la voiture de course française : « Il faut aider Gordini à poursuivre ses efforts. Souscrivez sans tarder et faites souscrire vos amis ! »

Le texte va t'il donner des ailes à la firme du boulevard Victor ? toujours est-il qu'aux essais les « bleus » se défendent bien au milieu des « rouges ». Ascari encore une fois, se montre le plus rapide mais Manzon talonne à 3/10 la 2e Ferrari de Farina. Jean Berha de son côté part en 2e ligne en devançant Villoresi. La 3° Gordini de Prince Bira, prend le 6e temps devant la Cooper d'Alan Brown.

Toto Roche devant 40 000 spectateurs, libère les 22 voitures pour la course sous une chaleur de plomb. Behra, brule la politesse à tout le monde en s'emparant du commandement. A la fin de la première boucle le français compte 40m d'avance, sur le train des 3 Ferrari emmené par la locomotive Ascari. Au tour suivant, Trintignant sur la 4e Gordini renonce, piston crevé. Au 3e passage, Alberto Ascari, rejoint Behra, avant de le passer brièvement dans le tour suivant. Villoresi, abandonne en panne de magnéto et Whitehead (Alta) sur rupture de boite. « Jeannot » déchainé, bat plusieurs fois le record du tour et prend ses distances sur Ascari. Au 14e tour l'italien s'arrête à son stand avec un moteur toussotant, un changement de bougies s'avère nécessaire. La Gordini, compte désormais 16" sur la Ferrari de Farina, qui précède dans l'ordre Manzon et Prince Bira. Jean Behra contrôle parfaitement Farina. Au 2/3 du parcours (48e tour), il possède 24" sur l'Italien. Robert Manzon toujours 3e, renonce au tour suivant sur rupture de pont. Prince Bira devient 3e, devant la voiture d'Ascari que partage désormais Villoresi.

Dans le stand Gordini, tout le monde s'inquiète sur un éventuel incident de la voiture de tête, d'autant que Bira, est contraint de lever sérieusement le pied. Ascari désormais trop éloigné, tente un dernier baroud d'honneur, il se dédouble et fixe le record du tour à 174km850 de moyenne.

Après 3 heures de course, le drapeau à damiers, salut la plus belle victoire de l'ancien motard Jean Behra. La foule en liesse, se précipite pour porter le niçois en triomphe. Les Ferrari de Farina et d'Ascari, sont 2e et 3e à 1 tour, pendant que Prince Bira sur l'autre Gordini, parvient à préserver sa 4e place à 2 tours.

Chapitre 10 : Ferrari, forge sa légende.

La victoire de Gordini, soulève une vague d'enthousiasme et d'optimisme dans le milieu automobile de l'hexagone. Les français, restent traumatisé par l'édition des 24 heures du Mans des 14 et 15 juin dernier. La démonstration des Jaguar, favorite de l'épreuve, a fait long feu. Les types C recarrossées avec un nouveau capot profilé, mal dessiné et une calandre trop étroite, ventile insuffisamment la mécanique. Résultat, les trois voitures, ne sont menaçantes que dans les soixante premières minutes de course. André Simon sur une Ferrari coupé 340 America, engagé par Luigi Chinetti, en profite pour mener la ronde sur les deux premières heures, avant que son coéquipier, Lucien Vincent, un « gentleman driver », ne puisse maintenir l'allure, après le relais ravitaillement (*Voir du même auteur « Monsieur Bouillin est mystère Levegh).*

Le rêve en bleu peut commencer. Sur la Gordini T15 S 2,2 litres N°34, Robert Manzon, relaye Jean Behra, pour s'installer au commandement à partir de 18 heures. Pierre Levegh, de son côté vient d'acquérir une Talbot T26 GS 4,5 litres, la même que celle qui a permis à Rozier Père et fils de l'emporter en 1950. La voiture a été améliorée et transformée sur plan aérodynamique. Une nouvelle carrosserie tout en aluminium, due au carrossier Dugarreau, se substitue aux simples gardes boue, recouvrant les roues.

Levegh, après un départ prudent, se hisse à la deuxième place, l'horloge indique 20 heures. Deux voitures françaises aux fauteuils d'orchestre, le public est aux anges. Deux heures plus tard, à la nuit tombée la Gordini caracole toujours en tête, néanmoins dans le stand, l'inquiétude monte à cause d'une dégradation rapide des freins. Deux des nouvelles Mercédès 300SL, sont en embuscade aux 3e et 4e place.

Jusqu'à 3 heures du matin, il ne se passe rien de notoire. Une heure plus tard, nous atteignons la mi-course. Malgré tout le talent de Behra-Manzon, la Gordini privée de frein, rétrograde en 4e position. Amédée, décide de retirer la voiture de la course, malgré la protestation des deux pilotes.

A l'aube naissante, Levegh qui tient le volant depuis le départ, sans le passer à son co-pilote René Marchand, possède deux tours d'avance sur les Mercédès. A 10 heures du matin, Pierre Levegh, malgré la fatigue, creuse l'écart à 3 tours face aux Mercédès, dont les pneumatiques « Continental » se dégradent de manière anormale. Pendant les arrêts de routine Levegh, refuse obstinément de transmettre le volant à son coéquipier Marchand.

A 14 heures, la Talbot N°8 prend un 4e tour d'écart, Levegh peut se permettre de lever le pied. La meilleure des Mercédès, celle de Lang-Riess en profite pour se dédoubler un peu plus tard. Dans la tribune officielle, chacun s'apprête à sabler le champagne au son de la Marseillaise, lorsque le speaker officiel annonce l'arrêt de la N°8 entre Arnage et Maison Blanche.

L'aventure se termine et le rêve s'envole, alors qu'il reste à peine une heure dix de course. Un boulon de contrepoids du vilebrequin de la Talbot, probablement lié à un surrégime vient de céder. Pour la foule en colère, entendre raisonner le Deuschland Uber Ales, sept ans à peine après la fin de la guerre, devient insupportable. La malchance, où plutôt l'obstination de Levegh, n'a pas permis aux créations d'Edouard Lago de remporter un dernier triomphe. Il faudra attendre 20 ans, pour voir une voiture bleue, franchir le drapeau à damiers en tête, dans la plus grande course d'endurance au Monde. Pour le public français, il devient nécessaire que Gordini reprenne le flambeau. Après sa victoire de Reims, hélas hors championnat, une confirmation pour le G.P de France à Rouen le 6 juillet, serait la bienvenue.

Inauguré en 1950, le circuit des Essarts, tracé sur un parcours naturel de 5 km, comporte les virages serrés de « l'étoile », des « six frères », et surtout la courbe du « nouveau monde », terme d'une impressionnante descente. Nous retrouvons « nos clients » habituelles, les Ferrari de la Scuderia, Ascari, Farina et Taruffi, celles de l'écurie suisse Espadon, pour Fischer et Hirt, ainsi que la personnelle de Louis Rosier. Gordini, aligne quatre machines d'usine, pour Behra, Manzon, Trintignant et Prince Bira, appuyée par celle de l'écurie belge, pilotée Johnny Claes. Les anglais répondent présent, avec trois HWM et une seule Cooper pour Mike Hawthorn. Maserati fait un timide retour, par l'intermédiaire de l'écurie Enrico Plate, pour Harry Schell et de Graffenried. Etancelin, conduit leur dernière création, une A6GCM de l'écurie Bandeirantes.

Aux essais les Ferrari équipées de Pirelli, se montrent supérieures aux Gordini, chaussées en Englebert. Ascari en pôle, occupe la première ligne avec Farina et Taruffi. Behra et Manzon doivent se contenter de la seconde ligne, nous retrouvons ensuite dans l'ordre, Trintignant, Peter Collins (HWM) et Prince Bira.

Le départ est donné sur une piste humide, suite à une averse orageuse. Alberto Ascari, comme depuis le début de la saison, se montre le plus prompt au démarrage. Farina suit, mais Manzon et Behra réussissent à déborder Taruffi. Premier coup de théâtre au 3e tour, lorsque Jean Behra dérape et verse dans le fossé. Avec une direction faussée et une roue endommagé, il parvient néanmoins à rejoindre son stand. Au 4e passage Ascari possède 5"sur Farina et Taruffi. Manzon et Trintignant 4e et 5e restent en embuscade.

A noter que Maurice, fait un excellant début de course, sur une ancienne Gordini T15 de seulement 1500cc, il se permet de prendre le dessus sur Peter Collins.

Après 10 tours, si les positions restent figées, les écarts s'accentuent. Ascari solide leader, précède Farina de 11", Taruffi de 33", Manzon de 46". Trintignant et Collins se battent toujours pour la 5e place, mais à plus d'une minute et demi. Au fil et à mesure de la course, on s'aperçoit que les Pirelli, tiennent mieux le pavé que les Englebert sur un sol toujours mouillé. De leur côté les britanniques, sont montés en Dunlop et la Cooper d'Hawthorn, amorce une remonté, après un départ laborieux.

La course sombre dans la monotonie, quand la pluie recommence à tomber. Outre Ascari, qui se déplace comme un poisson dans l'eau, Hawthorn, reprend trois places pour devenir 5e. Jean Behra qui n'a plus rien à perdre…ni rien à gagner, devient 9e derrière Collins et Etancelin. La fougue d'Hawthorn n'est pas payée de retour, au 51e tour, il renonce suite à un problème d'allumage.

Après 3 heures de course, les officiels décident d'arrêter l'épreuve. Alberto Ascari réalise le grand chelem, pôle position, meilleur tour en course et victoire finale. Les Ferrari réalisent le triplé avec Farina 2e à 45" et Taruffi 3e à un tour. Les derniers points, reviennent aux Gordini de Robert Manzon 4e à deux tours et Trintignant 5e à 4 tours.

La semaine suivante, les pilotes rejoignent les Sables d'Olonne, pour une épreuves hors championnat. Luigi Villoresi (Ferrari), l'emporte devant la HWM de Peter Collins et la Gordini de Johnny Claes. Jean Behra, accidenté aux essais, est relevé avec un omoplate brisé et des côtes fissurées. Il ne prend pas naturellement le départ de la course. Les médecins lui accordent « 12 jours d'arrêt de travail », de ce fait, il doit déclarer forfait pour le G.P de Grande Bretagne du 19 juillet.

Dans leur Grand Prix National, les anglais se taillent la part du lion. Silvertone, ancien aérodrome de la RAF permet d'accueillir 32 concurrents avec une largeur de piste exceptionnelle.

L'absence de longue ligne droite et les larges courbes, privilégient la souplesse du moteur à la puissance pure. 18 pilotes, sont de nationalité britannique. Faute de posséder les meilleurs machines du moment, les anglais peuvent toujours se targuer d'avoir dans leurs rangs, les plus beaux espoirs du volant. En effet, Stirling Moss et Mike Hawthorne, sont âgés de 23 ans et Peter Collins, n'a pas encore 21 ans.

Privé de Jean Behra, Gordini, se contente d'aligner trois machines plus celle Johnny Claes, pour l'écurie belge. Robert Manzon, 4e temps, complète la première ligne en se montrant le meilleur des « non-ferraristes », pendant que Farina et Ascari se partagent la pôle devant leur coéquipier Taruffi. Le surprenant Ken Downing, sur Connaught (5e), occupe la deuxième ligne, précédent les deux Cooper de Parnell et Hawthorn.

Alberto Ascari, bondit encore une fois au départ de la course, sur une piste sèche, sous un temps couvert. A la fin de la première boucle, il compte déjà 4" sur Farina, 5" sur Denis Poore (Connaught) remonté de la 3e ligne et 6" Ken Downing. Manzon et Taruffi qui ont loupé leurs lancements, pointent respectivement en 7e et 9e position à plus de 10". Après cinq tours, la position des quatre premiers n'a pas évolué, mais les écarts se sont accentués. Taruffi, passe 5e à 27" devant Hawthorne (Cooper) à 29".

Premier abandon notoire, celui de Manzon dès le 9e tour, pour un problème d'embrayage. Taruffi réussit à sauter Downing, mais l'anglais résiste toujours pour la 3e place. Au début de la 15e boucle, il dérape sur une flaque d'huile et doit céder sa place à la Ferrari. Après 20 tours Ascari possède 19" sur Farina et 1'2" sur Taruffi, toujours sous la menace de Poore. Derrière Hawthorn, prend le dessus sur Downing pour la 5e place.

Au 27e tour, Farina repasse par son stand, avec un problème d'allumage. Un changement de bougies s'impose et il repart très attardé.

Poore redevient 3e devant Hawthorne, pendant qu'Éric Thompson (Connaught), souffle la 5e position à son compatriote Ken Downing. Peu après la mi-course, les pilotes des Connaught, sont contraint de repasser par leurs stands, pour un ravitaillement en carburant, huile et eau. Mike Hawthorn devient troisième et Farina en profite pour remonter en 5e position. Sur la fin Thompson, ne s'avoue pas vaincu et va chercher les 2 points, en reprenant le dessus sur Nino Farina.

Ascari maitre de la piste, l'emporte avec un tour d'avance sur Taruffi. Mike Hawthorn, termine 3e devant Denis Poore, tous les deux à deux tours. Si les Cooper et les Connaught, redressent la tête derrière les Ferrari, il n'en n'est pas de même pour les Gordini. Après l'abandon de Manzon, Trintignant a dû renoncer, pour un problème de boîte de vitesses et Prince Bira finit à une obscure 11e place, à 4 tours du vainqueur.

L'embarras d'entretien des Gordini, devient de plus en plus problématique. La course aux primes de départ, pour boucler les budgets, a forcément ses limites. Depuis le 9 mars, la firme du boulevard Victor, a pris le départ avec une ou plusieurs de ses voitures, sur 20 compétitions. Tous les week-ends sont occupés, par des courses depuis le 14 avril. Si vous rajoutez les déplacements et les essais, combien de temps reste t'il aux mécaniciens, pour effectuer entre deux, les révisions indispensables des machines ? Le problème ne peut que s'accentuer. 11 courses sont encore programmées d'ici le 5 octobre, terme de la saison.

En attendant, les bleus continuent la fuite en avant, avec un engagement sur deux fronts, le 27 juillet. Manzon, Loyer et Thépenier disputent la course de côte du Mont Ventoux, pendant que Jean Behra, deux semaines après son douloureux accident, récupère un volant pour une course de F2 hors championnat à Caen. Il est accompagné pour la course, de ses coéquipier Trintignant, Shell et Pollet. Le week-end, se passe mieux que prévu. Dans le Vaucluse, Robert Manzon, s'impose sur une T 15 sport, établissant un nouveau record à 97,48 km/h de moyenne. Au circuit de la Prairie à Caen, la victoire est également au rendez-vous.

Néanmoins, cette course de F2, contrairement à celle de Reims, ne peut en rien soulever la comparaison, avec une épreuve de championnat. La Scuderia Ferrari absente, Louis Rosier sur sa F500, personnelle et la 166 F2 d'Armand Philippe semblent les seuls capable, de s'opposer à une victoire des Gordini. HWM, délègue deux machines pour André Simon et Giraud Cabantous. Le reste du plateau se compose de cinq DB Panhard toutes privées, de la Cisitalia de Jean Morel et de la BMW 328 de Marcel Balsa.

Aux essais, Trintignant réalise le meilleur temps, devant la Ferrari de Rosier et la HWM de Giraud Cabantous. La course se résume à un duel entre Jean Behra et Maurice Trintignant. Le niçois fait la meilleure impression, mais une bougie encrassée, l'oblige à finir sa course sur 5 cylindres et il s'incline sur le natif de Vergèze de 10". Rozier 3e termine à 1'23" et Armand Philippe 4e à 7 tours. Les DB de Michel Aunaud, René Bonnet, Louis Pons et Pierre Chaussat, passent le drapeau à damiers à 9 tours et plus, pour ne pas être finalement classées, pour distance insuffisante.

Le championnat, reprend ses droits le 3 août, avec le G.P d'Allemagne sur la boucle nord de 23 km du Nurburgring. La longueur du circuit, permet d'accueillir un nombre important de participants. Comme deux semaines auparavant à Silverstone la représentation locale, complète les écuries habituelles. Les Véritas sont les plus représentées, avec 3 monoplaces Meteor, ainsi que 4 spiders RS, toutes équipées d'un 6 cylindres de 140 chevaux. Deux AFM et trois BMW 328, complètent le plateau propulsé par un moteur BMW 6 cylindres, d'à peine 130 chevaux.

Pas de quoi affoler la Scuderia Ferrari, avec ses trois F500 habituelles pour Ascari, Farina et Taruffi, d'autant que 4 autres modèles privés, appuient l'équipe d'usine. Gordini espère bien une revanche avec trois T16, pour Behra, Manzon et Trintignant.

Maserati, fait officiellement son retour, avec une A6GCM pour Felice Bonetto soutenu par l'écurie sud-américaine Bandeirantes, avec le brésilien Gino Bianco et l'argentin Eitel Cantoni.

Fort de leurs bons résultats au dernier Grand Prix, les britanniques enfonce le clou, avec quatre HWM pour Collins, l'australien Tony Gaze et les belges Paul Frère et Johnny Claes. Pendant que le forfait de Cooper, nous prive de Mike Hawthorn et Stirling Moss, les anglais présente une Aston Butterworth, très proche de la Cooper T20, pour Bill Aston. Au total 30 voitures prennent part aux essais.

Les séance d'entrainements du vendredi et du samedi sont conforme à la logique. Ascari en pôle, précède son coéquipier Farina de 2"5, Trintignant et Manzon, complètent la première ligne. En deuxième ligne Taruffi, voisine avec la Ferrari de l'écurie Espadon de Fisher et la Veritas Meteor de Paul Pietsch. Jean Behra, encore diminué physiquement, ne prend que le 11e temps, juste derrière la Maserati de Bonetto.

Alberto Ascari, comme à son habitude, prend un départ parfait, suivi comme son ombre, par Manzon et Farina. La surprise vient de derrière, Felice Bonetto gagne six places pour devenir 4e. L'italien, trop impétueux, finit par déraper, Pietch et Trintignant l'évitent de peu. Dans l'opération, l'allemand endommage sa boîte de vitesses et le français sa suspension. Les deux hommes doivent renoncer. Bonetto de son côté repart, mais aidé par des spectateurs, il est disqualifié. A la fin de la première boucle, Alberto possède 6" sur Giuseppe Farina, 20" sur Robert Manzon et 21" sur Pierro Taruffi.

Dans le 2e tour Taruffi, prend le dessus sur Manzon. Seul changement après 5 tours, Taruffi double Farina pour la seconde place, pendant qu'Ascari caracole toujours en tête avec 1'12" d'avance. Les ennuis continuent pour Gordini, lorsque Manzon, toujours 4e, perd une roue à l'approche de la mi-course. Fisher prend sa place et nous retrouvons quatre Ferrari aux quatre premières places.

Jean Behra souffre le martyre, mais entretien encore la flamme de Gordini, en 5e position à un tour du leader. Puis vient le bal des ravitaillements et des changements de roues. Farina devenu deuxième, cale deux fois dans les stands et repart troisième derrière Taruffi.

Au 15e tour, il reprend sa place de dauphin à 48" d'Ascari. Alberto s'attend à une fin de course tranquille, mais il s'arrête au 18e tour, avec une fuite d'huile inondant l'habitacle. Le temps de colmater la brèche et Farina prend la direction de la course.

En l'absence de Fangio, Ascari montre qu'il est capable de succéder au Maestro. Il reste deux tours à couvrir, Alberto n'en met qu'un seul, pour combler ses 9" de retard sur Farina et il en prend 14 de plus pour s'adjuger la victoire, synonyme de titre de champion du Monde. Taruffi avec un pont arrière défaillant, doit céder la 3e position à Rudi Fisher sur la fin. Jean Behra courageux en diable, réussit à sauver les deux points de la 5e place, devant la Ferrari de Roger Laurent.

Avec quatre victoires consécutives, à aucun moment en interne chez Ferrari, les coéquipiers d'Alberto Ascari, n'ont plus lui contester le moindre succès. Les deux Grands Prix restant, vont-ils délivrer le même résultat ?

Les pilotes se retrouvent en Zandvoort en Hollande le 17 août, pour la 7e manche du championnat. Le plateau est en partie différent de la course du Nurbugring. Les allemands ne se sont pas déplacés, par contre Mike Hawthorn sur Cooper Bristol fait sa rentrée, ainsi que Stirling Moss, sur ERA Bristol. 18 voitures prennent part aux entrainements. Chez Ferrari Luigi Villoresi revient de blessure et récupère le volant de Piero Taruffi.

Aux essais, la surprise, n'est pas de retrouver Ascari en pôle position avec à ses côtés Farina, mais plutôt de voir Mike Hawthorn compléter la première ligne, avec un moteur Bristol rendant 25 cv aux Ferrari.

Villoresi, occupe la seconde ligne avec Trintignant, pendant que Ken Wharton (Frazer Nash) réussit à s'intercaler en troisième ligne, entre les deux Gordini de Jean Behra et Robert Manzon.

Chez Gordini, nous sautons d'un problème à l'autre. En fin de séance le samedi, Jean Behra, casse son distributeur. Le français, ne va pas pouvoir prendre le départ de la course faute de pièces de rechange.

Amédée Gordini, ne l'entend pas de cette oreille et demande à son chef mécanicien, d'effectuer coute que coute une réparation de fortune, afin de ne pas perdre la prime de départ. Sachant que la voiture, ne rejoindra pas la ligne d'arrivée, Amédée passe la consigne à Behra de faire le spectacle au départ.

Le dimanche la pluie tombe et nous savons que sur route mouillée, les Pirelli équipant les Ferrari, sont supérieur aux Englebert. Ascari prend la tête, mais Hawthorn démontre que les Dunlop équipant sa Cooper, valent aussi bien que les pneus italiens. Au premier virage il passe Farina, pour se retrouver dans les échappements d'Alberto. L'ordre ne change pas au 1er tour, Trintignant occupe la 4e place devant Villoresi et Behra. Dans la deuxième boucle, Farina devient second et Villoresi, saute Trintignant pour la « Position 4 à l'ardoise ».

Au 5e tour, Hawthorn, malgré tout son talent, cède devant les coups de boutoir de Villoresi. Les trois Ferrari, sont désormais devant. De son côté Jean Behra, respecte les consignes du « boss », en assurant le spectacle et double « Petoulet » pour 5e place. Comme prévu, il s'agit d'un déjeuner de soleil sous la pluie. Le bricolage de la magnéto finit par lâcher, au 10e tour. Moment que choisit Manzon, pour prendre la « P5 » à Trintignant.

La course sombre dans la monotonie, la pluie s'arrête en fin d'épreuve, mais les positions restent figées. Alberto Ascari réussit un nouveau grand chelem, Pôle position, Record du tour et Victoire finale. Avec ce triplé de Ferrari, les autres marques se contentent des miettes.

Cooper, grâce au prometteur Hawthorn ramène les 3 points de la quatrième place. Gordini, doit se consoler avec les deux points de Robet Manzon.

Si Ferrari domine outrageusement le championnat, le spectateur lambda s'ennuie ferme. Les Tifosi par contre, vont pouvoir fêter dignement le titre mondial d'Alberto Ascari. La dernière course de la saison, le 7 septembre, se dispute sur l'autodrome de Monza. L'épreuve, bat un record d'engagement avec 35 voitures d'inscrites pour le Grand Prix. Il va falloir faire une sérieuse sélection, les organiseurs prévoyant une course avec 24 concurrents au départ. La Scuderia Ferrari, ne fait pas dans le détail, outre quatre modèles pour Ascari, Farina, Taruffi et Villoresi, Enzo insiste pour confier une cinquième F500, au français André Simon. Si l'on rajoute le modèle personnel de Louis Rosier, les deux de l'écurie Espadon pour le suisse Rudi Fisher et l'allemand Hans Stuck, sans oublier celle de Peter Whitehead, la firme de Modène, devrait occuper un tier du plateau au départ.

Bien décidé à éviter une 7e victoire consécutive de Ferrari, Maserati ne s'en laisse pas compter, avec trois modèles pour son « Officine Alfieri Maserati », trois autres pour « l'Escuderia Bandeirantes » et les deux de l'écurie Platé. Les britanniques, se distinguent avec trois HWM, trois Connaught et surtout cinq Cooper T20, dont une pour Mike Hawthorn, devenu incontournable. Dans ce contexte, les français font figure de parent pauvre, avec les trois Gordini habituelle pour Behra, Manzon et Trintignant.

La grille de départ, sera composée de quatre voitures par lignes. Rien de très original aux essais, avec la nouvelle pôle position d'Ascari devant Villoresi et Farina. Maurice Trintignant, a le grand mérite de compléter la 1ere ligne, malgré le manque de puissance de son moteur. En seconde ligne, figurent André Simon, Manzon, Taruffi et Froilan Gonzales (Maserati). Derrière, Hawthorn décroche le 9e temps, devant Behra, la petite OSCA d'Elie Bayol et la Connaught de Stirling Moss.

Avec 24 qualifiés, quelques gros poissons restent sur la rive. De Graffenried (Maserati), Collins (HWM), Whitehead et Hans Stuck, tous deux sur Ferrari, en sont les principales victimes. Avec une course de 504 km, un ravitaillement peut s'avérer nécessaire. Au niveau tactique, les écuries Gordini et Maserati, ne partent pas réservoir plein, en espérant faire une différence au départ sur les Ferrari. Froilan Gonzales, profite ainsi de sa voiture allégée, pour bondir de la deuxième ligne.

Il aborde le premier virage devant Trintignant, Ascari 3e, devance les Gordini de Manzon et Behra. A la fin de la première boucle, pendant qu'Ascari réussit à passer Trintignant, les autres Ferrari de Villoresi et Farina, surchargées en carburant ne virent qu'en 6e et 8e position. Après 3 tours Gonzalès compte 7" sur Ascari, 8" sur « Pétoulet », pendant que Villoresi au forcing, prend le dessus sur les deux autres Gordini. Un tour plus tard, Maurice Trintignant s'arrête à son stand, soupapes cassées.

Au 10e tour, « le toro de la Pampa » déchainé, compte 15" sur Ascari et Villoresi roues dans roues. Berha, retardé par un moteur essoufflé, laisse passer Simon et Taruffi en lutte pour la 5e place. Gonzalès continue d'accentuer son avance, afin de ravitailler tranquillement. Manzon longtemps 4e, ne peut résister à la Maserati de Bonetto et à Farina. Froilan, effectue son ravitaillement au 34e tour avec un changement des roues arrière nécessaire, lui coutant plus d'une minute. Il repart en 4e position, derrière Ascari qui mène avec 5", sur Villoresi et 46" sur Farina. Alors que chacun s'attend à un triplé Ferrari, Gonzalès joue les troubles fêtes. Au 45e tour, il passe Farina, puis Villoresi au 62e passage.

Alberto Ascari, remporte sa 6e victoire consécutive avec 1'2" sur Gonzalès. Belle opération pour Maserati, avec la position de dauphin et une cinquième place pour Bonetto. Par contre, l'horizon s'obscurcit un peu plus pour Gordini. Robert Manzon, abandonne au 71e tour, mais figure dans le classement au 14e rang, pendant que les casses moteurs, deviennent chroniques pour ses coéquipiers…

Chapitre 11 : Championnat du Monde des Marques.

Après le championnat du Monde des conducteurs inauguré en 1950, la F.I.A, décide de créer le championnat des marques en 1953. L'objectif devient de concevoir un challenge, mettant sur un pied d'égalité, monoplaces et courses pour voitures de Sport. Les épreuves d'endurance se disputant par équipages, l'idée de récompenser la marque plutôt que le pilote, suit son chemin.

Le côté international étant capitale, la compétition commence au Etats-Unis avec les 12 heures de Sebring, pour se finir au Mexique avec la Carrera Panamericana. Entre temps, les équipages auront visité l'Italie avec les Mille Miglia, la France pour les 24 heures du Mans, La Belgique avec les 24 heures de Spa, l'Allemagne dans l'Eiffel aux 1000 km du Nürburgring et l'Irlande du Nord avec le Tourist Trophy de Dundrod.

Si l'actuel championnat du Monde de F2, ne concerne que moins d'une dizaine de marques, l'attirance pour l'endurance offre une plus large diversité. Les italiens avec Ferrari, Lancia, Maserati et O.S.C.A, tiennent la côte, à égalité avec les anglais Aston Martin, Jaguar et Frazer Nash. Les allemands Borgward, Porsche, et Véritas sont de possibles outsiders, avec les français D.B, Gordini et Talbot. Cunningham, assure la présence d'Outre Atlantique.

A Sebring, pour la première manche le 8 mars 1953, « le côté international », n'a qu'un intérêt très relatif. Dans les voitures d'usine, seul Aston Martin chez les britanniques, effectue le voyage avec deux nouvelles DB3 pour Abecassis/Parnell et Collins/Duke. DB, défend seul les couleurs nationales avec trois HBR4. Le patron René Bonnet, partage la sienne avec l'américain Morehouse, pendant que Bernard Cahier, fait équipe avec Miles Collier et André Moynet avec Hobart Cook, un client de la marque. Cunningham, représente la troisième écurie d'usine avec Fitch/Walters, une C4-R, bien rodé. A noter que Briggs Cunnnigham, sera au volant d'une OSCA, engagé par ses soins et co-piloté par Bill Lloyd.

Tous les autres équipages, sont indépendants. Parmi les plus redoutables, les deux Jaguar Type C de Johnson/Wilder, et de Gegen/Grey. Un jeune américain plein d'espoir, Phil Hill, partage une Ferrari 225 S, avec son compatriote Bill Spear. Au total, 59 voitures participent aux essais, mais 54 seulement prennent part à la course.

Le départ type Le Mans est donné à midi, pour se terminer en pleine nuit noire à minuit. Le temps est doux et nuageux sur la Californie, au moment où les pilotes s'élancent en courant une dizaine de mètres, pour bondir dans leurs machines. Le public estimé à 12 500 spectateurs, toujours séduit par les courses de vitesse en anneaux, ne répond pas en nombre, pour cette première en endurance. Les poulains de David Brown, se montrent le plus entreprenants dans les deux premières heures. Le jeune Peter Collins particulièrement performant sur la nouvelle barquette Aston DB3, tient la tête avant que son coéquipier Geoff Duke ne rentre en collision avec la Jaguar XK120 de Christianson/Coley. La voiture repart très attardé, et abandonne deux tours plus tard. La Cunningham de Fitch/Walters, lui succède au commandement, pour ne plus le quitter. L'autre DB3 d'Abecassis/Parnell, se montre menaçante jusqu'à la tombée de la nuit. Avec un seul phare, en raison d'une touchette sur une borne en béton délimitant le circuit.

L'équipage anglais doit ensuite baisser pavillon. Autre incident, heureusement sans grande conséquence, La Cadillac Allard de Paul Ramos, prend feu à la suite d'une rupture de conduite de carburant. La voiture est détruite, mais son pilote Anthony Cumming, s'en sort avec quelques brulures légères.

La Cunningham l'emporte en ayant parcouru 1462,420 km à la moyenne de 121,219 km/h de moyenne. L'Aston Marin termine 2e à un tour, devant la première Jaguar Type C 3e à 11 tours. L'OSCA de Cunningham/Lloyd 5e, remporte la classe 1500 cc, devant la Ferrari de Luken/Hassen 6e mais première en 2 litres. A noter que René Bonnet, n'a pas perdu son temps, associé à Wade Morehouse, la 11e place du scratch, permet à sa D.B Panhard HBR4, de remporter la classe 750 cc. A noter, que le système de points attribué au classement pour le championnat, est sensiblement le même qu'en F1/F2. La cotation des cinq premiers, donnent respectivement 8,6,4,3 et 2 pts. Le meilleur tour en course ne donne pas d'attribution, par contre le 6e gagne un point. Une seule marque, ne peut cumuler les points dans une même course. Exemple Jaguar 3e, et 4e de l'épreuve californienne, ne marque que 4 points.

Le retour en Europe le 25 avril à Brescia pour les Mille Miglia, donne naturellement une autre configuration de course, avec 491 voitures au départ et des intérêts différents. Ainsi la Scuderia Ferrari, fait un retour en force avec quatre 340 MM Vignale, soutenu par plusieurs modèles privés, 166 MM, ou 250 MM Vignale. Son éternel rival l'Officine Alfieri Maserati, s'oppose avec trois A6GCS Fantuzzi. Néanmoins Alfa Roméo, décroche le pompon avec ses modèles 1900 privés et surtout avec trois Alfa 6C 3000, pour les pilotes Sanesi, Kling et le retour du Maestro Fangio. Toujours chez les italiens, il ne faut pas négliger la douzaine de Lancia Aurélia, qui sur un parcours entièrement routier, n'est pas désavantagé par rapport aux prototypes. Coté British, David Brown engage les trois Aston DB3, déjà vue à Sebring. Jaguar est officiellement présent avec trois type C, avec pour pilote vedette Tony Rolt.

Nos frenchies, jouent bien entendu dans les petites catégories au milieu d'une armée de Fiat. Deux Gordini T15 2 litres, prennent le départ, engagées à titre privé par Franco Bordini. Pour contrer Fiat, Renault s'oppose en catégories 750 Tourisme, avec ses 4 cv et en 750 Sport et ses « 1063 », dont celle de Jean Redelé, le père des futurs Alpine. Dans cette dernière catégorie, DB Panhard, peut jouer un rôle par l'intermédiaire de Touillon/Persillon.

Pour cette XXe édition, les organisateurs et les pilotes, bénéficient d'une météo clémente, permettant d'évoluer sur route sèche. Hélas de trop nombreux accidents, vont encore une fois émailler le parcours. La Jaguar C de Luc Decollonges sort de la route, son copilote, Pierre Gilbert Ugnon, ainsi qu'un spectateur en sont victimes et décèdent. Les autres deux autres type C, sont également éliminées rapidement, par des problèmes de pont arrière et fuite de carburant.

A Vérone, l'Alfa de Sanesi, mène le bal à la moyenne infernale de 182 km/h. Il est toujours devant à Pescara, après 630 km de course. Malheureusement, il doit renoncer après l'Aquila. Son camarade d'écurie Kling, prend alors le relais jusqu'à Rome, mais une défaillance de la direction, le fait sortir de la route avec un abandon devenu inévitable. Reste la 3e Alfa 6C de Fangio, l'argentin se trouve propulsé au commandement. Le constructeur milanais, n'a décidemment aucune réussite. Le Maestro, victime également de problème de direction doit ralentir dans la dernière difficulté, le Col de Feta. La Ferrari 340 MM de Gian Nino Marzotto, en profite et s'impose de 12' sur l'Alfa Romeo à Brescia.

Felice Bonetto (Lancia), termine 3e à 30', pendant que Piero Taruffi (Lancia) second jusqu'à Vérone, explose son moteur. Derrière, nous retrouvons aux 4e et 5e place, la Ferrari 340 MM de Tom Cole et l'Aston DB 3 de Reg Parnell. La Maserati d'Emilio Giletti 6e, remporte la catégorie 2 litres, devant l'autre Maserati de Sergio Mantovani (10e) et la Gordini 13e du scratch (3e de sa classe). En 1100cc, la victoire revient sans surprise à l'OSCA de Bruno Venezian (12e du général).

Les français ne rentre pas bredouille, grâce à la DB de Touillon/Persillon, 84ᵉ et vainqueur en Sport 750, devant la Dyna Panhard de Castellarin/Capaccioli. Angelelli/Recchi, sur 4cv Renault 170ᵉ, remporte la coupe en Tourisme 750.

La saison du championnat du monde des conducteurs, a commencé très tôt en Argentine, le 18 janvier. Comme l'année précédente, elle se dispute en formule 2, 2 litres atmosphérique. Alberto Ascari, champion en titre et Ferrari, rejoint par Mike Hawthorn, en sont les favoris. Néanmoins l'opposition s'annonce plus musclée, que lors de l'année 1952. L'Officine Alfieri Maserati présentant un trio Fangio, Gonzalès, Sanesi particulièrement redoutable.

Compte tenu de ce déplacement long et couteux, les écuries britanniques HWM et Connaught font l'impasse. Seul Cooper, orphelin d'Hawthorn, aligne trois T20 pour Barber, Brown et le local Cruz. Gordini représente la quatrième marque. Le sorcier toujours à la recherche de juteuses primes de départ, aligne son trio habituel Behra, Monzon Trintignant. Amédée, rentre dans ses frais en louant deux machines supplémentaires pour les pilotes Argentin Carlos Menditéguy, et Pablo Birger. Au total seulement 16 voitures, prennent part aux essais.

Les deux séances qualificatives, du vendredi et du samedi se déroulent sous la pluie. Après 6 mois d'inactivité, Fangio se montre toujours aussi combatif, en ne concédant que 7/10 sur Ascari pour la pôle position. Villoresi et Farina tous deux sur Ferrari, complètent la première ligne. Suivent en seconde ligne, Gonzalès, Hawthorn et Maurice Trintignant, premier « des gordinistes ». Encore une fois, les Englebert ont du mal à tenir le pavé sur sol mouillé, par rapport au Pirelli. « Pétoulet », rend 5" pleine à Ascari. Bonetto de son côté a connu quelques problèmes. Il part avec l'avant dernier temps en 5ᵉ et dernière ligne, précédant uniquement la Cooper de Barber.

Changement de météo au départ de la course, avec un temps chaud et ensoleillé. Le nombre de spectateurs présent en bord de piste, est estimé entre 350 000 et 500 000 personnes. Le président Peron a demandé expressément l'ouverture de l'autodrome à des personnes non munies de billets. Cette foule considérable, va bientôt poser des problèmes de sécurité. Dans une course de 3 heures, un ravitaillement est prévu, sauf pour les Maserati, qui embarquent 180 litres de carburant.

Ascari, comme à son habitude, prend la direction de la course. Froilan Gonzalès et Manuel Fangio se battent pour la deuxième place, pendant que Bonetto en fond de grille, remonte pour passer en 4e position, à la fin de la première boucle. Hawthorn, a raté son envol et pointe 13e. Au 2e tour Farina passe Bonetto pour le gain de la 4e place. Dans le 3e passage, Fangio passe son coéquipier, mais Ascari, compte 5'' d'avance sur le duo des Maserati. Au 10e tour, Farina s'empare de la 3e place, devant Gonzalès. Manzon, qui fait un début de course formidable devient 5e.

Le drame surgit au 32e tour, lorsqu'un adolescent traverse la piste au moment où Farina arrive. En voulant l'éviter, l'italien fait une embardée et rentre dans la foule, causant 12 morts et de nombreux blessés. Un vent de panique s'en suit. La Cooper d'Alan Brown fauche plusieurs spectateurs, dont 3 mortellement. L'épreuve n'est pas arrêtée, dans la confusion, une ambulance part à contre sens de la course et percute quelques personnes !

Devant, Ascari mène toujours avec 30'' d'avance sur Fangio. Manzon, malgré des ennuis de freins, devient 3e devant Gonzalès. C'est fini pour Fangio au 36e tour, sur rupture de transmission. Dans le stand Gordini, on veut croire à l'exploit. Robert Manzon 2e, passe à 1' d'Ascari. Nous arrivons à la mi-course, avec ravitaillement et changement de roues. Dans le box Gordini, les mécaniciens, constatent que l'axe arrière gauche de la voiture de Manzon est fossé. Après un « bricolage maison », Robert repart 6e à un tour. Ascari, mène toujours devant ses coéquipiers Villoresi et Hawthorn. Gonzalès fait le forcing et saute l'anglais pour la 3e place, au 55e tour. Huit boucles plus tard, il prend la seconde place à Luigi Villoresi.

Alors que tout est encore possible pour la victoire, « le taureau de la pampa », doit refaire un passage par les stands au 73e tour, pour un changement de pneus. Ascari s'offre un nouveau grand chelem, pôle, meilleur tour en course et victoire finale. Villoresi prend la 2e place devant Gonzalès, tous les deux à un tour. Hawthorn 4e et Galvez (Maserati) 5e, prennent les derniers points.

Chez Gordini, la fiabilité n'est toujours pas au rendez-vous. Ce n'est pas la 6e place de Jean Behra à 3 tours, qui change la donne. Birger a renoncé pour rupture de différentiel et Mendiguy, sur problème de boite de vitesses. Quant à Manzon, il a fini par perdre sa roue arrière gauche au 67e tour. Lassé, par les trop nombreux incidents de l'écurie, Robert décide de claquer la porte.

La formule 2, revient en Europe pour le championnat le 7 juin, au G.P de Hollande à Zandvoort. Rien de bien nouveau pour les écuries depuis l'Argentine, si ce n'est le retour des britanniques avec les HWM de Peter Collins et Lance Maklin ainsi que des Connaught pour Stirling Moss, Roy Salvadori et Mac Alpine. Une seule Cooper prend part aux essais, celle de Ken Wharton, pour un total de 19 voitures. Chez Gordini, il faut pouvoir remplacer Manzon et Behra, provisoirement hors-jeu, à la suite d'un accident à Pau. Harry Schell, Maurice Trintignant et l'argentin Roberto Mieres composent, l'équipe d'usine, pendant que Fred Walker utilise sa T16 personnelle.

Le revêtement refait pose problème. Entre projection de gravillons et de sable des dunes bordant le circuit, les pilotes doivent faire preuve d'une agilité particulière. A ce petit jeu, les Ferrari s'en sortent mieux grâce à une meilleure motricité. Ascari en pôle, précède Fangio d'1"7, et Farina d'1"9 pour composer la première ligne. Les Ferrari et les Maserati réalisent les 8 meilleurs temps, Rosier, sur sa Ferrari personnelle étant 8e. Stirling Moss, 9e chrono, précède la première Gordini d'Harry Schell.

Le temps est chaud et le soleil de la partie, au moment du départ. Ascari mène le train rouge composé Villoresi, Farina et Fangio.

A la fin du premier tour, la locomotive précède les wagons de 2", pendant qu'Hawthorn passe 5e. Froilan Gonzalès, cafouille son démarrage, pour ne pointer que 14e. La situation se stabilise sur les 10 passages suivants, les écarts ne faisant que croitre. Ascari porte son avance sur ces deux coéquipiers à 10", roue dans roue. Gonzalès fait le forcing pour remonter à la 6e place, lorsque le pont de sa Maserati cède au 22e tour. Puis Fangio qui perd régulièrement du terrain sur les trois premiers depuis le début, abandonne au 36e tour sur casse de transmission.

A partir de cet instant, plus personne ne peut s'opposer à une victoire des Ferrari. L'abandon au 67e tour de Villoresi, sur rupture de câble d'accélérateur, n'y change rien. Hawthorn, devient simplement 3e derrière Farina. Gonzalès, qui a repris la voiture de Bonetto, joue les troubles fêtes. Il finit par rejoindre Hawthorn et le dépasse pour la 3e marche du podium. Furieux à l'arrivée, Nello Ugolini, le directeur sportif de la Scuderia en fait le reproche au jeune britannique. Loin de s'en excuser, Mike rétorque, que le stand aurait dû panoter correctement les écarts. Toujours est-il, qu'Ascari compte déjà 17 pts au championnat devant Villoresi 7 pts et Farina, Gonzalès, Hawthorn, tous exæquo avec 6 pts. Que dire des Gordini, inexistante pour jouer un rôle pendant la course. La 6e place de Trintignant à 3 tours, n'est dû qu'aux 10 abandons, dont ceux de ses coéquipiers Mieres et Schell, sur ruptures de transmission.

Archi dominé en Grand Prix, les Gordini, peuvent-elles donner une autre image en endurance ? Les 24 du Mans, viennent à point nommé pour redorer un blason passablement écaillé. La marque du boulevard Victor, évite pour une fois de faire dans la démagogie.

Trois machines sont préparées en moyenne cylindrée. Une T24 S, doit participer aux essais, mais le nouveau moteur 6 cylindres de 3 litres, manque encore de mise au point et la voiture est sagement retirée. La petite T15 S de réserve, avec un moteur 4 cylindres de 1500 cc, la remplace avec Loyer/Guelfi au volant. La T26 S avec son 2,5 litres et un aérodynamisme particulièrement soigné, lui vaut le surnom « de cigare » et devient le fer de lance de la marque. L'équipage donne quelques garanties avec Trintignant et Schell à son bord. Une deuxième T15 S, revient à l'équipage Behra/Mieres. Peut-on parler de revanche pour les trois spiders Talbot Lago T26 GS, qui semblent avoir pris un sacré coup de vieux, depuis l'an dernier.

Il est vrai que la concurrence n'a jamais été aussi forte, avec 4 Jaguar type C, dont une couleur jaune de l'écurie Francorchamps. Les voitures, ont retrouvé leur carrosserie d'origine pour éviter les problèmes de surchauffe de l'an dernier et compte 20 chevaux supplémentaires. Mais surtout, elles sont équipées du nouveau système de freins à disques, mis au point en collaboration avec Dunlop et remplaçant les traditionnelles freins à tambours, s'encrassant au bout de quelques heures. La Scuderia Ferrari est pour la première fois présente avec une 375 MM, 4,5 litres et deux 340 MM 4,1 litres, ainsi qu'un spider de même cylindrée pour Luigi Chinetti. Il ne faut surtout pas négliger les 3 Alfa Roméo 6C de 3 litres, avec entre autres pour équipage vedette Fangio/Marimon. Au milieu de ces 3 favoris, deux outsiders font partie des possibles vainqueurs. Aston Martin avec trois nouvelles DB3S de 3 litres, mais également Cunningham avec 3 modèles différents, motorisé par un Chrysler V8 de 5.5 litres. A côté d'une C4R spider, figure un monstrueux coupé C4RK et une nouvelle C5R, dont l'étrange calandre, lui vaut le surnom « de Requin ».

Faute de pouvoir toucher le Graal, les écuries françaises se concentrent sur « la lutte des classes ». La catégorie 750 cc, ne peut pas échapper aux deux DB HBR4 super profilées, ou aux deux Monopole Panhard. Dans la même catégorie, la régie Renault, ne recule devant rien, en s'engageant en nom propre avec trois véhicules recarrossés. Le service compétition de Panhard fraichement conçu, confie au carrossier Riffard, un modèle X88, à carrosserie aluminium au profil d'aile d'avion, surnommé « l'escargot sans coquille ». Dans la catégorie 1100 cc, la lutte se résume à une Porsche 356, contre deux tanks Panhard, de 2 OSCA MT4. Enfin en 1500 cc, le duel sera 100% germanisé, avec 2 Porsche 550 coupé contre 3 Borgward Hansa RS.

Au départ de la course, un nouveau record de spectateurs est battu avec 300 000 personnes. Précision non négligeable, les concurrents ont le choix entre carburant du commerce et « ternaire », une mixture faite d'essence, d'alcool et de benzol.

Stirling Moss sprinter à pied, mais également en voiture, prend résolument les commandes. Derrière la Jaguar, nous retrouvons dans l'ordre la Ferrari de Villoresi, l'Allard Cadillac « du patron Sydney » qui va renoncer dès le 4e tour pour un problème de transmission. La Ferrari de Tom Cole, la Jaguar de Tony Rolt et « le requin » Cunningham de Walters, suivent derrière. Moss, est contraint de s'arrêter à la fin de la première heure pour un problème de filtre à essence, il tombe au 21e rang. Le premier incident sérieux est dû à Mike Hawthorn, qui fait une passage par les stands, avec un raccord de frein mal serré. Un meccano fait un appoint de Lockheed en douce. La manœuvre n'échappe à un commissaire de course. C'est la disqualification immédiate, malgré les protestations d'Ugolini et de son pilote.

Au début de la 2e heure, suite à l'arrêt de Moss, Ascari (Ferrari) mène devant Rolt (Jaguar), Cole (Ferrari) et les Alfa Roméo de Kling 4e Fangio 5e et Sanesi 6e. La première voiture française, « le cigare » de Trintignant, pointe 8e, derrière « le requin » de Fich/Walters. Dans cette 2e heure, Rolt/Hamilton s'installent au commandement et vont le conserver pratiquement jusqu'au bout. Derrière, les deux Ferrari d'Ascari/Villoresi et de Cole/Chinetti, se battent pour garder le contact. Les Alfa semblent en mesure de recoller, lorsque Fangio abandonne sur rupture de piston.

A, 18 heures les Talbot, ne pèse plus lourd. Chambas sort de la route en premier et abandonne. Puis Rosier, se bat avec sa boite de vitesses, incident rarissime sur le modèle de boîte Wilson. Enfin Levegh, se plaint de problème de carburation et multiplie les arrêts au stand.

Chez Gordini, on croise les doigts, Behra/Mieres et Trintignant/Schell se suivent en 7ᵉ et 8ᵉ position à un tour des leaders. A 19 heures, seuls les duos Rolt/Hamilton et Villoresi Ascari, évoluent dans le même tour. La Gordini de Behra/Mieres se montre performante, après 5 heures de course, elle passe de la 10ᵉ à la 5ᵉ place, précédant la Cunningham de Fitch/Walters et la troisième type C de Whitehead/Stewart.

Nous atteignons, le quart de la course, rien ne va plus chez Lancia, Bonetto/Valenzano, abandonnent sur rupture de pont pendant que Gonzalès, se bat avec une voiture manquant de reprise. Pour Gordini, les ennuis commencent, la « 36 » avec Behra au volant, souffre d'un problème de transmission et perd deux places. Il fait désormais nuit noire, Ascari, prend brièvement la tête à la faveur d'un ravitaillement de la Jaguar. La joie des supporters de la Scuderia, ne dure pas très longtemps, à minuit la « Jag » reprend la direction de la course. La ronde infernale, se poursuit sans changement jusqu'à 2h20 du matin. En 10 minutes, les derniers espoirs d'Alfa Corse s'envole. Carini 4ᵉ, perd d'abord deux places suite à un problème de transmission avant d'abonner deux heures plus tard. Puis Kling 3ᵉ, fait un passage par son box, la mécanique souffre, ce n'est plus qu'une question de temps, pour qu'une bielle passe à travers le moteur.

4 heures du matin, nous franchissons la mi-course. Rolt/Hamilton, toujours solidaire, n'ont plus comme adversaires, que la Ferrari d'Ascari/Villoresi, à 2 tours et la Cunningham C5R de Fitch/Walters à 3 tours, les deux autres Jaguar de Whitehead/Stewart et Moss/Walker, sont en embuscade à 5 tours. A noter que Stirling qui fait l'essentiel du travail, a gagné 16 places depuis son arrêt de la 2ᵉ Heure. Les problèmes d'alimentation de la Jaguar en début de course, mais également de la Talbot de Levegh/Pozzi, semble liés à une confusion de carburant dans les stands, entre essence et « mixture ternaire ». 6 heures, l'aube perce difficilement au milieu d'un épais brouillard, dans les box, chacun essaye de panser les plaies de la nuit.

Les Alfa sont déjà sous bâches, comme deux des quatre Lancia. Les deux restantes en course, sont hors du coup. 6h14, Tom Cole perd le contrôle de la Ferrari qu'il partage avec Chinetti, et heurte le talus à Maison Blanche. Ejecté, il est tué sur coup. Il venait de fêter ses 31 ans, pendant les essais. Vers 9 heures, la Ferrari d'Ascari rétrograde en 5e position, avec un embrayage qui patine et une consommation d'eau excessive. L'abandon suit en fin de matinée.

Pour Jaguar c'est belote, rebelote et dix de der. Rolt/Hamilton, l'emportent devant Moss/Walker à 4 tours. Stirling au prix d'un finish époustouflant, finit par piquer la 2e place à la Cunningham de Fich/Walters. La troisième Jaguar Whitehead/Stewart, finit 4e. Le camp français, est enfin récompensé par la belle course du « cigare » Gordini 6e et vainqueur de la classe 3 litres. La Panhard Riffard X88 des frères Chancel, remporte l'indice de performance devant la DB Panhard de Bonnet/ Moynet, première en classe 750 cc.

L'Automobile Club de Champagne, à la bonne idée de proposer le 4 et 5 juillet, une revanche des 24 heures du Mans, sous la forme d'une course de 12 heures, jumelée avec le G.P de L'ACF. A l'image des 12 heures de Sebring l'ACC, imagine un tour d'horloge inversé. Les concurrents, partent à minuit pour arriver le dimanche à midi, puis le Grand Prix suit à 14 h45 sur 60 tours.

Chez Gordini, l'équipe se montre particulièrement audacieuse en engageant cinq voitures pour la course d'endurance et quatre pour le Grand Prix. Pire, les pilotes Behra et Trintignant, doivent prendre le départ des deux courses. A la Scuderia Ferrari, on se montre beaucoup plus réservé. Après avoir envisagé d'engager trois voitures pour les 12 heures, Ugolini décide de retirer deux de ses trois 375 MM afin de préserver Ascari, Farina, Hawthorn et Villoresi, pour la course de vitesse. Dans ces conditions, en l'absence d'Alfa Corse et de Lancia seules les deux Cunningham, voir la Ferrari 340 privée de Chinetti/Phil Hill, semble en mesure d'inquiéter les trois Jaguar type C avec Roboly/Simon, Douglas/Sanderson et surtout de son équipage vedette Peter Whitehead, Stirling Moss.

A 0 heure, 40 pilotes s'élancent dans un départ type Le Mans. La Ferrari de Maglioli, prend la direction de la course. Au bout d'une heure, il est toujours devant. Trintignant suit à 1'45" et Fitch (Cunningham) 3e à 2', pendant que Moss 4e navigue à un tour. Au cours de l'heure suivante, la Cunningham réussit à passer la Gordini pour la 2e place. A 3h20 du matin, la Ferrari de P.Hill/Chinetti, privé de frein se retire. Au premier tier de course, Maglioli/Carini devance Fitch/Shermann et Trintignant/Sparken d'un tour, pendant que Moss/Whitehead 4e sont à deux tours.

Le tournant de la course, arrive peu après 5 heures. Au stand Ferrari, la voiture de tête ravitaille, mais démarreur bloqué, les mécanos sont obligés de pousser le véhicule pour repartir. Le règlement est appliqué à la lettre, disqualification de la numéro 18. Au 184e tour, la Jaguar de Moss prend la tête pour ne plus la quitter. La bonne surprise vient de la Talbot de Rosier Giraud Cabantous, qui depuis le départ se maintient en 5e position et qui accède au 2e rang. Entre temps, le malheur a frappé la Gordini de Trintignant (piston crevé) et le « requin » de Fitch, qui finit sa carrière dans un champ. L'autre Cunningham C4R, de Cunnigham/Johnson prend la 3e place, devant la Jaguar C de l'écurie Ecosse de Douglas-Sanderson. Les Frères Chancel sur Panhard X85, 8e au classement, remporte la catégorie 750 CC, devant l'X87 de Plantivaux/Van der Bruwaene.

Pour le G.P, chacun garde en mémoire, la victoire de la Gordini de Jean Berha, l'an dernier. Renouveler, l'exploit cette année face aux quatre Ferrari et aux quatre Maserati, relève de la gageure, d'autant qu'accaparé par la course des 12 heures, les mécaniciens, n'ont pas pu préparer les voitures. De ce fait, seul Harry Schell tourne un peu, mais avec le plus mauvais temps. Behra, Mieres et Trintignant, sont néanmoins autorisé à partir dans les deux dernières lignes, au côté de l'OSCA de Chiron, privé de chrono également.

Gonzalès (Maserati), démarre de la 2e ligne avec un réservoir à moitié vide et boucle le 1er tour en tête avec 3" sur Ascari (en pôle), 5" sur Villoresi et la meute menée par Bonetto (Maserati) et Hawthorn.

Fangio, 4ᵉ temps ne passe qu'en 6ᵉ Position. Au 3ᵉ tour Bonetto, victime d'un tête à queue « au Thillois », rétrograde en 9ᵉ position. Puis au tour suivant, les Gordini de Schell sur bris de moteur et de Mieres sur rupture de transmission, rentrent définitivement aux stands. Devant, Gonzalès accentue son avance en possédant 5"5/10 sur Villoresi et Hawthorni, qui précède à l'aspiration les 2 autres Ferrari de la Scuderia.

Au 20ᵉ tour « le toro de la Pampa » se ménage 20" d'avance sur le quatuor des Ferrari, dont Hawthorn a pris la tête. Nous atteignons la mi-course, Gonzalès ravitaille et perd 27" dans l'opération, se retrouvant désormais 6ᵉ à 18" de son coéquipier Fangio, nouveau leader. Hawthorn n'est qu'à 5/10 et Ascari à 1". Le chassé-croisé Fangio Hawthorn, débute au 31ᵉ tour, jusqu'au drapeau à damiers. Au 37ᵉ passage, Gonzalès remonte à la 3ᵉ place.

58ᵉ boucle, le public se lève à chaque passage, pour voir le jeune loup Hawthorn, blouson vert nœud papillon, s'étriper avec le vieux lion Fangio, bras nu, chemisette largement ouverte. Un tour plus tard Mike est devant, avec le maestro dans son échappement. Ils précèdent le duo Ascari Gonzalès de 100m. Dernier tour, Fangio aborde « le Thillois » en tête, mais gêné par ses lunettes maculée d'huile, dérape en légers dévers. Hawthorn en profite, pour lui griller la politesse et garde une seconde au passage sur la ligne. Gonzalès, pour sa part, vient à bout d'Ascari pour la 3ᵉ place.

5" seulement, sépare le vainqueur du jour du 4ᵉ. La presse dithyrambique du lendemain, titre dans les journaux « La course du siècle » ! Pour Gordini, la soupe à la grimace continue. Trintignant, après un début de course encourageant, derrière les Maserati et les Ferrari, renonce au 14ᵉ tour sur rupture de transmission. Une seule T16, voit le drapeau à damiers, celle de Jean Behra, le vainqueur de l'an dernier, à une anodine 10ᵉ place à 5 tours du vainqueur. La roue tourne…

Chapitre 12 : Le rêve américain.

Nous abordons la mi-saison, alors qu'il reste encore cinq Grand Prix, comptant pour le championnat. Maserati, peut-elle encore inverser la tendance sur Ferrari ? Le G.P de Grande Bretagne à Silverstone du 18 juillet, pourrait apporter un début de réponse.

Aux essais les deux firmes, font pratiquement jeu égal, même si Alberto Ascari s'offre une nouvelle pôle position, en devançant Froilan Gonzalès, d'une petite seconde. A noter que sept de ces voitures italiennes, sont aux sept premières places. Les Gordini de Shell et Trintignant, sont au 8e et 9e rang à 4". Les écarts, sont donc relativement faible.

Curieusement, le classement du départ, après la première boucle donne pratiquement l'ordre d'arrivée. Si Ascari doit partager, le meilleur tour en course avec Gonzalès, jamais personne ne peut l'inquiéter pour la victoire. Il l'emporte avec 1' d'avance sur Fangio, qui a fait preuve d'une belle résistance. Farina à deux tours, précède de justesse Gonzalès pour la 3e place, pendant qu'Hawthorn, prend les deux points de la 5e position. Prince Bira, 7e sur Connaught, se montre « le moins mauvais » des pilotes, ne possédant pas une monture italienne.

Pour Gordini, c'est la longue litanie des abandons habituels. Harry Shell, renonce au 5e tour, pour une panne électrique, Maurice Trintignant au 14e, sur rupture de transmission et Jean Behra au 30e, pour un problème de pompe à essence.

C'est ainsi que dans une sorte de scénario écrit à l'avance, se présente le G.P d'Allemagne du 2 août au Nurburgring. Ascari en pôle devant Fangio, quoi de plus naturel, d'autant que Froilan Gonzalès blessé, déclare forfait. Farina et Hawthorn derrière, il n'y a pas vraiment débat. Par contre, Maurice Trintignant profite de son agile Gordini sur le circuit tourmenté de l'Eifel, pour décrocher le 5e temps devant Villoresi et Bonetto.

« Pétoulet » ne profite pas de sa position avantageuse, son différentiel le lâche dès le premier tour. Ascari part en solitaire, pendant que Fangio et Hawthorn, prolongent leur duel de Reims. Coup de théâtre au 5e tour à l'approche de Tiergarten, Alberto voit sa roue avant droite de désolidariser, alors que la Ferrari roule à 230 km/h. L'italien, réussit à maitriser sa monture sur trois roues sur 1500m, distance le séparant de son stand. La réparation dure 4' et Ascari peut repartir en 9e position.

Alors que l'on s'attend à un bras de fer entre Hawthorn et Fangio, Farina revient dans le jeu, pour prendre le commandement au 8e tour. A mi-course, il compte 11" sur le Maestro et 25" sur Mike. L'écart continue de croitre, pendant qu'Alberto, reprend la voiture de Villoresi, bat le record du tour de 4"par rapport à la pôle position, pour pointer 4e à 3'. A force de tirer sur la mécanique, le moteur de la Ferrari dégage une fumée bleue de mauvaise augure et la 4e place revient à Bonetto. « El Dotore » tient enfin la victoire qui lui échappe depuis de longs mois. Fangio, se contente d'une nouvelle seconde place devant Hawthorn. Les deux points de la 5e place, reviennent à la Maserati du suisse Emmanuel de Graffenried. Vous attendez dans doute, que je vous parle des Gordini ? A part Trintignant déjà cité, Schell s'est retiré sur rupture d'axe de culbuteur au 6e tour, et Behra au 7e, levier de vitesses cassé !

Pour le G.P de Suisse du 23 août, Harry Shell n'est pas disponible, il court la veille aux 9 heures de Goodwood, sur une Gordini 2 litres, qu'il partage avec Jean Lucas. Pas plus heureux qu'en monoplace, le franco-américain abandonne au bout de 3 heures avec une bielle coulée. Sa monture en Suisse, est louée à Fred Walker…qui la retourne aux essais. Seuls Maurice Trintignant 4e temps et Jean Behra 12e chrono, prennent le départ. Fangio crée une demi surprise en chipant la pôle position pour 6/10 à Ascari et reléguant Farina 3e à deux secondes et demi.

Pour la course, Alberto renverse la situation d'entrée sur Juan Manuel. Il passe avec 1" d'avance au 1er tour sur l'argentin qui précède Hawthorne et Marimon (Maserati). Trintignant est avalé, la Gordini pointe 9e. La situation évolue à partir du 8e tour, lorsque Fangio toujours second se bat avec sa boite de vitesses. Entre temps Farina a pris la 3e place à Hawthorn, puis le Maestro cède devant « Nino » au 10e passage. De ce fait, le stand Maserati demande à Marimon d'échanger sa voiture avec celle de Fangio. Le champion argentin repart 6e, rejoint les hommes de tête, avant qu'une crevaison ne stoppe à nouveau sa progression. Ce n'est décidemment pas son jour, devenu 4e à la faveur de Villoresi, Fangio, repasse par les stands avec un radiateur qui fuit.

Nous atteignons la mi-course, alors qu'Ascari semble en promenade avec 1' d'avance, son moteur a des ratés à partir du 40e tour et son avance tombe à 14" sur Farina. Alberto finit par s'arrêter à son box, un gicleur de carburateur est bloqué. Les mécanos, s'affairent à coups de maillet. Il peut repartir, après 1'30" en 4e position. Farina prend les commandes avec 50" d'avance sur Marimon, suivi comme son ombre par Hawthorn. 50e tour, l'avance de Farina tombe à 15" sur Hawthorn, pendant qu'Ascari déchainé pointe 3e à 25". Marimon renonce sur panne de moteur. Au stand Ferrari Ugolini, souhaite que les trois voitures restent sur leur position. Mais Alberto, ne l'entend pas de cette oreille, d'autant que Farina, victime d'une fuite de carburant doit lever le pied.

Ascari remporte sa 5ᵉ victoire de la saison, synonyme de deuxième titre de champion du monde. Farina et Hawthorn sont respectivement 2ᵉ et 3ᵉ, terminent à plus d'une minute. La Maserati « commune » de Fangio/Bonetto, prend la 4ᵉ place partagée. Pour Gordini, les courses se suivent et se ressemblent. Behra s'arrête le premier au 37ᵉ tour (pression d'huile) suivi de près par Trintignant au 43ᵉ sur rupture de boite.

Encore une fois l'écurie française, va devoir se couper en deux, entre le Tour de France Auto disputé du 5 au 13/9 et le G.P d'Italie se déroulant également le 13 septembre. Cette 3ᵉ édition de la renaissance du Tour Auto, comprend un aller et retour sur Nice, avec 2 étapes intermédiaires sur Brest et Nancy. Gordini engage trois modèles Sport une T24 3 litres, piloté par Jean Behra, une T16 2,5 litres, pour Jean Lucas et une T15 2 litres pour Roger Loyer. Un quatrième modèle semi officiel de 2 litres sera aux mains de Martin. 114 concurrents prennent le départ, parmi les lesquels, nous retrouvons les DB Panhard de Marc Gignoux, René Bonnet et « Carladès ». Côté Panhard l'usine, n'hésite pas à s'opposer à ses clients en « Sport » avec des Dyna X86, ou en catégorie « Tourisme » avec des X87. La principale opposition étrangère, tourne autour des Ferrari 166 MM, 250 MM ou 340 MM, toutes engagées à titre privé.

Curieusement, le classement définitif, prend en compte « l'indice de performance » au détriment de la performance pure. Jean Behra, dont la mécanique tient pour une fois jusqu'au bout, remporte 8 des 9 épreuves chronométrés réparties sur les 3 étapes. Il se retrouve…2ᵉ au final derrière la petite OSCA M4 1100cc de Jacques Péron, pendant que Jean Lucas prend la 3ᵉ place. Même chose en classe 2 litres, pour Lucas, qui se voit devancé par Dumay et d'Herzé seulement 6ᵉ et 7ᵉ à la distance. La Panhard de Plantivaux, termine 4e du scratch, devant la DB de Gignoux. En catégorie « Tourisme », la 4CV Renault 1063 l'emporte devant le même modèle, piloté par Jean Rédélé.

Performance de taille, considérant que l'Alfa Roméo 1900 des frères Dubonnet 3ᵉ, avaient tous les atouts au départ pour terminer devant. En l'absence de Behra au G.P d'Italie, son baquet est confié à Roberto Mieres, pour épauler Schell et Trintignant. Pas moins de 30 voitures, participent aux essais. Le duel d'influence, entre Ascari et Fangio se poursuit, Alberto gagne la première manche de 5/10 de seconde sur Juan Manuel. Farina et Marimon sont derrière à plus d'une seconde et la Gordini de Trintignant, se montre encore la meilleure « des machines non italiennes », 8ᵉ à 3".

Malgré une meilleure entame, Fangio laisse rapidement la tête, à Ascari, Marimon, et Farina suite à un changement de vitesse raté. Il termine le 1ᵉʳ tour en 4ᵉ position, suivi par la petite Cooper de Stirling Moss, dopé par son carburant au nitrométane. Le circuit de Monza, permet de bénéficier du système d'aspiration des voitures, rendant la course animée avec des changements de position continuel. Après 10 tours, les quatre premiers sont toujours au contact, avec Farina en locomotive devant Ascari. Même chose après 20 passages, sauf qu'Ascari possède 8/10 sur Farina, 2"3 sur Fangio et 3"1 sur Marimon. A mi-course, moins d'une seconde sépare les quatre pilotes, Marimon devance Farina pour la 3ᵉ place. Villoresi 5ᵉ largement décroché, pointe à 1'21".

Au 46ᵉ tour, Marimon sort de la piste dans la courbe nord, endommageant son radiateur d'huile, il doit laisser partir ses trois collègues. Le trio de tête, échange constamment ses positions. Villoresi, Hawthorne et Trintignant dans l'ordre, sont désormais à un tour. Dans cette course au finish, bien malin qui peut désigner le vainqueur. Il reste un tour, Alberto Ascari aborde en tête le virage sud et double Marimon attardé. En voulant le passer par l'intérieur, sa Ferrari fait un tête à queue, sur la piste souillée d'huile. Farina voulant l'éviter, fait une embardée et Fangio se glisse entre les deux, dans un trou de souris. Quant à Marimon, il s'encastre dans la voiture d'Ascari.

Fangio tient enfin la victoire qui lui échappe depuis le début de la saison. Par la même occasion, Maserati inscrit sa première victoire en championnat, mettant un terme à deux ans d'invincibilité de la Ferrari 500 F2. Farina 2e de la course finit à 1"4 du Maetro. Villoresi et Hawthorn sont 3e et 4e à un tour. Pour Gordini, la soupe à la grimace est moins salée. Trintignant, ramène les 2 points de la 5e place, devant Mieres 6e et Harry Shell 9e.

Le G.P d'Espagne étant annulé, Alberto Ascari conserve son titre de champion du Monde avec 34,5 pts, devant Fangio 28 pts et Farina 3e avec 26 pts. Pour Gordini, la bilan est maigre, 4 petits points seulement pour Trintignant des 5e places récoltées en Belgique et en Italie.

Nous avons laissé les deux associés Deutsch et Bonnet, depuis un certain temps. L'eau a coulé sous les ponts de Champigny et les deux amis sont tombé d'accord, sur le fait que leur entreprise n'est viable, qu'à la condition de commercialiser des véhicules dans une certaine quantité. Démarche déjà entreprise depuis le début par Ferrari, mais dont Amédée Gordini se refuse. Toujours en s'appuyant sur le « Flat Tween » Panhard et un châssis Dyna X, la firme de Champigny, produit au cours de l'année 1949, 1950 sur une carrosserie Antem, une douzaine de petits cabriolets, qui attire le regard dans les concours d'élégance.

Après ce premier essai, en 1952 la société se lance dans l'élaboration d'un coach, produit à 3 exemplaires. Si la calandre rappelle la ligne de la Dyna, la carrosserie reste une pure création D.B, avec l'empreinte de la marque, châssis à poutre centrale, train avant dérivé de Panhard et train arrière à bras obliques, inspiré des « Racer 500 » de F III. Cette suspension imaginé par Charles Deutsch, lui vaudra de surnom « de chien qui pisse », pour faire un parallèle avec l'animal qui lève la patte. Un de ces trois coachs, remporte l'indice de performance aux Mille Miglia de l'édition 52. La même année au salon de Turin, le styliste italien Pietro Frua, présente sur la base de ce modèle, un élégant coach sportif avec une caisse en aluminium.

Puis au salon du Grand Palais, le modèle est exposé sous sa forme définitive, bientôt produit à 70 exemplaires. En bon commerçant René Bonnet voit plus grand. Depuis sa victoire à l'indice de performance aux 12 heures de Sebring, le nom de D.B parle aux passionnés d'automobile outre atlantique. Si les américains sont d'abord friand, de grosses limousines propulsé par un bon vieux V8, un marché de petites cylindrées, dont les constructeurs américains sont absents existe bien. Volkswagen, l'a bien compris avec sa Coccinelle, dont le succès ne se dément pas.

Deutch et Bonnet, savent très bien que pour conquérir l'Amérique, il faut passer par l'innovation. Profitant de leur jeune notoriété, il se lance dans la présentation d'un nouveau coach à carrosserie en matière plastique, pour le Salon de Paris 1954. Le modèle baptisé HBR 5, rencontre un succès immédiat. Ses formes simples et moderne, avec une ligne fuyante et un arrière tronqué, révolutionne le marché. La caisse plastique, conçu chez Chausson, permet de réduire le poids à 640 kg, pour une vitesse de pointe de 160 km/h avec moteur de 850 cc. Autre innovation, ses phares sont escamotables.

Dans le cadre des 24 heures de Spa, quatrième épreuve du championnat des voitures de sport, la Ferrari 375 MM d'Hawthorne/Farina, prend sa revanche sur les Jaguar type C de Douglas/Gale 2ᵉ et de Roodsdorp/Ulmen 3ᵉ. Mais le véritable exploit du jour, tient dans la 4ᵉ place de Marc Gignoux, Claude Storez sur DB Panhard IIBR. Inimaginable au départ, qu'une voiture de 850 cc, puisse devancer des Ferrari, Borgward et autres Mercedes, pour prendre une quatrième place à la distance, lui offrant ainsi 3 points au championnat.

Les écuries françaises, font l'impasse sur les 1000km de Nürburgring, cinquième épreuve du championnat d'endurance. La Ferrari 375 MM, s'offre une deuxième victoire consécutive avec Farina cette fois secondé par Ascari. Jaguar reste au contact pour le titre en prenant la deuxième place avec la type C de l'écurie Ecosse, pilotée par Ian Stewart (frère de Jackie) et Roy Salvadori.

A deux épreuves de la fin, alors que seulement trois points, ne séparent la firme de Modène de celle de Coventry, pour décrocher la couronne mondiale, aucune Ferrari ne prend le départ du Tourist Trophy de Dundrod, le 5 septembre. Avec quatre Type C, dont deux de l'usine, Jaguar a les moyens de reprendre la tête. Situation égalitaire pour Aston Martin, avec quatre DB3. La marque anglaise s'est montrée pour l'instant fort discrète, si l'on excepte sa 2e place à Sebring. Côté français, une Gordini T15 privée que Redmond Gallagher partage avec Pierce Cahill et deux D.B Panhard HBR de l'usine, joueront la gagne en catégorie 1500 et 750cc.

106 tours de 12 km, sont à parcourir sur un réseau de routes secondaires, fermé à la circulation pour l'occasion. Le tracé plutôt technique, au revêtement parfois bosselé et irrégulier, présente un certain danger, surtout pour les Aston et les Jaguar bouclant le tour à plus de 140 km/h de moyenne. De ce fait, les Aston Martin vont se montrer plus à l'aise, d'autant que deux type C vont être éliminées sur problèmes de boite de vitesses et la troisième à la suite d'un accident. Seul Stirling Moss associé à Peter Walker réussit à sauver l'honneur de la marque, par une troisième place à 3 tours des vainqueurs. Première victoire et premier doublé pour Aston Martin avec Collins/Griffith, devant Thompson/Parnell. Misson remplie pour « les Frenchies », la Gordini 9e du scratch, remporte la classe 1500cc et la D.B Panhard 14e de Trouis/Hitchings, la catégorie 750cc.

Tout reste à faire dans la dernière épreuve pour le titre, la Carrera Panamericana du 19 au 23 novembre. Je ne reviendrai pas sur le déroulement de la course, déjà évoqué en détail dans le chapitre 5 de cet ouvrage. Pendant que Lancia, s'offre un magnifique triplé avec la victoire de Fangio/Bronzoni, la 4e place de la Ferrari 375 de Mancini/Serena, reste suffisante pour permettre à Enzo Ferrari de conquérir en endurance, une deuxième couronne mondiale, après celle d'Alberto Ascari en monoplace.

A l'heure des bilans, les français font grise mine, sur le plan sportif. Chez Gordini, seul Maurice Trintignant figure au palmarès du championnat du monde avec une modeste 12ᵉ place. Ce n'est guère mieux chez constructeurs en endurance où D.B se positionne au 8ᵉ rang, Talbot 10ᵉ avec la 5ᵉ place de Rosier à la Panamericana et Gordini 13ᵉ, grâce à sa 6ᵉ place aux 24 heures du Mans.

Plus inquiétant encore, à l'aube de la saison 1954, que vont devenir nos quatre constructeurs français ? Certes, Deutch Bonnet monte en puissance, Jean Rédélé prendra bientôt son envol avec l'Alpine, par contre la situation financière de Gordini et de Talbot, inquiète de plus en plus.

Depuis son dépôt de bilan à la fin de l'année 1950, la firme de Suresnes, ne peut plus engager en compétition ses voitures au nom de l'usine. En conséquence, elle ne peut compter que sur ses clients, parmi lesquels Louis Rosier ou Pierre Levegh, pour exister dans les courses de F1 ou d'endurance. Dans ces conditions, impossible de développer de nouveaux concepts. Anthony Lago se débat pour continuer de produire trois modèles, destinées à une élite argentée. L'entrée de gamme débute avec la « Baby T15 », modèle décliné en berline, coach, ou cabriolet, avec un châssis à empattement réduit de 2m95. Le moteur dérivé du 6 cylindres de 4,5 litres, perd deux cylindres pour une cylindrée de 2,7 litres. Son double arbre à cames, permet de développer 120 cv avec une puissance fiscale homologuée à 15cv. Le poids en ordre de marche de 950kg, reste raisonnable, la production atteint 410 exemplaires de fin 1949 à 1952.

Au-dessus, nous retrouvons la « Lago Record » d'une fiscalité de 26 cv, produite en coach, ou cabriolet, avec la motorisation proche du 6 cylindres de la T26 S de compétition. Si le moteur, loin d'être sobre avec une consommation de 18 à 25 litres, se montre fiable et robuste, ses 170 cv sont un peu justes pour un poids de 1250 kg. Malgré tout, la Lago Record, reste une des voitures de tourisme les plus rapides du moment. Bref de quoi séduire le passionné de belle voiture, bien vite découragé par son prix prohibitif à l'achat, de 1 929 700 francs ! A titre comparatif, une traction avant Citroën, coute quatre fois moins cher.

Enfin le fleuron de la gamme la « Lago Grand Sport », produite sur un châssis court de 2m65 d'empattement. Les coupés deux places ou les cabriolets reçoivent la même motorisation que la Lago Record. Les carburateurs Zénith sont remplacés par des Solex, permettant de développer une puissance de 210 chevaux. Différents carrossiers, comme Antem, Chapron, Carlo Delaisse, Franay, Graber, ou Saoutchik, s'intéressent au modèle, pour un « habillage haute couture » dans des concours d'élégance. Toute cette promotion, ne permet pas de dépasser la vente de 36 exemplaires entre 1949 et 1952. Encore une fois, un tarif exorbitant de 2 125 000 francs, à comparer par rapport à une Jaguar XK120 de 1 900 000 francs, ne permet pas au modèle de rencontrer une succès significatif.

Pour 1954, Anthony Lago décide de tout baser sur une nouvelle version de la Lago Grand Sport. Depuis la reprise d'après-guerre, le patron peut compter sur Carlo Marchetti comme concepteur. Carlo Delaisse, lui propose un nouveau coupé 2+2 à empattement de 2m90, d'une beauté à la fois élégante et sportive. La puissance désormais portée à 240 chevaux à 4500 tours/minute, lui permet de rivaliser avec la concurrence, pour une vitesse de pointe frisant les 190 km/h. Handicap non négligeable, le modèle accuse 1 650 kg sur la balance, contre 1200kg pour Aston Martin DB2 ou une Jaguar XK 120. Le tarif de vente, atteint le sommet de 2 776 000 francs, pour 30 exemplaires vendus sur les années 1954 et 1955.

Pendant trop d'année Anthony Lago a négligé le marché étranger, pour se consacrer à la France. Au moment où il décide de changer de politique commercial, il se heurte à un nouveau concurrent français Facel Vega.

Chapitre 13 : Retour à la Formule 1.

Le Championnat du Monde des Conducteurs en formule II 2 litres, n'aura vécu que deux ans. La F.I.A décide de remettre la formule 1 à l'ordre du jour, en faisant passer la cylindrée à 2,5 litres pour les moteurs atmosphériques, ou à 750cc pour les moteurs suralimentés.

Ferrari et Maserati possèdent déjà ce type de motorisation, en catégorie Sport et peuvent s'adapter facilement. C'est également le cas chez Gordini, par contre les écuries anglaises sont un peu plus à la peine. Seul le moteur Alta, est disponible pour équiper les H.W.M et Cooper. Certains indépendants, comme Bob Gérard ou Roger Gould se contentent d'utiliser un Bristol F II ou un Léa Francis toujours de 2 litres pour les Connaught. Côté nouveauté, Mercedes fait son grand retour et Lancia profite également de son 2,5 litres Sport, pour se lancer en monoplace.

Avec tous ces changements, nous assistons à un jeu de chaise musicale pour les pilotes. Ascari, champion en titre et Villoresi quittent tous les deux Ferrari pour Lancia. Fangio, va bientôt faire de même pour rejoindre Mercedes. Ferrari conserve Farina et Hawthorn, tout en se renforçant avec Gonzales et Trintignant. Maserati, sans Fangio, ni Gonzales, se retrouve littéralement décapité, ne pouvant compter en permanence, que sur le jeune argentin Onofre Marimon, et l'inexpérimenté Sergio Mantovani.

La marque au trident, s'appuie donc sur ses clients comme Stirling Moss, ou Roberto Mieres.

Les britanniques sont toujours à la recherche de l'oiseau rare. Si côté pilotes entre Collins, Hawthorn, Moss et Salvadori, les espoirs ne manquent pas, ces messieurs sont tous à la recherche d'une monture anglo-saxonne à la hauteur de leurs talents. Le retour de B.R.M est annoncé. De son côté Tony Vandervell, après une première tentative sur une Ferrari modifiée sous le nom de « Thinwall », se lance comme constructeur avec « la Vanwall ».

Amédée Gordini réussit à conserver Jean Behra, par contre la perte d'Harry Schell s'ajoute au départ de Maurice Trintignant. Le franco-américain, décide de voler de ses propres ailes au volant d'une Maserati privée. Bayol, Loyer et Pollet, vont se succéder comme ailier de Behra, mais l'écurie française va surtout s'appuyer sur la filière belge avec Paul Frère et André Pilette.

Huit Grand Prix, plus Indianapolis sont comptabilisables, pour le titre, néanmoins certaines écuries ne sont pas prêtes au départ de la saison à Bueno Aires le 17 janvier 1954. En dehors de Maserati, qui présente sa nouvelle 250 F à châssis tubulaire et pont de Dion, équipé d'un 6 cylindres de 250 cv, pour Fangio et Marimon, Musso et Prince Bira sont équipés d'anciennes A6SSG, remotorisé 2500cc. Les autres écuries, s'appuient sur des modèles d'années précédentes, remis au goût du jour. Ferrari équipe son ancienne F2, sous l'appellation 625 d'un moteur 2,5 litres de 235 cv pour Farina, Gonzalès, Hawthorn, et Maglioli. Gordini, faute de moyen financier, reprend sa T16 datant maintenant de trois saisons. Seule le modèle de Jean Behra comprend un 2,5 litres de 220 chevaux, celles de Roger Loyer et d'Elie Bayol, devront se contenter d'un 2,3 litres. Pour compléter la grille deux Ferrari de l'écurie Rosier, pour Louis « le patron » et Harry Schell, voisinent avec quatre anciennes Maserati pilotées par De Graffenried,et les argentins Mieres, Da Ponte et Menditeguy.

18 voitures participent aux essais, Farina précède d'1/10 Gonzalès et Fangio de 8/10. La 250 F Maserati, manque encore de mise au point, avec des problèmes de lubrification, entrainant une surchauffe du moteur.

La saison commence mal pour Gordini, Bayol, Loyer et Behra ont respectivement le 15e, 16e et 17e, avec Elie à 7"8/10 de la pôle position de Farina. 16 voitures seulement prennent le départ, Musso moteur explosé, ne peut partir faute de pièces de rechange et Menditeguy, déclare forfait.

Le drapeau s'abaisse sous un temps couvert, mais sur piste sèche. Farina, prend le meilleur sur Fangio, Hawthorn et Gonzalès, les quatre pilotes, bouclent le 1er tour dans cet ordre. « Le toro de la Pampa » à domicile, fait le spectacle en doublant Hawthorn au 5e passage, avant de faire de même avec Fangio au 8e tour. Enfin il devient leader lors de la 15e boucle. Fangio, dont la Maserati a des problèmes de tenue de route, cède sa 3e place à Hawthorn. Au 30e tour, Gonzalès possède 30" d'avance sur son compatriote argentin. Une forte pluie se met alors à tomber, rendant la piste particulièrement glissante. Le leader sort de la piste, tombant en 4e position. Hawthorn un moment aux commandes perd également le contrôle de sa machine. Fangio, le plus adroit se retrouve en tête au 35e tour. Puis la pluie cesse redonnant de l'espoir au Ferrari. Au 50e tour, Gonzalès devance Farina et Fangio. Hawthorn, part une nouvelle fois à la faute deux tours plus tard. Poussé par des spectateurs pour repartir, il est disqualifié.

La pluie fait de nouveau son apparition, laissant le Maestro seul au monde. Fangio remporte la course avec 1'19", d'avance sur Farina et 2'01" sur Gonzalès. Trintignant termine 4e à un tour, pendant qu'Elie Bayol, profite des abandons et de se course régulière, pour offrir de deux derniers points de la 5e place à l'écurie Gordini.

Le retour de la F1 en Europe, passe par Pau le 19 avril. Toujours hors championnat, l'épreuve béarnaise, remporte inlassablement autant de succès. Même si les britanniques, sont retenus par la Lavant Cup disputée le même jour à Goodwood, les trois principales écuries du moment, Ferrari, Gordini et Maserati, sont bien présentes, au pied des Pyrénées. Seuls petits regrets, les absences de Fangio et d'Hawthorn, ce dernier blessé dans l'incendie de sa voiture, la semaine précédente à Syracuse. Conséquence, 12 voitures seulement sont au départ, quatre de l'équipe Gordini pour Behra, Bayol, Martin et Pilette, trois de la Scuderia Ferrari pour Farina, Gonzales et Trintignant et trois de l'officine Maserati, pour Marimon, Mieres et Schell. Les deux Ferrari de l'écurie Rosier, dont une pour Manzon, complètent le plateau.

Farina, met les pendules à l'heure aux essais, en s'offrant la pôle position avec une seconde pleine devant Trintignant. En deuxième ligne, nous retrouvons Gonzalès avec Marimon. Behra avec le 6e temps part encore derrière, aux côtés de Mieres.

Charles Faroux, tarde à donner le signal de départ, entrainant une surchauffe de la Ferrari de Farina. Un mécano, bravant toute les consignes, verse de l'eau à grand coup d'arrosoir, sur l'échappement fumant. Du coup « El Dotore » loupe son départ et Trintignant en profite pour prendre le commandement devant Gonzalès, Marimon et Manzon. Farina toujours énervé, heurte à l'entrée du Casino l'arrière de la Maserati de Marimon, avant de toucher les bottes de pailles. Behra au passage fait une légère touchette de la Ferrari en perdition. L'italien doit repasser par les stands, pour faire vérifier l'état de ses berceaux de freins.

Jean Behra 4e, comble patiemment son retard et lutte pour la 3e place au 8e tour, au moment où Schell se retire sur rupture de pont arrière. Puis la Gordini s'installe devant Marimon. Au 10e tour, elle pointe à 17" de Trintignant toujours leader devant Gonzalès. Après 20 tours les écarts se sont creusés. Les deux premiers ne sont séparés que d'une seconde et demi, mais Behra est à 25" et Marimon à 46". Au 24e passage devant les tribunes, la Ferrari de Gonzalès tangue dangereusement, puis s'immobilise à la Gare carter d'huile explosé, son moteur vient de serrer. Eugène Martin, dérape sur l'huile répandue, finit sa course dans les bottes de paille, blessant au passage quelques spectateurs massés au mauvaise endroit. Devant Trintignant, compte maintenant près d'une minute sur Behra 2e.

Nous partons pour un long duel d'une heure et demi, entre « Jeannot le Niçois » et « Pétoulet de Vergèze ». Au fur et à mesure que la course avance, la monture bleue, reprend du temps sur la monture rouge. Au 56e tour, nous passons le cap de la mi-course, l'écart s'est réduit à 26". Marimon abandonne, suspension cassé, tous les autres concurrents sont à un tour et plus. Behra bat le record du tour à plusieurs reprises. Au 60e tour, il n'a plus que 21" de retard, puis 18" au 70e passage. 10 tours plus loin, il pointe à 12". Devant Trintignant a beau s'employer, il perd dixième par dixième. José Behra, le frère de Jeannot, s'est positionné en haut de l'avenue Léon Say, pour panneauter sur les écarts. 90e tour, José indique 8"4 à Jean. Au 100e passage il n'y'a plus que 5/10 entre les deux voitures.

Au virage de la Gare, la Gordini tente une première attaque sans succès. Enfin au 104e tour, Behra force le passage, par l'intérieur, au virage du lycée, en empiétant sur le trottoir. Pétoulet, va tout tenter vainement dans les cinq derniers tours. Le Béarn s'est trouvé un nouveau roi « Jean 1er », pour un succès à la Fangio. Maurice fait un beau dauphin, pendant que Mieres 3e à 3 tours, termine devant la Gordini d'Elie Bayol 4e à 4 tours. Une journée bien vite à oublier pour Giuseppe Farina, pénible 5e après une multitude d'arrêts.

Le championnat retrouve ses droits à Spa Francorchamps, le 20 juin. Ferrari présente son nouveau modèle la 553 « Squalo » à carrosserie ventrue, pour accueillir les réservoirs de carburant. Deux modèles sont disponibles pour Farina et Froilan Gonzales, les deux autres de Trintignant et Hawthorn sont des anciennes 625 accusant 50kg de plus, pour un poids total de 650kg. Chez Maserati la 250 F a été remaniée, pour gagner en fiabilité au niveau de la transmission et des suspensions. L'usine compte trois machines pour Fangio, Marimon et Mantovani, plus deux autres privées pour Moss et Prince Bira. Jean Behra pour la circonstance sera accompagné des pilotes belges Paul Frère et André Pilette. En l'absence des constructeurs britanniques, le plateau ne comporte que 14 voitures. Fangio s'offre la pôle position devant Gonzales et Farina.

Le départ de la course est donné sous un beau temps et une température de 30°. Fangio loupe complètement son envol, pour attaquer le premier virage en 8e position. Gonzales emmène la meute suivit, par Farina, Hawthorn, Marimon et Pilette bon 5e, alors qu'il n'avait réalisé que le 8e temps aux essais. A « l'eau rouge », la Maserati de Mieres, trappe à essence mal fermée s'enflamme, le carburant coulant sur l'échappement brulant. A la fin de la première boucle, Farina possède 1" sur Hawthorn et 3" sur Fangio, bien remonté à la 3e place, pendant que Gonzalès est retardé par des ennuis de moteur.

Au deuxième passage Marimon 4e, s'arrête pour changer une bougie défectueuse, Gonzales abandonne piston crevé. Fangio 2e, n'est plus qu'à 5/10 du leader. Au 3e tour, le Maestro, prend les commandes et commence à creuser un écart, de 2" il passe à 6" au 5e tour. Il se réduit par la suite sur Farina toujours 2e à 3" au 10e tour. Hawthorn 3e navigue en solitaire à 49", pendant que Jean Behra sur la Gordini, totalement désavantagé par un manque de puissance, résiste à Trintignant pour la 4e place. Malheureusement, le niçois est encore frappé du sceau de la malchance, sa suspension cède au 12e tour.

Pendant les deux tours suivants, Farina et Fangio échange constamment la place de leader. A mi-course le suspens s'envole, quand « El Dotore » disparait, sur problème d'allumage. Hawthorn semble bien placé pour prendre la 2e place, lorsqu'il victime d'un malaise, dû à un problème de gaz d'échappement qui pénètre dans l'habitacle, il rentre au stand au 19e tour. Gonzalès reprend son volant en 6e position, une fois la réparation de fortune faite. Fangio après avoir levé le pied, l'emporte avec 24" sur Trintignant et un tour sur Stirling Moss. Dans les derniers tours, Gonzalès prend la 4e place à la Gordini jaune d'André Pilette, finalement 5e.

Pour la deuxième année du championnat du monde des voitures de sports, le nombre d'épreuves concernées, se réduit à six. Spa et le Nurburgring disparaissent du calendrier, pendant que les 1000 km de Bueno Aires, y figure en ouverture de saison.

Disputé une semaine après le G.P de formule 1, afin d'éviter des déplacements couteux, seules les équipes de F1, comme Ferrari, Gordini ou Maserati en tirent un avantage. De ce fait, les écuries officielles telles Jaguar et Lancia, préfère se réserver, pour plus tard. La firme de Coventry peut tout de même s'appuyer, sur trois type C de l'écurie Ecosse. La Scuderia mise tout sur la Ferrari 375 Plus de Farina/Maglioni, mais peut compter sur quelques modèles privés, dont celle de l'écurie Rosier avec Rosier/Trintignant et la 250 MM personnelle, d'Alfonso de Portago, qui fait équipe avec Harry Schell. Gordini, néglige les petites catégories, en se concentrant sur deux modèles 3000cc, pour Behra/Bordoni et Bayol/Loyer. Aston Martin joue les outsiders avec deux DB3S pour Griffith/Collins, et Parnell/Salvadori, plus le modèle privé de Forrest Greene. L'officine Maserati, réduit son engagement à une seule 3 litres pour Giletti/Muss, la voiture de Musso/de Graffenried, déclarant forfait.

Le suspens pour la victoire ne va durer que six petits tours, le temps que la Ferrari de Farina/Maglioli, ne s'installe au commandement pour ne plus le quitter. Derrière les Ferrari de Schell/de Portago et Bonomi/Menditeguy s'expliquent pour la place de dauphin, avant que ces derniers ne renoncent pour un problème de boîte de vitesses au 91e tour. L'Aston Martin de Collins/Griffith, seule rescapée de l'équipe finit 3e à 4 tours. L'écurie de David Brown, est frappé par le malheur, avec l'accident qui coute la vie à Forrest Greene.

Toutes les Jaguar type C, sont éliminées par des accidents ou des casses matériels, à l'exception de celle de Scott Douglas/Sanderson, 4e à 6 tours. Les Gordini, n'ont pas pesé lourd, la première pour un problème moteur dès le 16e tour, la seconde sur la rupture d'un arbre de route, entrainant une sortie de piste. La Maserati de Giletti/Musso, rapporte le point de la 6e place.

La Scuderia Ferrari, déclare forfait le 8 mars pour les 12 heures de Sebring, à la suite d'un désaccord financier avec l'organisateur. Lancia par contre fait sa rentrée avec 3 modèles D24 pour Ascari/Villorei, Fangio/Castelotti, et Tarrufi/Manzon.

Aston Martin comme en argentine aligne trois DB3S, par contre sans l'Ecurie Ecosse, nous trouvons que deux Jaguar C, appartenant à des pilotes privés. Briggs Cunningham, engage sur ses terres une C4R qu'il partage avec Johnson, mais également une Ferrari 375MM pour Fitch/Walters et une OSCA 1500cc pour l'équipage Lloyd/Moss. La D.B Panhard de Heavlin/Davis, seule représentation française, vise la victoire en 750 cc.

La débâcle des favoris, commence par l'abandon des Lancia d'Ascari/Villoresi, sur rupture de freins, après avoir mené jusqu'à la mi-course. Taruffi/Manzon sont disqualifiés, à la suite d'une poussette après un ravitaillement. Les Aston ne font pas mieux, Sparacino/Osborne, en rupture de freins, Parnell/Salvadori, pour casse moteur et bris de pont arrière pour Wallace/Shelby. Briggs Cunningham se désespère, lorsque sa C4R et sa Ferrari abandonnent coup sur coup, pour des problèmes moteurs.

Reste la petite OSCA que Stirling Moss, mène de main de maitre à la victoire, bien secondé par Bill Lloyd, avec en prime le classement à l'indice de performance. Rubisora/Valenzano, termine second à 5 tours, sur la dernière Lancia encore valide. Autre surprise, l'Austin Healey 2.6 litres de Macklin/Huntoon, termine 3e dans le même tour que la Lancia. Mission accomplit pour la D.B Panhard, qui avec sa 19e place à la distance, remporte la catégorie 750 cc.

Le retour en Europe pour la 3e manche du championnat, passe par les Mille Miglia, les 1er et 2 mai. Le tracé reste presque immuable avec un départ de Brescia, une descente sur l'adriatique par Ravenne, Ancone et Pescara, pour ensuite une transversale jusqu'à Rome et la remonté sur Brescia, par Florence et Bologne. Peu enclin à participer « au rodéo » alpestre, les constructeurs britanniques, Aston Martin et Jaguar s'abstiennent. Le spectateur, s'attend à un duel entre Lancia, vainqueur dernièrement du tortueux tour de Sicile hors championnat et Ferrari. OSCA après sa victoire surprise à Sebring, doit faire face à un nouvel adversaire, Porsche qui aligne son nouveau spider 550.

« Les Francese » devront comme depuis un certain temps, se concentrent sur les petites catégories. 378 équipages sont au départ en Lombardie. Les « gros cubes » sont rapidement pénalisé, par les pluies intermittente du parcours. La Ferrari de Nino Farina, en fait les frais après 50 km de course à Peschiera. Une collision avec un arbre, le met hors course. Il souffre d'une fracture au bras, son équipier Luigi Parenti est transféré à l'hôpital. Le même sort, allait toucher les Ferrari de Maglioli et celle de Piero Scotti, heureusement sans conséquence pour les pilotes.

Les avaries de Paolo Marzotto, vont consommer la défaite de la scuderia, laissant le champ libre à Lancia d'Ascari. Marzotto réussit néanmoins à conserver sa seconde place, pour neuf petites secondes sur la Maserati de Musso/Zocca, classé 3e. Porsche prive les italiens d'une victoire totale. Hermann/Linge sur le spider 550 6e, devance largement la première OSCA de Giulio Cabianca, classée 10e. Les petits français, prennent les derniers lauriers, avec la 65e place de la DB Panhard HBR de Storez/Faure vainqueur en 750cc Sport. La 4cv de Rédélé/Pons 66e gagne la catégorie 750 Tourisme Sport.

Jaguar, toujours à la pointe de l'innovation, fait encore un pas en avant dans la modernité. Après les freins à disque sur la type C, la type D donne un coup de vieux aux meilleures créations du moment. Le nouveau modèle, prend ses racines à travers le crayon de Malcolm Sayer, un ancien du groupe « Bristol Aéroplane Compagny ». Malcolm, va adapter à l'automobile la technique de l'aéronautique. Sur la base d'un châssis tubulaire, qu'il conserve sur la partie avant et arrière, il inclut au centre à l'endroit de l'habitacle, une structure monocoque. Cet assemblage en tôle d'alliage léger soudé, est ensuite boulonné pour un assemblage sur la partie tubulaire. Outre le gain de poids et la rigidité supérieure de l'ensemble, la fluidité de la ligne et des formes, permet d'obtenir une aérodynamique sans commune mesure. Un premier essai du nouveau prototype, s'effectue au mois de Mai sur le circuit de Silvertone. Sayer décide de retravailler la dérive dans le prolongement de l'appuie-tête, avec pour objectif de gagner en stabilité dans les lignes droites. A Coventry on pense naturellement aux Hunaudières, pour les 24 heures du Mans, objectif principal de l'année. Dans la conception du modèle, une erreur est commise en conservant un pont arrière rigide. La tenue de route s'avère difficile, mal adapté aux circuits routiers et autres pistes tourmentées.

Afin de conserver son titre dans la Sarthe les 12 et 13 juin, Jaguar engage trois type D et peut compter sur la type C de l'écurie Francorchamps. La Scuderia Ferrari, joue la carte du nombre avec trois 375 Plus et deux modèles de l'écurie Chinetti. Cunningham, compte sur ses deux vaillantes C4 R, et d'une Ferrari 375 « Cunninghamisée », allégée et équipée d'un système de freinage hydraulique à refroidissement par eau. Ce modèle est destiné a remplacé « le Requin » détruit l'an dernier à Reims. Côté outsider, Aston Martin Lagonda, ne présente pas moins de cinq modèles, en variant DB3 S coupé et spider. Il ne faut pas négliger non plus les deux Maserati, au moins pour les places d'honneurs.

Chez les français, Gordini semble devenir raisonnable, en se concentrant sur quatre modèles. Deux 3 litres, visent le scratch, une 2 litre et une 1500cc, joueront les classements intermédiaires. En 1500cc, la partie s'annonce compliquée avec les trois Porsche 550 et les deux OSCA MT4. Pour les trois Talbot Lago T26 GS, le temps passe. Il est bien difficile d'espérer autre chose que de rejoindre l'arrivée. La catégorie 750cc reste chasse gardée tricolore, entre les cinq Panhard Monopole, les deux DB Panhard et les deux DB équipées d'un moteur 4 cv Renault. Le moteur et le châssis de la 4cv inspirent les artisans. VP et Michel et Guillard, présentent chacun un spider.

Au baissé du drapeau à 16 heures, nous assisons a une empoignade, entre la Jaguar de Moss, la Cunningham « du patron » et la Ferrari de Gonzalès. L'argentin, boucle le premier passage devant les Ferrari de Marzotto et Manzon. Surprise la Talbot de Blanc, a profité de la mêlée du départ pour passer 5e derrière Moss. La petite Monopole d'Eugène Dussous, n'a bouclé que quelques centaines de mètres, le pilote s'est planté dans le talus du « Tertre Rouge » !

Côté folklore, le comte Baggio n'est pas en reste, après être sorti de la piste à Mulsanne, il tente de dégager sa Ferrari ensablée. Pelle à la main, toujours chic, costume en alpaga, nœuds papillon et mocassin aux pieds, sa tentative ne dure que quelques minutes, avant qu'il ne rejoigne le bar des pilotes à pied. A 17 heures, Moss remonte à la 3e place derrière les Ferrari de Gonzalès et Marzotto. La Gordini de Behra/Simon occupent alors la 6e place et la Talbot de Levegh/Fayen vire 8e. Stirling Moss continue son forcing, il est maintenant second derrière Gonzales. La pluie s'invite sur le circuit, au moment des ravitaillements. Pour un problème d'allumage, la type D de Moss/Walker, repart 20' plus tard en 27e position. Levegh sort sa Talbot à Arnage. Après une inspection au stand, il ne repart que pour un tour, le train avant est faussé. Toujours sous une pluie diluvienne, les problèmes d'allumage se multiplient. La magnéto de la Gordini de Behra/Simon est changée, de la 7e place, elle retombe en 36e position.

A 19 heures, les deux Ferrari de Gonzalès/Trintignant et de Maglioli/Marzotto, sont roue dans roue. La troisième de Rosier/Manzon, pointe à 3'10", devant la première type D de Rolt-Hamilton à 15". A la tombée du jour la pluie cesse. Chez Jaguar, les ennuis de carburation perdurent, Rolt/Hamilton perdent 2 places, passant de la 5e à la 7e place. Lofty England, le team manager, donne le feu vert, pour la poursuite des trois Ferrari. Wharton/Whitehead, prennent la 3e place de Rosier/Manzon à 21h25. Les Ferrari doivent changer de pneus, les Pirelli s'usent plus rapidement que les Dunlop.

Peu avant minuit, la Ferrari de Marzotto/Maglioli, renonce, pour rupture d'un roulement sur le pont arrière. Gonzales/Trintignant sont toujours devant, mais sous la menace des deux Jaguar de Wharton/Whitehead et Rolt/Hamilton. Behra/Simon perdent tout espoir de bien figurer, il passe 30' au stand avec un allumage défectueux tombant à la 37e place.

Difficile d'être optimiste chez Gordini, alors que la meilleure barquette de Pollet/Guelfi, navigue en 14e position à 5 tours. Parmi les abandons les plus notoires à mi-course, celui de la Type D de Stirling Moss, en galère avec ses freins, depuis plusieurs heures. Malgré la nuit, la lutte est toujours aussi chaude pour la deuxième place, entre la Ferrari de Rosier/Manzon et la Jaguar de Rolt /Hamilton. Celle de Whitehead/Wharton, jette l'éponge à 3h24 du matin, boite de vitesses bloquée. A l'aube Louis Rosier se plaint de la transmission. Manzon prend le relais, avant un arrêt définitif à 6h35, sur rupture de boite.

Dans ce jeu par élimination, la victoire semble se jouer entre la Ferrari de Gonzales-Trintignant et la Jag de Rolt-Hamilton, qui suit à un tour. Les averses se succèdent jusqu'à 14h20, pour l'arrêt de routine de Trintignant. Son moteur cafouille, le distributeur, n'aime pas l'eau. Gonzales tente de repartir, le moteur reste muet. Capot ouvert les mécanos s'affairent, on nettoie, on change les bougies, il faut 7'40" pour que la Ferrari redémarre. La Jaguar est revenue à 1'40". « Le taureau de la Pampa », n'a jamais aussi bien mérité son surnom. Malgré des problèmes de freins, il creuse l'écart pour l'emporter avec 2'30". La Jaguar n'a pas démérité, la Cunningham de Spear-Johnson complète le podium à 19 tours, devant la type C de l'écurie Francorchamps de Swarters-Laurent. Dans les autres classements Porsche commence à marquer son territoire par des victoires en classe 1500cc (Claes-Stasse, 12e à la distance) et 1100cc (Duntov-Olivier 14e). Gordini avec la 6e place de Guelfi-Pollet remporte la catégorie 3 litres. Comme espéré à Champigny, la DB Panhard de René Bonnet et Elie Bayol 10e, réalise le doublé indice de performance et coupe du vainqueur en 750cc.

Chapitre 14 : De la Rédélé Spéciale à l'Alpine.

Week-end royal le 3 et 4 juillet 1954, avec les 2e 12 heures de Reims suivi du G.P de l'ACF de Formule 1. Pour la course d'endurance, les amateurs sont un peu dans l'expectative, en attente d'une revanche Ferrari Jaguar. Le Commendatore priorisant, le Grand Prix de championnat, se contente d'engager une seule 750 Monza, pour Maglioli-Manzon. Certes les deux autres modèles privés, de Gregory-Biondetti et la petite 2 litres de Picard-Pozzi, ne sont pas à négliger, néanmoins Jaguar avec les quatre type D d'usine, plus celle de l'écurie Francorchamps, part au moins avec l'avantage du nombre.

Pour le reste du plateau, nous retrouvons sensiblement les mêmes candidats que la semaine précédente au Mans. Deux Cunningham C4R voisinent avec trois Gordini, ainsi que trois Maserati 2 litres toutes aux mains de pilotes privés. Les quatre Porsche 550, partent avec un avantage, sur les deux OSCA MT 4 et l'unique Gordini en catégorie 1500cc. La classe 750 cc, reste chasse gardé des français, avec pas moins de cinq D.B Panhard, contre trois tanks Panhard, deux Panhard Monopole, deux 4cv Renault, ainsi que deux D.B, avec le même moteur de la 4cv. Côté exotique, René Breuil avec Jean Py, sera au volant, d'une de ses créations la B.G Renault.

Comme à son habitude, qu'il fasse jour ou nuit, Stirling Moss s'élance en tête aux 12 coups de minuit. A la lueur des phares, il trace sa route pour passer en tête à la fin de la première boucle, devant la Cunningham « de Briggs le patron ». Au 6e tour il compte 5" d'avance, pendant que la Gordini de Jean Behra, après un départ moyen pointe

5ᵉ. Une pluie fine commence à tomber, rendant la piste glissante. Au 20ᵉ tour, Behra en pleine attaque, arrive à la hauteur de la Jaguar de Rolt. L'anglais dérape, entrainant les deux voitures dans un choc inévitable. Seule, la Gordini, radiateur crevé est éliminée. 26ᵉ tour, la meilleur des Ferrari de Maglioli-Manzon se retire sur bris de boite de vitesses.

Après 3 heures de course, Moss-Walker possède 2'9" d'avance sur l'autre Jaguar de Whitehead-Wharton et un tour sur la Cunningham de Walter-Fitch classée 3ᵉ. La Gordini de Rinen-Loyer, première en 2 litres, pointe 5ᵉ à 4 tours. A 4h30, Walker expédie la type D, dans le talus du virage du Thillois. Demi-arbre de roue brisé, le pilote n'a plus qu'à rentrer à pied au stand.

6h00 du matin, nous sommes à la mi-course, Rolt-Hamilton mènent devant Whitehead-Wharton et Walter-Fitch. Les trois voitures sont dans le même tour, séparé d'à peine deux minutes. A 9h40, la Gordini de Rinen, toujours en tête de sa catégorie, doit s'arrêter. Victime d'une rupture de transmission, le pilote est couvert d'huile. Les mécaniques continuent de souffrir. Il reste 30' de course, lorsque la Jaguar de tête, pilotée par Hamilton s'arrête au stand, le pont arrière est en piteux état. Il laisse la victoire à leurs collègues Whitehead-Wharton, mais parvient à sauvegarder la seconde place à 8 tours. La Type C de l'écurie Francorchamps de Laurent-Swaters, assurent le triplé Jaguar en devançant de peu le Ferrari de Gregory-Biondi 4ᵉ à 9 tours. Dans la lutte pour les classements annexes, la Porsche Polensky- von Frankenberg, 8ᵉ remporte la classe 1500cc, devant la Ferrari de Picard-Pozzi, 9ᵉ et vainqueur en 2 litres. Les petites 750cc ont fini décimées. La Panhard des Frères Chancel 16ᵉ gagne sa catégorie devant l'autre Panhard de Coton-Beaulieux.

La course terminée, il faut mettre en place le Grand Prix de F1. La pluie a cessé mais le temps reste ouvert. Le public n'a d'yeux que pour les trois nouvelles Mercedes W196 « streamliner ». Il est vrai que leurs carrosserie à roues couvertes, tranchent avec les monoplaces habituelles.

Fangio, occupe un des trois baquets, secondé par les allemands Karl Kling et Hans Hermann. L'Officine Maserati peut compter sur Alberto Ascari, sa Lancia n'étant toujours pas prête. Marimon et Villoresi seront à ses côtés.

Chez Ferrari on varie les plaisirs avec deux nouvelles 553 « squalo » pour Gonzales et Hawthorn, épaulé par la 625 de Trintignant et les deux autres de l'écurie Rosier pour Louis et Robert Manzon. Trop occupé par les 12 heures, l'équipe Gordini ne fait pas participer aux essais les quatre T16 de Behra, Pollet et des belges Frère et Berger. Les voitures sont néanmoins autorisées à participer à la course et partiront en fond de grille. Déception la nouvelle Vanwall Spéciale, attendue avec Peter Collins comme pilote, déclare finalement forfait. La HWM de Macklin, et les Maserati de Prince Bira, Mieres, Salvadori et Wharton complètent le plateau.

Fangio, domine largement les essais devant Kling et Ascari qui partagent la première ligne. Les deux Mercedes prennent les commandes, avant que Gonzalès, ne réussisse à prendre le meilleur sur Fangio derrière Kling, à la fin de la première boucle. Le maestro dans le 2e tour, reprend sa place de dauphin. Les trois premiers sont roues dans roues au passage devant les tribunes, pendant qu'Hawthorn 4e, passe à 2". Behra, fait le forcing pour combler son handicap du départ et pointe 13e. Fangio, s'empare de la tête au passage suivant devant Kling et Gonzales. L'argentin commence à augmenter régulièrement son avance, d'autant qu'au 11e tour Hawthorn abandonne et Gonzales deux tours plus tard, tous deux sur rupture moteur.

Dès lors les trois Mercedes, sont aux commandes. Hermann qui vient de battre le record du tour, voit sa W196, fumer de manière inquiétante. Le moteur lâche pour un surrégime au 16e tour.

Devant, Fangio entraine sans forcer Kling dans sa roue. Marimon roule en solitaire en 3e position à 44", mais doit bientôt laissait passer Bira, Behra et Trintignant, pour des problèmes de boite de vitesses.

Dans la lutte que se livre les trois hommes, Behra percute Trintignant, au 22e passage du virage du Thillois. Le niçois doit repasser par son stand pour réparer. Prince Bira et « Petoulet », sont désormais sous la menace de la Ferrari de Manzon. Le sort de « Maurice le gardois », se règle sur casse moteur au 36e tour.

Une pluie fine commence à tomber, devant les Mercedes peuvent se permettre de lever le pied. Manzon, passe Bira au 38e tour, pour la 3e place. La Gordini de Paul Frère, semble en mesure de prendre la 5e place, lorsque la transmission le lâche dans la 50e boucle. L'ordre ne va plus changer Fangio attend son coéquipier Kling, pour que les Mercedes finissent l'une dernière l'autre. La Ferrari de Manzon et la Maserati de Bira sont 3e et 4e à un tour. La Maserati de Villoresi, prend les deux derniers points de la 5e place, devant Jean Behra 6e et peu récompensé pour ses efforts.

Les problèmes financiers d'Amédée Gordini et le manque d'entretien de ses voitures, se font de plus en plus sentir. Néanmoins, il peut compter sur le soutien inattendu de l'écrivaine Françoise Sagan. Son best saler « Bonjour tristesse », (*sans rapport avec la situation de Gordini)* vient de sortir en librairie et bat tous les records de vente. Fan de voitures et de vitesse, Françoise après sa Jaguar XK 120, fait l'acquisition d'un spider Gordini et s'affiche en public avec le modèle, tout en vantant les mérites de la marque française.

Après son triomphe de Reims qui peut faire trébucher Mercedes ? Comme à leur habitude, les britanniques se présentent en masse pour leur Grand Prix nationale, disputé à Silverstone le 17 juillet. 25 voitures participent aux essais, avec 11 pilotes du royaume unis. Nous découvrons enfin la Vanwall Spéciale aux mains de Peter Collins. La voiture, est équipée dans un premier temps, d'une motorisation 4 cylindres de 2,3 litres, dérivé d'un moteur Norton de moto.

Il ne développe que 215 chevaux contre 260 aux Mercedes et 250 aux Ferrari. Son poids total de 570 kg, représente un atout non négligeable, par rapport aux concurrentes, qui affichent de 630 à 720 kg sur la balance. La marque à l'étoile, ne présente que deux W196, pour Fangio et Kling, Hermann ne pouvant utiliser la sienne, son moteur n'étant pas réparé depuis Reims. Le cheval cabré, abandonne provisoirement ses « squalo », jugé peu fiable, pour revenir aux 625 avec les mêmes pilotes Gonzales, Hawthorn et Trintignant. Le modèle équipe aussi l'écurie Rosier, pour Louis et Robert Manzon. Maserati est la marque la plus représentée, avec trois voitures officielles pour Ascari, Marimon et Villoresi, et cinq autres à titre privé pour Mieres, Moss et Prince Bira, Salvadori et Wharton.

Chez Gordini, la seule nouveauté concerne les pilotes. Les trois « vénérables T16 », seront conduites par l'argentin Bucci, le belge Pilette et naturellement l'incontournable Jean Behra. Cinq Cooper et autant de Connaught, toutes pilotées par des anglais, bouclent les engagements.

Si Fangio se montre encore une fois le plus rapide aux essais, les lourdes Mercedes, sont moins à l'aise dans les courbes de Silverstone, que dans les lignes droites du circuit de Reims Gueux. De plus la carrosserie enveloppante « steamliner », cache le visuel des roues, à moins de 2m50 dans les virages, rendant l'appréciation de la trajectoire difficile. Gonzales, Hawthorn et Moss, complètent dans l'ordre la première ligne. Behra 5e temps, Kling et Salvadori, sont en seconde Ligne. Les Maserati d'usine, en retard pour les essais, partent en fond de grille.

Sur piste sèche, Gonzales se dévoile le plus vif au départ devant Moss Hawthorn et Fangio. Ces deux derniers, gagnent un place à la fin de la première boucle, pendant que Jean Behra passe 5e. Marimon partie de la 8e ligne, pointe en 6e position. Seul changement notoire au 5e tour Fangio réussit à passer Hawthorn. Les écarts sont déjà significatifs, Gonzalès à 5" secondes d'avance sur le duo, 12" sur Moss et 17" sur Behra, toujours 5e.

Fangio, froisse quelques bidons délimitant la piste avec sa carrosserie enveloppante, mais réduit à 2" son écart au 10e passage, puis à une seule seconde, 5 tours plus tard. La situation se stabilise, jusqu'au moment où la pluie se met à tomber. Les Mercedes, chaussées en Continentale se montrent moins stable en tenue de route, que les Ferrari où les Maserati équipées de Pirelli. Fangio doit lever le pied. Il réussit à ne pas perdre complètement le contact, jusqu'au moment où sa boite de vitesses fait des siennes. L'argentin conduit d'une main, tout en maintenant le levier de boîte de l'autre.

La suspension de la Gordini de Behra casse au 54e tour, moment que choisit Moss pour prendre la 2e place à Fangio. Comble de malheur pour l'argentin, la Mercedes perd de l'huile et Hawthorn prend la 3e place au 60e tour. Le maestro, se trouve désormais sous la menace de Marimon. Dernier coup de théâtre Stirling Moss toujours second, renonce sur rupture de transmission au 80e tour. Froilan Gonzales qui a dominé toute la course l'emporte avec 1'10" d'avance sur son coéquipier Hawthorn. Marimon prend la 3e place à un tour, devant la Mercedes agonisante de Fangio. Maurice Trintignant 5e, engrange deux points au championnat.

Pour Gordini le bilan est désespérément triste. En dehors du cas de Jean Behra, déjà évoqué, Clemar Bucci sort de la piste au 18e tour et André Pilette, termine à un modeste 9e à 4 tours du vainqueur.

Revanchard, Alfred Neubauer le team manager de Mercedes, décide d'activer la finition de la nouvelle version de la W196. La carrosserie de la voiture, se décline dans une version plus classique à roue découverte. Outre un gain de poids passant de 720 à 690 kg, le modèle permet de mieux appréhender les trajectoires pour le pilote. Trois modèles sont achevés deux jours avant les essais du G.P d'Allemagne, devant se dérouler le 1er aout au Nurburgring. Fangio, Lang et Kling peuvent en disposer, pendant qu'Hermann devra se contenter de la Streamliner. Ferrari, conserve ses anciennes 625, pour Gonzales, Hawthorn, Trintignant et Taruffi, venu renforcé l'équipe.

Gordini garde la même équipe de pilotes qu'à Silverstone, dans laquelle le journaliste Paul Frère, s'intègre à nouveau. Rien de bien nouveau à l'Officine Maserati, cinq 250 F appartement à des particuliers, se rajoutent aux trois officielles. Enfin, l'écurie Rosier répond toujours présente, avec deux modèles Ferrari 625, pour Louis « le patron » et pour Robert Manzon.

Les deux premières journées des essais, sont gâchées par la pluie. Les temps les plus significatifs s'inscrivent le samedi. Le Maestro dirige son petit monde à la baguette. Il laisse sur les 23 km de la boucle Nord, Hawthorn 2e à 3"2, Moss (Maserati) à 10"6, et Hermann à 11"4. Paul Frère, se montre à l'aise avec le 6e temps, au contraire de Behra 9e à 21"8. Les entrainements, sont hélas encore endeuillé par un accident mortel. La Maserati de l'argentin Onofre Marimon, quitte la piste dans la descente de Wehrseifen. La voiture s'écrase en contre-bas. Son pilote, transporté dans le comas à l'hôpital, décède quelques heures plus tard. Ses compatriotes Fangio et Gonzales sont naturellement les plus touchés, par le décès de leur jeune protégé.

Chez Maserati, deux pilotes Villoresi et Wharton, préfèrent se retirer de la course en signe de deuil. La troisième voiture officielle de Sergio Mantovani prend bien le départ, ainsi que les pilotes privés. Sur sol sec et ciel menaçant, Froilan Gonzales surprend Fangio et Moss au départ et attaque la boucle sud en tête. Paul Frère cale son moteur et doit pousser sa Gordini pour démarrer, pendant que son compatriote André Pilette, ne boucle même pas un tour, suspension cassée. Dans la rapide courbe de Tiergarten, au prix d'une manœuvre audacieuse Fangio passe son compatriote. A partir de là, plus personne n'inquiétera la Maestro. Les abandons se succèdent, Moss dans le 2e tour suite à la rupture d'un coussinet de bielle, ainsi que Mieres pour fuite d'essence, enfin Hawthorn, alors 4e, dans le 3e tour, pour une panne de transmission. La coupe est pleine pour Gordini, Paul Frère perd une roue dans la 4e boucle sur bris de fusée, pendant que Behra, multiplie les arrêts au stand, pour des problèmes d'allumage.

Au 7e tour, les Mercedes sont à la parade, Fangio mène avec 13" sur Kling et 20" sur Lang. Gonzales 4e, tourne à plus d'une minute. Hermann alors 6e, s'arrête peu après pour une fuite d'essence. Au 11e tour, Lang sort de la piste et abandonne moteur calé. Karl Kling, malgré les consignes de son stand décide d'attaquer Fangio et le passe au 15e tour, sous les acclamations du public allemand. Gonzales 3e, navigue à plus de 3 minutes et demi. Kling déchante bientôt, la suspension de sa Mercedes s'affaisse, il doit lever le pied.

Fangio n'est plus inquiété, il l'emporte avec 1'36" sur Hawthorn, qui a repris entre temps la voiture de Gonzales. Trintignant finit 3e à 5'08". Kling réussit à préserver la 4e place, devant la Maserati de Mantovani. Jean Behra ferme la marche à la 10e place à plus de 2 tours. Alfred Neubauer, ne rigole pas avec les consignes. Dès l'arrivée, il prend le contrat de Karl Kling et le déchire avant de lui jeter au visage.

Nous passons le cap de la mi-saison, avec Mercedes au top et Gordini « au flop ». La marque du boulevard Victor, faute de moyen, présente des voitures dont la maintenance se limite, au remplacement des pièces cassées. Pour le G.P de Suisse du 22 août, Amédée Gordini, autour de Jean Behra, continue le turnover des pilotes, avec l'argentin Clemar Bucci et l'anglais Fred Walker. Kling, réussit à obtenir la clémence de Neubauer. Il est bien au volant d'une Mercedes, aux côtés de Fangio et Hermann. Les trois W196 présentées, sont des modèles à roues découvertes. Chez Ferrari, « la Squalo » confiée à Umberto Maglioni, fait un timide retour au milieu des trois 625 de Gonzales, Hawthorn et Trintignant. A noter l'absence de l'écurie Rosier, les Maserati, sont encore une fois majoritaires, avec sept modèles 250 F.

Gonzales s'offre la pôle, avec 2/10 de mieux que Fangio. La Maserati de Moss, complète la première ligne à 1"9, pendant que Trintignant et Kling sont en seconde ligne. Chez Gordini, la situation ne s'améliore pas, avec le 10e temps pour Bucci, le 14e pour Behra et le 15e pour Wacker, sur les 16 voitures au départ de la course.

Malgré un macadam entièrement refait l'an dernier et la disparition des pavés, le circuit de Bremgarten reste extrêmement dangereux. Le départ est donné sur piste sèche et ciel couvert. Fangio et Kling se montrent les plus réactifs, devant Gonzales et Moss. L'allemand a rétrogradé en 4e position à la fin de la première boucle, à la suite d'un tête à queue. Bucci manque déjà à l'appel, pompe à essence H.S. Au 6e tour, Fangio compte 5" sur Moss 2e, suivent dans l'ordre Gonzales, Hawthorn et Trintignant. Behra fait un début de course magnifique en pointant 7e derrière Hermann. Le niçois, doit encore une fois déchanter, pour rupture d'embrayage deux tours plus tard. Wacker se retire au 10e tour, pour un problème de différentiel, il n'y a plus de Gordini en course.

Devant Fangio, améliore son avance doucement, mais surement. Au 15e tour avec un chute de pression d'huile, Moss laisse sa place de dauphin à Hawthorn, pendant que Gonzales prend la troisième place. L'anglais à son tour, connait des problème d'alimentation, avant d'abandonner sur fuite d'huile au 30e tour. Les positions sont désormais les suivantes : 1 Fangio, 2 Gonzales à 18", 3 Trintignant à 1'6", 4 Hermann à 1'37". Seule grosse modification, avant le drapeau à damiers, Trintignant abandonne sur rupture de bielle au 33e tour. Mieres prend la 4e devant Mantovani, tous deux sur Maserati. A deux Grands Prix de la fin, Fangio peut lever le pied et déjà fêter son deuxième titre de Champion du Monde.

Même sans enjeu pour le titre, le G.P d'Italie attire 20 concurrents et 100 000 spectateurs le jour de la course. Mercedes après différents essais, constate que les steamliners, malgré leur surpoids, sont plus performantes d'une seconde autour sur le rapide circuit de Monza que les W196 sans carénage de roue. Chez Gordini, « on ne change pas une équipe qui perd ! » Behra Bucci et Wacker, sont toujours aux volants des T16 6 cylindres, désormais obsolètes. La Scuderia Ferrari à domicile engage six modèles 625, avec le retour dans l'équipe d'Ascari et de Taruffi. Vanwall, fait son come-back, depuis Silverstone, mais toujours avec un moteur de seulement 2,3 litres.

Fangio en pôle occupe la première ligne, avec Ascari et Moss. Derrière, nous retrouvons Kling et les Ferrari de Gonzales et Villoresi. Malgré tout son talent, Jean Berha, ne réalise que le 12e temps, à 3"2 de la pôle position.

Karl Kling, parti de la seconde ligne, surprend les autres concurrents au départ et précède Fangio, Ascari et Gonzales à la fin de la première boucle. Il conserve le commandement jusqu'au 4e tour, où à la suite d'un léger dérapage au virage de Lesmo, il doit laisser partir Fangio, Gonzales, Moss et Ascari, dans cet ordre. Jean Behra, n'est déjà plus en course depuis le 3e tour, son moteur tourne sur 5 cylindres, à la suite d'une rupture de culbuteur. Au 6e passage Ascari élève le rythme en prenant la tête devant Fangio et Gonzales. L'italien, prend brièvement 6" sur les deux argentins, avant qu'ils ne reviennent dans ses roues. A son tour, Clemar Bucci abandonne pour des problèmes d'alimentation et de magnéto. Puis, Gonzales fait de même au 16e tour, privé de rapport de boîte de vitesses.

Au 20e tour (quart de la course), Ascari et Fangio sont roues dans roues, Moss pointe à 11" et Villoresi à 22". A mi-course Villoresi prend le dessus sur Moss, puis au 41e tour, il passe Fangio. A force de trop tirer sur la mécanique, « Gigi » doit renoncer au tour suivant sur panne d'embrayage, alors qu'il était sur le point de doubler Ascari. Au petit jeu de l'aspiration, Stirling Moss (Maserati) devient leader, devant Fangio et Hawthorn au 50e tour. Ascari, retrouve son paddock, avec une soupape défectueuse. A 20 tours de l'arrivée, Moss possède 15" d'avance sur Fangio et 2'37" sur Hawthorne, talonné par Mantovani (Maserati). Alors que Stirling semble filer pour sa première victoire, une fuite d'huile l'oblige à repasser par son stand.

Juan Manuel Fangio remporte son 6e G P de la saison, laissant Hawthorn 2e à un tour. Gonzales qui a repris la voiture de Maglioli, prend la 3e, devant Hans Hermann. Il va manquer 5 petites secondes à la Gordini de Fred Wacker, pour souffler les 2 points de la 5e place à la Ferrari de Maurice Trintignant.

Complètement largué en formule 1, Gordini essaye de se racheter une crédibilité en Sport Prototype. 5ᵉ épreuve du championnat du Monde, les routes d'Irlande du Tourist Trophy à Dundrod le 11 septembre, peut le permettre. Néanmoins la probabilité reste faible. La marque du boulevard Victor, ne peut compter que sur une seule T15S privée, pour les anglais Gallagher et Beauman en catégorie 1500cc. Dans le même temps, DB Panhard consacre quatre HBR, pour la victoire en 750 cc. A noter, que l'épreuve à l'originalité de proposer deux classements distincts. A la distance pour le championnat et un second classement « Handicap » en fonction de la catégorie des voitures. 52 équipages, prennent le départ de la course.

Pour le scratch, Ferrari tient la côte, avec trois 750 Monza. Si l'on sait d'avance que les trois Jaguar D d'usine, n'évoluent pas sur un terrain favorable, les trois Lancia, voir les trois Aston Martin DB3S, ne partent pas battue d'avance.

L'épreuve, se présente mal pour la Scuderia. Gonzales détruit sa voiture aux essais, Umberto Maglioli, déclare forfait et rentre précipitamment en Italie, à la suite du décès de sa mère. Hawthorn et Trintignant devront défendre seules les intérêts « du Cavallino ». La course inverse la tendance. Le duo franco-anglais, l'emporte avec 2'13" d'avance sur la Lancia Fangio-Taruffi et 2 tours sur l'autre Lancia de Manzon-Castelotti. L'inattendu HWM Jaguar d'Abecassis-Mayers, prend la 4ᵉ place, devant la Maserati de Musso-Mantovani.

Les écuries françaises, ne rentrent pas les mains vides. La DB Panhard de Laureau-Armagnac 21ᵉ à la distance et 1ᵉʳᵉ en 750cc, remporte le classement « Handicap », devant la Ferrari des vainqueurs. L'unique Gordini, rallie l'arrivée en 11ᵉ position et gagne le classement en 1500cc. La victoire de Ferrari, lui assure le titre mondial en Sport Prototype, avant la dernière épreuve, la Panaméricana du mois de novembre prochain. Si le tour de France Auto du 3 au 12 septembre, n'entre pas dans le classement mondial, il demeure néanmoins, comme les 12 Heures de Reims, une épreuve majeure.

Les concurrents sont répartis en trois groupes, pour « voitures de série », « sport de série » et « sport international ». Au total, 124 équipages prennent le départ, pour couvrir 6041 km en trois étapes, avec 9 épreuves de classement intermédiaire. L'Automobile Club de Nice, est toujours en charge de l'épreuve, le départ et l'arrivée, sont prévu sur la promenade des anglais.

La première étape Nice-Brest, comporte une épreuve chronométrée délicate, dans le col de Peyresourde. La Gordini T15S 2,5 litres de Jacques Pollet-Jean Gauthier, plus efficace au cours des trois jours, gagne les classements intermédiaires, au Peyresourde, dans la course de côte de Nancy et sur le circuit final de Nice, remportant ainsi « le ruban jaune » du classement général. L'écurie Gordini est bien près de réaliser le doublé. La 3 litres de Guelfi-Quinlin, l'emporte à Reims et fait 2ᵉ au Peyresourde, à Roubaix et à Nancy. Une sortie de route près de Grenoble, endommage le châssis, obligeant l'équipage à renoncer.

La Porsche 550, de Storez-Linge, première en Groupe C, prend finalement la seconde place, devant les OSCA MT4 de Peron-Bertramnier et Armengaud-Chaix. Gilberte Thirion et Ingeborg Polensky sur Porsche 356, 5ᵉ du général remportent la coupe des dames. Jean Rédélé et René Pons, avec leur 4v 1063 de 750 cc, prennent une remarquable 15ᵉ place. Ils sont battus pour la victoire en « sport de Série » par l'Alfa Roméo de Martiglioni-Rabezzana, 9ᵉ du scratch, mais avec une 2 litres. Les Panhard, une fois n'est pas coutume n'ont pas brillés, D.B barquettes et coach, ont souvent abandonnés. La X87 de l'usine, sauve l'honneur par une 17ᵉ place sur les 53 arrivants.

L'épreuve, est encore une fois endeuillée par deux accidents mortels. L'Austin Healey de l'américain Frédéric Cramer, quitte la route à la hauteur d'Espéraza. Le second, toujours sur le même modèle, avec André Bouchard et Pierrette Morel à lieu à 25km de l'arrivée à Saint Martin du Var. Dans les deux cas, les voitures versent en contre-bas, ne laissant aucun espoir de survie aux occupants.

Jean Rédélé pilote, reste avant tout concessionnaire Renault et constructeur. Après l'échec à la fois financier et commercial, de « The Marquis » aux Etats-Unis, Rédélé décide de rebondir en France. Au cours de ses pérégrinations, il rencontre les frères Chappe, carrossiers dans la ville de Saint-Maur. Les deux frères se spécialisent depuis peu, dans la pratique de moulage en stratifié polyester et tissus de verre. A noter, qu'il s'agit de la technique, utilisé par Chausson l'année précédente, pour réaliser la carrosserie des D.B Panhard HBR.

En janvier 1955, Jean Rédélé, expose le premier modèle de la marque Alpine. Le nom n'a pas été choisi au hasard, mais en souvenir de sa victoire sur 4cv dans la Coupe des Alpes. Toujours suivant sa logique de pilote, la voiture prend l'appellation d'Alpine, A 106 Mille Miles. Le coach Alpine, toujours élaboré sur une base de châssis et motorisation de 4cv Renault, remporte un franc succès au salon de Paris. Deux versions sont possibles. L'une comprend le moteur de base de la 4cv avec une boite de vitesse 3 rapports, l'autre celui de la version sportive 1063 de 743cc développant 47cv et dispose d'une boite 5 vitesses. Le prix de base de 824 000 francs, reste attractif. Auparavant, Jean a su convaincre Pierre Dreyfus, le patron de chez Renault, de dévoiler au mois de juillet en grande pompe, trois modèles, chacune dans des couleurs Bleu, Blanc, Rouge. L'exposition, dans l'esprit du drapeau tricolore, donne le plus bel effet à la présentation.

Chez Talbot, devant le peu de succès de son modèle Grand Sport, Edouard Lago, décide de changer de motorisation. Exit, le vieux 6 cylindres de 4,5 litres de 170cv. Un 4 cylindres de 2,5 litres, développant 138 cv, pour une vitesse de pointe identique de 200 km/heure, lui succède sous le capot. Le magnifique coupé, prend désormais l'appellation, de Grand Sport America. Cette modification permet de faire passer le poids de l'ensemble de 1500 kg à moins de 1100 kg, avec bien entendu une consommation moindre en carburant.

Néanmoins le prix toujours aussi élevé, continue de plomber les ventes. 54 exemplaires seulement, seront acquises jusqu'en 1959, date de fermeture des ateliers de Suresnes.

Pour Gordini, il devient impossible de faire du neuf avec du vieux. En F1, les châssis Type 15 ou T16 datent de quatre, voir cinq ans, sans évolution significative. De plus, comme nous l'avons déjà vu, le manque d'entretien des voitures, ne fait qu'amplifier le phénomène de manque de fiabilité. Jean Behra, comme bien d'autres avant lui, Maurice Trintignant, Harry Schell, pour ne citer qu'eux, quitte l'écurie pour aller poser ses valises à Modène, chez Maserati.

L'écurie, se retrouve ainsi sans première pointure, même si Robert Manzon, faute de mieux fait son retour, épaulé par Elie Bayol et Jacques Pollet. La sortie d'un groupe 8 cylindres de 2,5 litres, oblige de repenser la stratégie de l'équipe. Le moteur plus volumineux, ne peut être monté, dans les anciens modèles T15, T16.

L'atelier du boulevard Victor, se lance dans la conception de la T32 au cours de l'hiver 54.55.

Chapitre 15 : 1955, l'année terrible.

Après son titre en Formule 1, Mercedes décide de passer à la vitesse supérieure pour la nouvelle année. Il s'agit non seulement de conserver son trophée en F1, mais également de conquérir, la couronne mondiale des voitures de Sport.

La saison commence tôt dès le 16 janvier, avec le G.P d'Argentine à Buenos Aires. Chez Mercedes à côté de son équipe habituelle, Fangio, Kling et Hermann, Alfred Neubauer a le nez creux en engageant Stirling Moss. Pas de changement notable chez Ferrari, avec Gonzales, Farina et Trintignant. Lancia, aligne enfin sa D 50 à réservoirs latéraux disposés entre les roues, entrevue lors du dernier G.P de la saison en Espagne. Ascari, Castellotti et Villoresi, composent la triplette des pilotes. Chez Maserati, l'Officine Alfieri, ne présente pas moins de sept 250 F, avec Jean Behra comme Numéro 1. L'équipe ne manque pas d'allure avec Harry Schell, les italiens Musso et Mantovani, ainsi que le argentins, Bucci, Mieres et Menditeguy. En attendant la sortie du nouveau modèle Gordini, Elie Bayol, pilote une T16, secondé par les locaux Pablo Birger et Jésus Iglesias.

Aux essais les Ferrari et les Lancia sur circuit particulièrement sinueux, se montrent plus à leur aise, que les Mercedes. Gonzalès décroche la pôle position avec 5/10 d'avance sur Ascari, à égalité de temps avec Fangio. Behra à 7/10, complète la première ligne. Farina, Kling et Schell sont en seconde ligne, la meilleure Gordini de Birger réalise le 9e chrono.

Le départ de la course, est donné sous une chaleur étouffante de 35e à l'ombre et de 55° ressenti sur la piste. Dans ces conditions, il faut s'attendre à des défaillances mécaniques et humaines. Fangio se montre le plus malin dans le premier virage, en devançant Ascari, Gonzales et Farina. Dès le 2e tour, Jean Behra effectue un tête à queue. La Mercedes de Kling ne peut l'éviter, ainsi que la Lancia de Villoresi, et la Gordini de Birger. Les quatre voitures sont éliminées.

Au 3e passage, Ascari prend le dessus sur Fangio, Moss 3e, précède Gonzales. Le taureau de la Pampa, devant son public, fait le spectacle et devient leader au 6e passage. La Gordini, de Bayol, s'arrête au tour suivant, sur rupture de transmission. Puis Ascari réagit, s'empare du commandement au 11e tour, pour compter 20" d'avance sur Gonzalès, après 20 passages. Ensuite la valse des pilotes commence dans les baquets, autant pour des problèmes mécaniques, que par déshydratation des pilotes. Behra, reprend le volant de Mantovani. Au même moment, Ascari perd le contrôle de sa Lancia sans dommage pour le pilote, mais la voiture est détruite. Puis c'est au tour de Gonzales, de laisser sa place dans le cockpit à Farina après le 25e tour.

Fangio redevient leader devant son coéquipier Moss. Le britannique n'occupe pas la place de dauphin très longtemps, un phénomène de « vapor lock » perturbe la distribution de sa Mercedes, il doit s'arrêter sur le circuit au 29e tour. Le phénomène touche à son tour la W196 de Fangio, qui parvient à rejoindre son stand. Pendant que l'on rafraichi le moteur de la Mercedes et que l'on effectue son ravitaillement, le Maestro se désaltère tranquillement.

Après 3' minutes de pause, la champion du monde repart en 4e position à 2'25". Harry Schell, désormais aux commandes, précède Roberto Mieres 2e de 40" et Nino Farina, dans la voiture de Froilan Gonzales 3e.

Farina fait un passage par les stands au 38e tour, pour céder sa Ferrari à Trintignant, Fangio en profite pour prendre la 3e place. 40e tour, Schell épuisé laisse sa place à Jean Behra. Nous arrivons à la mi-course, Fangio tel un roc, contrôle désormais tout son monde jusqu'au drapeau à damiers.

Il reste du suspens, pour l'attribution des places d'honneur. Les mécaniques décident du classement. Behra semble en mesure de devenir le dauphin de l'argentin, mais l'ex Maserati de Shell est à bout de souffle et va terminer 6e à 8 tours. La Ferrari du trio Gonzales, Farina, Trintignant prend finalement la 2e place, devant l'autre Ferrari de Farina, Trintignant, Maglioli. Hermann, Kling et Moss, sont 4e à 2 tours. Roberto Mieres 5e, est le seul pilote avec Fangio, à effectuer l'intégralité de la course, dans sa voiture d'origine. Les différents points attribués, sont naturellement divisés, lorsque les pilotes changent de montures. Pour Gordini, la saison débute comme elle s'est terminée l'an dernier, sans aucun voiture à l'arrivée. Les transmissions de Bayol et Iglesias, ont cédés au 7e et 38e tour.

Les 1000 km de Buenos Aires, première du championnat du Monde d'Endurance, prolongent une semaine plus tard, le Grand Prix d'Argentine. L'épreuve est dévalorisée, par l'absence des Jaguar d'usines et des Mercedes, la future 350 SLR, n'étant pas encore prête.

Seules la Scuderia Ferrari, grande favorite et l'écurie Gordini double leurs engagements avec le Grand Prix. Amédée, en profite pour aligner un V8 de 3 litres, dans un châssis T 24S avec l'équipage Bayol et Schell, qui revient faire une pige pour l'occasion. Pas de quoi effrayer le Commendatore, qui se contente de confier en dehors de ses équipages vedettes, Trintignant-Gonzales, sur la nouvelle 118 LM et à Maglioli-Bucci sur la 750 Monza, ses voitures à des pilotes locaux.

Même cas de figure pour Maserati, avec deux A6 GCS attribuées à des pilotes argentins. Porsche, n'est pas présent officiellement, mais les deux spiders 550, auront un rôle à jouer en classe 1500 cc.

Le stand Ferrari va connaitre, deux énormes bévues. Aux environs de la mi-course, Gonzales en difficulté avec sa pompe d'alimentation, interprète mal les indications de son stand et prend un raccourci pour rentrer au paddock. La voiture est disqualifiée. Bucci de son côté, tombe en panne d'essence sur le circuit.

Heureusement, les indépendants font le job. Ibanez sur une 375 plus, touche un chien errant, qui perce son radiateur. Après réparation la voiture repart et remporte la course avec 5' d'avance sur la 750 MM de Najurieta-Rivero. La Maserati de José Faraoni-Raul Grandio, complète le podium à 2 tours, pendant que la Porsche de Jaroslav Juhan et Jorge Salas Chaves 4e, remporte la catégorie 1500 cc. Longtemps dans le coup en début d'épreuve, la Gordini de Bayol-Schell, accablée par des ennuis de culbuteurs, parvient néanmoins à sauver les deux points de la 5e place.

Avant un retour sur le vieux continent, l'endurance passe par Sebring, pour les 12 heures le 13 mars. Le plateau est presque aussi disparate qu'à Buenos Aires, mais comporte toutefois quelques nouvelles créations. Briggs Cunningham, présente sa C6 R. La voiture propulsée par un Offenhauser 4 cylindres de 3 litres, dérivé du moteur indy, présente bien des similitudes de ligne avec la Jaguar type D. Maserati, y va également de sa nouveauté avec deux superbes 300 S, confiées au Team Cunningham et à William Spear. Chez Cunningham, on joue sur tous les tableaux, en louant une type D « short nouse » pour Hawthorne-Walters. La voiture, risque de se sentir un peu seul, au milieu des six Ferrari 750 Monza, avec du très lourd en équipage. Phil Hill-Carroll Shelby, De Portago-Maglioli, Said-Gregory et Taruffi-Schell sont les plus représentatifs.

En l'absence des Mercedes d'usine, Stirling Moss fait une pige sur une Austin Healey 2,6 litres avec Lance Macklin, comme équipier.

La lutte en catégorie 1500 cc, risque d'être chaude entre les six OSCA MT4, les six Porsche 550 spider et les trois Porsche 356. Gordini absent, la représentation française se limite à trois 4cv 1063.

La régie Renault, prend toujours le marché américain très au sérieux. Rédélé-Pons et Manzon-Hébert, sont les pilotes d'usine, pendant que la troisième 1063, est confiée aux yankees Miller-Attaway.

Le lancement de la course se fait dans la plus grande confusion. Les Lotus MK9 de Franck Miller et Joe Shepard, l'Abarth de John Bentley, ainsi que trois Austin Healey vont être disqualifiées, pour un départ anticipé. La Renault de Rédélé, est éliminée dès le 2e tour par un accident. Puis la Ferrari de Masten Gregory, rentre en collision avec une ambulance dans le tour suivant.

Devant, la lutte se limite à la Jaguar D verte de Walters-Hawthorn et la Ferrari blanche à bandes bleues de P.Hill-Shelby, en lutte avec l'autre 750 Monza de Taruffi-Schell. Puis « la Jag », semble prendre un avantage décisif, lorsque des problèmes moteurs, contraint son équipage à plusieurs passages par les stands. Dans cette course pas « comme les autres » Hill-Shelby, sont déclarés vainqueur avec 3' d'avance sur Hawthorn-Walters. La Maserati de Spear-Johnson, complète le podium à 2 tours. L'OSCA de Loyd- Huntoon, 7e à la distance remporte la catégorie 1500cc et la Porsche 550 d'Oshea-Coster (23e), la classe 1100cc. Enfin Miller-Attaway 44e mènent leur Renault 1063, à la première place en 750cc.

Tout aurait pu se terminer ainsi, sauf que Cunningham conteste la victoire de la Ferrari. Le 21 mars, à New-York, une commission se réunit pour examiner le litige. Après examen du « tour par tour » et les déclarations des chronométreurs, le classement est inversé. 1er la Jaguar d'Hawthorn-Walters, 2e la Ferrari de Hill-Shelby à 24"4. Je ne suis pas sûr, que la victoire de la Ferrari à l'indice de performance, ne soit pas qu'une mince consolation pour le duo américain.

Le retour en Europe commence par la formule 1, avant de revenir au championnat, les compétitions moins prestigieuses, servent de préparation. Le G.P de Pau, se retrouve encore une fois en concurrence avec le Glover Trophy de Goodwood, le 11 avril.

Conséquence directe, les engagements se divisent. En Grande Bretagne, la participation reste uniquement britannique, pendant que dans le Béarn, Français et Italien se retrouvent. Déception, les écuries officielles, Ferrari, et Mercedes, décident de bouder, la 25e édition du G.P de Pau. Lancia, délègue trois D50, pour Alberto Ascari. Castellotti et Villoresi. L'Officine Maserati, joue le jeu avec trois 250 F, pour Mieres, Musso et Jean Behra, bien décidé à garder la couronne, conquise de haute lutte l'an dernier. Trois Maserati privées pour André Simon, Louis Rosier et Mario Alborghetti, accompagnent les voitures officielles. Aborghetti, dispute son premier Grand Prix sur une Volpini, transformation d'une antique Maserati 4CL. Ferrari participe indirectement, grâce aux deux 625, de Jean Lucas et d'Alfonso de Portago.

Gordini avec les trois T 16 de Bayol, Pollet et Manzon, ne représente plus seul la France. En effet René Bonnet, équipe d'un compresseur le Flat-Twin 750cc Panhard, deux D.B « Monomill ». La puissance frise les 90 chevaux et semble bien insuffisante, face aux 250cv de ses concurrentes. Néanmoins le poids plume du modèle de 350 kg, permet de donner quelques espoirs, par rapport au 700kg de moyenne des autres monoplaces. A noter, que les petites D.B, sont les seules à être pourvues de freins à disques. Les pilotes habituels de la firme en catégorie sport, Paul Armagnac et Claude Storez, seront au volant.

Ascari s'impose largement pendant les essais en précédent, Jean Berha d'une seconde et un dixième. En deuxième ligne, nous retrouvons Mieres et Villoresi. Pendant que Bayol, Manzon et Pollet sont 7, 8e et 13e sur la ligne de départ, Armagnac réalise le 14e temps et Storez, ferme la marche avec la 16e performance, à 23"5 d'Ascari !

Behra, prend les commandes d'entrée, à la grande satisfaction du public, devant Ascari, pendant qu'Armagnac, planté sur la grille, part avec un temps de retard. A la fin de la première boucle les 2 leaders, précèdent dans l'ordre Mieres, Musso, Castellotti et Villoresi.

Bayol et Manzon virent 7 et 8e. Le combat fait rage, Behra résiste aux attaques continuelles d'Ascari. Les deux pilotes font rapidement le trou. De Portago, tape au virage de la gare et s'arrête au 9e tour avec une roue voilée. L'italien, arrive enfin à prendre le dessus sur le niçois au 12e passage. Au 15e tour, Catellotti 3e, pointe à 15" du duo de tête, toujours roues dans roues.

Au 20e tour, Alborghetti, s'arrête déjà pour la troisième fois pour boire de l'eau, tout en prétextant des ennuis mécaniques. Peu à l'aise, il occupe dès lors la dernière place à deux tours. Le drame survient dans la 29e boucle au virage de la gare, quand la Volpini file tout droit dans les bottes de paille. Sous le choc d'une extrême violence, le casque du pilote est éjecté. Poitrine enfoncée et « coup du lapin », l'italien, ne donne plus aucun signe de vie. L'accident, provoque quelques blessés, parmi les spectateurs.

Au 42e tour, Behra, n'est qu'à 2" d'Ascari, Castelotti vire 3e à 40" devant Mieres à 40". Musso a renoncé, pour un problème moteur, Bayol est dans le même cas, tout comme Manzon, sur rupture de freins au 48e tour. Petit à petit Ascari, reprend le large sur Behra. Il possède 18" à la fin de la 55e boucle, puis son avantage passe à 39" au 80e tour. Tous les autres concurrents sont à un tour minimum, y compris Castellotti. Alors que Lancia semble capable de fêter sa première victoire en Grand Prix, Ascari repasse par son stand, pour une conduite de flexible de frein cassée. Après réparation, l'italien repart avec 2 tours de retard et devra se contenter de la 5e place. « Jeannot le niçois », n'a plus qu'à assurer sa deuxième victoire consécutive en terre paloise. Castellotti, prend la 2e place à un minute et Miers finit 3e à 1'30" devant Villoresi.

Les tricolores font grise mine. Jacques Pollet sur la 3ᵉ Gordini, a dû renoncer sur rupture de pont arrière au 80ᵉ tour. Pour les D.B Panhard le début en F1, marque aussi la fin. Claude Storez, après des ennuis de toutes sortes, finit par renoncer, pendant que son coéquipier Paul Armagnac, termine à 18 tours, non classé pour distance insuffisante.

Le retour du championnat d'endurance en Europe, passe par les Mille Miglia du 30 avril au 1ᵉʳ mai. Cette 22ᵉ édition, bat tous les records, 662 voitures sont inscrites, 534 sont retenus, 279 verront le drapeau à damiers. Mercedes dévoile enfin sa 350 SLR, imaginée comme l'arme fatale. Quatre exemplaires sont au départ de Brescia. Les concurrents, peuvent partir seuls ou en équipages. Neubauer, n'a donné aucune consigne à ses pilotes. De ce fait, Fangio et Kling se passent de navigateur, pendant que Stirling Moss, fait appel au journaliste Denis Jenkinson, et Hermann à Eger. D'un côté le pilote seul allège son véhicule, de l'autre « une conduite accompagnée », permet de sécuriser le parcours.

En l'absence de Jaguar, dont les types D, ne sont pas adaptées au parcours, Ferrari présente un lot hétéroclite de 17 machines. La Scudéria estampille cinq voitures, pour Taruffi, Maglioli, Marzotto, Sighinolfi et Castellotti, avec pour ambition d'être le concurrent le plus sérieux des Mercedes. Dans ce contexte, les français devront se contenter « des miettes » pour exister. Les cinq D.B Panhard, viseront la classe 750cc Sport, pendant que les 4cv Renault, se concentreront sur le classement 750cc Tourisme, avec des Dyna Panhard pour rivale. Plus surprenant, huit 2cv Citroën, joueront la gagne en 500cc Tourisme. Que dire des deux Gordini ? La 8 cylindres 3 litres de Bordoni, semble bien isolée, tout comme la T15 confiée à l'équipage féminin Gilberte Thirion, Nadège Ferrier qui devront ferrailler contre les OSCA et les Porsche, en catégorie 1500 cc.

Le début de course jusqu'à Ravenne, se dispute à la vitesse faramineuse de 192,414 km/h de moyenne. Castelotti possède alors 1'50", sur le duo Moss-Jenkinson. Moss va à la faute à Padoue, dans des bottes de paille, froissant l'avant droit de sa 350 SLR. Néanmoins, l'inquiétude grandit chez Ferrari lorsque Marzotto d' échappe à 250km/h. Visiblement, sur route sèche les Pirelli équipant les Ferrari, souffrent plus que les Continentale, chaussant les Mercedes. Le long de l'adriatique, le Road Book de Dennis Jenkinson fait la différence.

Moss, frôle les 275 au compteur, jusqu'à Pescara. Au ravitaillement la Mercedes possède 15" d'avance sur la Ferrari de Taruffi. A Rome, c'est-à-dire à la mi-course Moss compte 1' d'avance sur l'italien. La moyenne générale est alors de 183 km/h, malgré la partie montagneuse traversée. La remontée vers Brescia, se fait toujours sous un soleil de plomb. Taruffi, renonce alimentation et transmission hors d'usage, puis Kling sort de la route et abandonne.

Fangio devient second, mais sans pouvoir inquiéter son coéquipier, sa Mercedes tourne sur 7 cylindres, en raison d'un problème d'injection et il va terminer à 30'. La Ferrari 118 LM de Maglioli prend la 3e place à 45' ! La Maserati de Francesco Giardini 4e à 1h7' remporte la classe 2 litres. Chez les français, si la Gordini 3 litres, en 10e position à Ravenne a abandonné pour un problème de boite de vitesses, le duo féminin Thirion-Ferrier, 57e du scratch et 6e de sa catégorie, remporte la coupe des dames. La victoire des Deutsch Bonnet en classe 750 Sport n'étonne personne, par contre sa 35e place du classement général ne passe pas inaperçu. Dans la même catégorie, mais en Tourisme (voitures de série), la 4cv Renault de Jean Claude Galtier 93e remporte la coupe, comme la 2cv Citroën de G. Seibert en 500 cc. Tout le monde désormais fixe son attention sur les 24 heures du Mans.

Alors que Mercedes peaufine le réglage de ses 350 SLR, en essais privés à Hockheim, il faut encore passer par Monaco le 22 mai, pour le G.P d'Europe de F1. Toujours en quette de perfectionnisme, la firme de Stuttgart, présente une troisième version de la W196. Le modèle à roues découvertes, dispose maintenant de deux types d'empattement. Le traditionnel fait 2210m/m, pendant qu'une version courte mesure 2150m/m. les modèles à empattement court, devraient montrer plus d'aisance sur tourniquet monégasque. Fangio et Moss en sont équipés, pendant qu'Hermann devra se contenter de la première version. Ferrari a revu sa 553 « Squalo » décevante, pour la transformer en 555 « Super Squalo ». Farina et Trintignant ne semblent toujours pas convaincu et se contente de l'ancienne 625, pendant que Schell et Taruffi, devront essuyer les plâtres sur le nouveau modèle. Les victoires hors championnats à Turin et Naples redonnent le moral à Alberto Ascari. La Lancia D50 semble être enfin à la hauteur, de l'ancien champion du Monde. Il bénéficie du soutien de Castelotti, Villoresi et ponctuellement du vétéran Louis Chiron. Chez Gordini, le nouveau modèle 8 cylindres, n'est toujours pas disponible. Les T16, sont désormais équipées de freins à disques et le 6 cylindres est poussé à 220 chevaux. C'est tout de même 30 de moins que les Ferrari et les Maserati, 40 de moins que les Lancia, pendant que les Mercedes culminent à 290 chevaux. Comme à son habitude, Maserati fournit la majorité du plateau avec quatre voitures d'usine, et trois modèles privés, dont les deux de l'écurie Rosier, pour Louis et André Simon. Enfin Vanwall, fait sa rentrée avec un modèle 55, entièrement remanié et allégé. L'ensemble ne pèse que 570 kg, toujours propulsé par un 4 cylindres d'origine Norton, développant 250 chevaux avec une injection Bosh. Mike Hawthorn sera au volant.

Les essais du vendredi commencent mal pour Mercedes. Hans Hermann sort de la piste et se fracture la jambe. André Simon délaisse sa Maserati 250 F et récupère le « mulet » W196 de Mercedes. Les trois jours d'entrainement, se soldent par un duel très serré entre Fangio et Ascari, arbitré par Moss. L'argentin, précède l'italien aux millièmes de secondes, pour la pôle position. L'anglais 3e à 1/10 complète la première ligne. En 2e ligne, Castelotti, prend le meilleur sur la Maserati de Behra. Les Gordini ne sont toujours pas à la fête. Manzon, fait son retour dans la firme française, pour le 13e temps, pendant qu'Elie Bayol ne peut faire mieux que 16e et Jacques Pollet, prend la 20e et dernière place qualificative.

Le dimanche Charles Faroux, libère les concurrents sous un beau soleil. Fangio vire « au gazomètre » de peu devant Castelotti qui a réussi à prendre le meilleur sur Moss. Les trois pilotes, bouclent le premier tour dans cet ordre, pendant qu'Ascari a dû changer de monture avec Chiron. Mal installé dans son baquet, l'italien ne passe que quatrième.

L'ordre reste identique jusqu'au 5e tour, Fangio creuse un écart de 5" sur Moss, qui vient de prendre le dessus sur Castelotti. Au 10e tour Ascari, prend le meilleur sur son coéquipier, pour le gain de la 3e place. 5e depuis le début, Jean Behra fait le forcing et double les deux Lancia, pour se retrouver 3e au 15e passage. Au quart de la course, 4" séparent Fangio de Moss, le niçois pointe 3e à 30", juste devant Ascari. Castelotti 5e, a déjà 40" de retard.

Pendant que les Mercedes de tête caracolent, celle de Simon renonce au 24e tour, pour un problème moteur. Les rangs des concurrents commencent à s'éclaircir, Castelotti heurte un trottoir et doit passer par les stands pour changer de roue. Behra toujours 3e est ralenti pour des problèmes de lubrification. Nous approchons de la mi-course, Ascari 3e, reste seul dans le même tour que les deux Mercedes.

Puis survient le premier coup de Théâtre. Fangio aborde pour la 50e fois le virage de Massenet, lorsque son moteur coupe, commande de soupape bloqué. Moss désormais seul en tête, peut se permettre de lever le pied. Il précède désormais Ascari d'1'3" et Trintignant après un départ très sage, 3e à 1'32". Seul changement au 64e tour, où Mieres talonnant « Pétoulct » depuis un moment, prend le dessus pour la troisième place. La joie de l'argentin n'est que de courte durée, il abandonne juste derrière sur rupture de transmission.

Il ne reste plus que 6 tours, lorsqu'un panache bleu sort des échappements de la Mercedes de Stirling Moss. Même cause, même effet, comme son coéquipier, il renonce sur rupture de commande de soupape. Ascari se retrouve désormais en position de leader, pas pour longtemps. En abordant la chicane, il bloque ses roues sur les flaques d'huile laissées par la Mercedes, précipitant sa Lancia dans le port. Alberto immédiatement secouru par des plongeurs, ne souffre que de légères blessures.

Dans cette course, par élimination, Trintignant l'emporte avec 20" d'avance sur Castelotti et un tour sur Jean Behra 3e, qui a repris la voiture de Mieres. Farina prend de la 4e place devant Villoresi 5e.

Si le natif de Vergèze, est le premier pilote français à remporter un G.P comptant pour le championnat du monde de F1, l'équipe Gordini, se retrouve toujours dans l'impasse. Après un beau début de course, Robert Manzon renonce au 38e tour sur rupture de boite de vitesses, Elie Bayol, en panne de transmission au 63e passage et Jacques Pollet, prend une modeste 7e place à 9 tours du vainqueur.

Conséquence, la firme du boulevard Victor, déclare forfait pour le G.P de Belgique du 5 juin, sur une piste de Spa-Francorchamps qui ne lui offre aucune possibilité. De ce fait les engagements se réduisent à 13 voitures seulement. Lancia, et toute l'Italie prennent le deuil, Alberto Ascari s'est tué la semaine précédente, dans un séance d'entrainements privés à Monza. Son jeune mentor Eugenio Castelotti, fait honneur à son maitre, en soufflant la pôle position à Fangio aux essais. Par contre la course ne sera qu'une formalité pour l'argentin. Le Maestro, prend la tête au départ devant Stirling Moss, les deux Mercedes vont terminer dans cet ordre. Castelotti, 3e peu avant la mi-course, renonce sur rupture de boîte de vitesses. La Ferrari de Farina termine 3e à 1'40" devant l'autre Ferrari, du journaliste Paul Frère. Jean Behra, partage les deux points de la 5e place avec Mieres, après avoir repris sa Maserati à la suite d'une sortie de piste au 3e tour.

Rien de bien nouveau le 19 juin au pays des tulipes à Zandvoort. A noter le retour des Gordini, où le jeune franco-argentin Hermano Da Silva Ramos fait ses débuts aux côtés de Manzon et Pollet. Le plateau devient un peu plus conséquent avec 16 voitures, malgré le forfait de Vanwall, déçu par ses prestations à Monaco et Spa.

Le vent, semble désormais souffler définitivement du côté allemand. Fangio, Moss et Kling, occupent toute la première ligne. Musso (Maserati) et Hawthorn, revenu chez Ferrari, sont en seconde ligne. Luigi Musso, conteste cette suprématie au départ en prenant la 2e place derrière Fangio. Moss, rétablit l'équilibre au passage suivant, derrière son leader. La situation n'évolue pas sur les 20 premiers tours. Puis Kling, qui se tient en 5e position depuis le début derrière Behra, abandonne sur sortie de piste. Roberto Mieres, prend sa place.

La situation n'évolue plus pour les trois premiers jusqu'à l'arrivée. Moss termine à 5/10 du Maestro et Musso 3e à 57''. Mieres 4e et Castelotti 5e, terminent à un et trois tours. Jean Behra ne peut faire mieux que 6e, à cause d'un embrayage récalcitrant. Da Silva Ramos, pour son premier G.P termine 8e et Jacques Pollet 9e à 8 tours. La transmission de la T16 de Manzon, a cédé au 44e tour.

Les 24 heure du Mans des 11 et 12 juin 1955, s'annoncent comme une fête, avec un plateau royal, le destin va en décider autrement. Je ne vais pas revenir sur l'accident, tuant Pierre Levegh et 83 spectateurs, largement détaillé dans mon ouvrage précédent (*Chapitre 15 de Monsieur Bouillin est mystère Levegh*). Je vais m'attacher aux conséquences du drame, qui a mis un moment en danger la compétition automobile dans sa propre existence.

La tragédie de Pau et la mort de Mario Alborghetti, n'est que le premier signe d'un destin funeste, d'une saison épouvantable. Le 26 mai, Alberto Ascari, se tue sur l'autodrome de Monza, quatre jours après son bain forcé dans le port de Monaco. Le 30 mai, lors des 500 miles d'Indianapolis, l'américain Bill Vukovich, surnommé « le Russe dingue », alors qu'il se dirige vers une troisième victoire à Indy, périt dans un carambolage. Après le mans, le 17 septembre, lors du Tourist Trophy sur le tracé de Dunrod, trois jeunes pilotes Jim Mayers, William Smith et Richard Mainwaring, sont victimes de leur passion. Jean Behra, manque de peu de se rajouter à la liste des victimes. Blessé, il laisse en terre irlandaise… une oreille !

Si cette année devient le symbole de la tragédie, le phénomène n'est pas nouveau et perdure depuis la naissance de la course automobile. Entre pilotes et spectateurs tués, la liste se compte en dizaines voire en centaines. Trop souvent, jusqu'à présent le spectateur lambda se voilait la face, avec une partie de la presse minimisant les incidents. Confronté à l'ampleur des dégâts, cette fois les pouvoirs publics s'obligent à réagir. En Suisse, le gouvernement fédéral prend la décision la plus radicale, en interdisant toute compétition, sauf les courses de côtes.

Cette interdiction, va perdurer jusqu'au 1er avril 2016. En France, toutes les courses sont interdites jusqu'à la fin de l'année. A Reims, le G.P de l'ACF et les 12 Heures, prévues les 2 et 3 juillet en sont les premiers touchés. L'Allemagne fait de même avec son Grand Prix et les 1000 km du Nurburgring.

L'Espagne suit le mouvement. Par contre l'Italie après l'avoir envisagé fait machine arrière. Le Prince Carraciolo, président de l'Automobile Club d'Italie, se montre suffisamment influant sur le gouvernement de son pays, en jouant sur la fibre économique. Le G.P d'Italie et la Targa Florio, auront bien lieu.

Finalement seul les britanniques, jouent l'indifférence, sans rien remettre en cause. G.P de Grande Bretagne et Tourist Trophy, restent plus que jamais d'actualité.

Chapitre 16 : Gordini, les derniers feux.

La compétition se poursuit avec le G.P de Grande Bretagne du 16 juillet. Les anglais renoncent provisoirement à Silverstone, pour le circuit d'Aintree, près de Liverpool, sur le site de l'hippodrome. Long de 4,800km, dessiné de manière sinueuse, il offre une large visibilité aux pilotes et aux spectateurs.

Comme d'habitude en sol britannique, les engagements sont conséquents, avec 25 voitures aux essais. Les locaux sont de retour, avec deux Vanwall l'une confiée à Harry Schell et l'autre à Ken Wharton. Quatre Connaught et une Cooper Bristol aux mains d'un jeune débutant australien nommé Jack Brabham, sont de la fête. Mercedes, se renforce avec Taruffi, qui remplace Hermann convalescent. Nouveau retour en arrière pour Ferrari, qui se contente de trois 625 pour Hawthorn, Trintignant et Castellotti. Pas moins de huit Maserati 250F seront sur la grille de départ, dont quatre de l'usine, avec Jean Behra pour leader. Gordini, toujours équipé de ses T16, conserve Manzon et Da Silva Ramos, comme pilotes tout en faisant confiance à Michel Poberejsky, uniquement connu sous le pseudo de Mike Sparken.

Les essais sont conformes à la logique Les Mercedes de Moss en pôle et de Fangio occupent la première ligne avec Jean Behra, pendant que Kling et Taruffi, se partent la deuxième ligne.

Le départ de la course, est donné sous le soleil et par une température chaude. Jean Behra bafouille son lancement, les quatre Mercedes sont aux avant-postes avec dans l'ordre Fangio, Moss, Kling et Taruffi. Le niçois, réussit à rétablir l'équilibre en pointant 3e à la fin de la première boucle. Les écarts se creusent, Jeannot, passe à 14" du duo de tête, pendant que Mieres (Maserati), souffle la 5e place à Taruffi au 7e tour. 3 tours plus tard, Behra renonce sur rupture de canalisation d'huile. Mieres en 4e position, est le seul intercalé entre les quatre Mercedes.

La parade des flèches d'argent peut continuer. Moss et Fangio se relais régulièrement au commandement. Les Gordini, font de plus en plus de la figuration. Manzon a renoncé dès le 4e tour sur rupture de transmission et Da Silva Ramos, sur baisse de pression d'huile à la 26e boucle. Au 40e tour, les écarts sont les suivants, 1. Moss, 2 Fangio à 9", 3 Kling à 56", 4 Mieres à 59". Ce dernier, abandonne au 47e passage, sur casse moteur. Au 2/3 de la course, les quatre Mercedes occupent le devant et plus rien ne pourra les troubler.

En fin d'épreuve Fangio revient dans les roues de Moss, sans jamais l'attaquer. Stirling, prétendra que Juan Manuel lui a offert la victoire, mais l'argentin, le niera jusque sur son lit de mort. Qu'importe, le Maestro remporte son troisième titre de Champion du Monde. Les adversaires de Mercedes sont ridiculisés. Musso (Maserati) termine 5e à 1 tour, Mike Sparken, sur la seule Gordini encore valide, finit 7e à 9 tours.

Libéré de tout suspens, le G.P d'Italie du 11 septembre, ne présente d'intérêts que par ses nouveautés. La Gordini Type 32, enfin dévoilée, se démarque totalement de sa devancière la Type 16. Plus basse et bien profilée, le nouveau modèle se veut résolument moderne avec un châssis tubulaire, remplaçant les traditionnels longerons, une suspension indépendante à bras oscillants et des freins à disques. Son moteur 8 cylindres double arbres à cames en tête, est donné pour une puissance théorique de 250 cv à 7300 tours minutes, contre 220 cv au 6 cylindres T 16.

En fait, la réalité est tout autre. Le moteur ne donne pas plus de 225 cv dans un premier temps et surtout une surcharge pondérale de 810 kg, représente deux cents kilos supplémentaires, par rapport au modèle précédent.

Robert Manzon qui effectue les essais du vendredi, grille une soupape. Terriblement déçu par le comportement de la voiture, dont la tenue de route se montre instable, il décide de ne pas participer à la course. Après réparation, Jean Lucas le directeur technique de Gordini, maintient la voiture, pour la compétition en s'inscrivant comme pilote. Il prend le 22ᵉ et denier temps des essais, à 29"4 de la pôle position de Fangio. Pollet et Da Silva, seront sur les T16 habituelles. Chez Mercedes, on varie les plaisirs avec le retour des deux « Steam-liners » pour Fangio et Moss, accompagnées par deux W196 à roues découvertes pour Kling et Taruffi.

Pour Ferrari la révolution est en marche. Déçu par ses « Squalo », Enzo, rachète l'écurie Lancia et présente trois D 20, pour Farina, Castelotti et Villoresi. Les « Super Squalo 555 » sont malgré tout au départ, pilotées par Hawthorn, Trintignant et Maglioli. Autre évolution chez Maserati, où Jean Behra se voit confier une 250 F carénée, dans l'esprit des Mercedes. Mieres, Menditeguy, Musso et Collins pour l'usine, courent sur des 250 F traditionnelles. Enfin nous retrouvons les deux mêmes Vanwall du dernier G.P de Grande Bretagne avec Schell et Wharton.

Aux entrainements les « Lancia-Ferrari » en pneus Englebert, se montrent en difficulté. Sur l'anneau de Monza, les gommes se déforment sous la pression. Castelotti 4ᵉ temps des essais, part pour la course sur le mulet « Super Squalo », pendant que Farina 5ᵉ temps, et Villoresi 8ᵉ chrono, privé de monture, doivent déclarer forfait. Les Mercédès occupent toute la première ligne, avec dans l'ordre Fangio, devant Moss et Kling. Pour la course, au baissé du drapeau, Stirling Moss bondit le premier devant Fangio et Kling. Taruffi, ne tarde pas à rejoindre ses coéquipiers, pour pointer 4ᵉ à la fin du premier tour.

Wharton avec un problème d'injection reste planté sur la grille, la Vanwall de son coéquipier Schell, abandonne au 7e tour pour un problème de suspension. Au même moment, la nouvelle Gordini de Jean Lucas, « bâche » également suite à une casse moteur.

La procession des Mercedes dure jusqu'au 20e passage, où Moss 2e derrière Fangio reçoit une pierre dans son pare-brise et doit repasser par les stands. Son moteur le lâche, 7 tours plus tard. Un trio de Mercedes précède la Maserati de Musso 4e, d'une vingtaine de secondes. Ce dernier, rétrograde régulièrement pour des problèmes de boite de vitesses. Castellotti devient 4e à 42" des Mercedes et Jean Behra 5e, à 1'27".

Les positions ne changent plus à partir du 32e tour où Kling renonce avec un problème de boite de vitesses. Le Maestro remporte sa 4e victoire de la saison devant Taruffi à 2/10. Castellotti termine 3e à 46" et Jean Behra 4e à 3'57". Au championnat du Monde, Fangio conforte son titre avec 40 points, devant Stirling Moss 2e 22 points et Eugenio Castellotti 3e avec 12 points. Le meilleur français, Maurice Trintignant, termine juste derrière 4e avec 11,33 points.

Le premier objectif atteint pour Mercedes, reste à conquérir le titre mondial d'endurance et de voitures de sport. A deux épreuves de la fin, tout est encore possible entre Jaguar, qui compte deux victoires, Ferrari et Mercedes qui n'en possède qu'une seule. La marque italienne, garde un petit avantage pour sa régularité.

Comme nous l'avons déjà évoqué, le Tourist Trophy a vécu des moments dramatiques. La Jaguar de Mike Hawthorn, sous la pluie, va mener la vie dure au trio des Mercedes 350 SLR. Pendant que Moss prend la direction des opérations. Mike, dispute la seconde place à Fangio, d'autant qu'après le changement de pilote, Titterrigton sur la type D, se débarrasse de Kling et prend le meilleur sur Fitch, l'équipier de Moss. Stirling qui fête ses 26 ans, dans un grand jour, revient ensuite au contact de Mike. Le duel se termine à deux tours de la fin, à la suite de la casse moteur de la Jaguar.

La Mercedes de Moss-Fitch, l'emporte sur les deux autres 350 SLR de Fangio-Kling et de von Trips-Simon. Aston Martin, sauve l'honneur des anglais, par la 4ᵉ place de la DB3S de Walker-Poore. D.B Panhard est encore une fois à l'honneur. Armagnac-Laureau 17ᵉ, remporte non seulement la catégorie 750cc Sport, mais surtout l'Indice de Performance, devant la Mercedes victorieuse.

La Targa Florio, disputée à la date inhabituelle du 16 octobre, sert de départage à deux des trois protagonistes. La direction de Mercedes décide avant la course, suite au désastre du Mans, que la marque se retirera des compétitions après cette dernière épreuve. Alfred Neubauer, le directeur sportif, reçoit l'information le jour même de la course, mais il en cache la dépêche à ses pilotes. Aston Martin absente, l'équipe allemande se renforce avec Peter Collins, associé à Stirling Moss, pendant que Fangio fait équipe avec Kling et Titterington avec Fitch, sur les deux autres 350 SLR.

Mercedes n'a d'autre choix que de l'emporter, pour conquérir sa deuxième couronne. La Scuderia Ferrari, entend bien conserver son titre, et s'appuie sur 857S confiée à Castellotti-Manzon, ainsi que sur cinq 750 Monza d'usine ou privée. Jaguar tout comme Aston martin décide que le parcours montagneux de la Sicile, n'est pas fait pour ses voitures et déclare forfait. Les voitures françaises se font rare, d'autant que Deutsch et Bonnet, faute de classement en 750cc et à l'indice de performance, estiment le déplacement inutile. Une Peugeot 403 privée pour De Cortanze-Elde, tentera sa chance en catégorie 1300cc, une 4cv Spéciale avec Michel et Fondi en classe 1100, et une Gordini T24 S privée pour les italiens Ricci-Scotti en Sport 2 litres.

Côté germanique, on donne dans la rigueur. « Her Neubauer », ne rigole pas avec la discipline. Il fait reconnaitre plusieurs fois le tracé de 72km à boucler 13 fois par ses pilotes. Les Mercedes 300 SL et 190 SL, doivent faire de même. Une intendance d'une quarantaine de mécaniciens et suiveurs, sont mis en place dans deux postes fixes au 25ᵉ et 50ᵉkm, reliés par radio à son P.C.

Face à cette organisation, les autres équipes, y compris la Scuderia Ferrari, passe pour de doux amateurs. Sur les quatre premiers tours, Musso sur sa Maserati, semble capable d'arbitrer le duel italo-germanique, avant que sa suspension n'en décide autrement. Moss fait des fautes inhabituelles. Après une touchette à l'avant droit sur un pont au 3e tour, il froisse encore de la tôle à l'avant gauche en s'égarant dans un champ dans la 4e boucle.

A cet instant Castellotti, tiens en respect Fangio, pendant que l'autre 350 SLR de Titterington a perdu 8'. Au changement de pilote, Fangio prolonge son relais et prend les commandes. Collins, qui découvre le véhicule, fait un parcours remarquable, qui permet à Moss de prendre la position de leader. Il reste quatre tours à couvrir, le duo anglais tient définitivement le commandement, d'autant que Fangio, victime d'une crevaison, doit se contenter de la 2e place à 4'41" de ses coéquipiers. Castellotti-Manzon 3e à 10'06", n'ont pu contenir, l'organisation allemande. Chez les français, après l'abandon de la 403 au 2e tour et la Gordini au 6e, seule la 4cv de Michel-Fondi figure au palmarès à la 18e place, deuxième de sa catégorie derrière l'OSCA de Rotolo-Di Pasquale.

Au 42e salon de l'Auto, inauguré par le nouveau Président René Coty au Grand Palais, les grands constructeurs français font feu de tout bois. SIMCA, présente l'Océane, un élégant cabriolet sur une base mécanique d'Aronde, destiné à la clientèle féminine. Peugeot élargit sa gamme de berline avec la 403, plus spacieuse que la 203. Cette dernière, reçoit une touche de modernité avec une boite de vitesses synchronisée et des sièges couchettes. Renault sort la Dauphine, pour épauler la 4cv toujours aussi populaire au niveau des acheteurs. Mais la révolution vient encore de Citroën. Après la 2cv arrive la DS, destinée à succéder à moyen terme, aux 11 et 15 cv traction avant. Sa ligne fuyante du au designer italien Flaminio Bertoni, résolument moderne et audacieuse, semble sortir d'une autre planète. La voiture possède toujours une traction avant, avec une tenue de route remarquable, grâce à sa suspension hydropneumatique.

Une direction assistée et une boite de vitesses à commande hydraulique, complète l'ensemble. Si la Dauphine et la DS, ne sont pas au départ considérées comme de grandes sportives, leurs résultats dans les rallyes, ne va pas tarder à les rendre célèbres comme telles.

Pour la saison 1956, après le retrait de Mercedes, chacun s'attend à un duel Ferrari Maserati en F1 et Ferrari Jaguar en endurance. Avec un constructeur en moins, les places deviennent chères en formule 1. Juan Manuel Fangio devient N°1 chez Ferrari avec Castellotti, Collins et Musso à ses côtés. Stirling Moss se retrouve chez Maserati avec Jean Behra. Côté britannique, Vanwall semble décidé à faire enfin une saison complète, avec Maurice Trintignant et Harry Schell. B.R.M après l'échec de son V16 4,5 litres, renait de ses cendres avec un 4 cylindres de 2,5 litres. Les pilotes retenus sont Mike Hawthorn et Tony Brooks. Reste Gordini, après une première sortie complètement ratée au G.P d'Italie, la nouvelle T32, peut-elle encore jouer les outsiders ? Robert Manzon, toujours présent, y croit à moitié, pendant que Nano Da Silva Ramos, entame sa deuxième saison dans l'écurie française. Les écuries privées, viendront compléter les plateaux, avec en particulier « La Centro Sud » de Mimo Daï, équipée de Maserati 250F.

Côté matériel, comme nous l'avons vu Ferrari a racheté les Lancia D20. Le moteur est poussé à 270 cv et les réservoirs latéraux, placés entre les roues, ne sont plus que secondaires. Le réservoir principal se situe à l'arrière, pour éviter la détérioration de la tenue de route au fur et à mesure où la voiture s'allège de son poids en carburant. L'évolution la plus spectaculaire concerne Vanwall. La configuration de la voiture a complètement changé. Tony Vandervell a fait appel aux meilleurs techniciens britanniques, Colin Chapman, le père des lotus pour le châssis, Franck Costin l'un des deux fondateurs de la marque Cosworth, pour l'aérodynamisme et Harry Weslake pour la motorisation. Enfin Maserati, continue à faire évoluer sa 250F par petites touches.

La saison, débute le 22 janvier avec le G.P d'Argentine à Bueno Aires. Le plateau est maigre, avec seulement 13 voitures aux essais. Britanniques et Gordini ne s'estimant pas prêt. Dans une première ligne à quatre, les Lancia-Ferrari de Fangio, Castelotti et Musso, devance la Maserati de Jean Behra. A noter, que seuls les deux marques italiennes participent au Grand Prix.

Au départ de la course, Musso surprend tout son monde dans le premier virage. Toutefois, Froilan Gonzalès (Maserati) passe le premier à la fin de la première boucle, devant Menditeguy (Maserati). Fangio après un départ raté en 8e position, pointe 5e devant Moss et Behra. Dans le tour suivant, Menditeguy prend le meilleur sur Gonzales. Fangio et Moss font le forcing et remonte en 3e et 4e position. Après 10 tours, ils regagnent chacun une place, le moteur « du toro de la Pampa » donnant des signes de faiblesses.

Deux tours plus tard, Fangio renonce pour un problème de pompe à essence. Il va bientôt reprendre la machine de Musso. Après 30 tours, Menditeguy mène avec 11" sur Moss, suivi comme son ombre par Castelotti. Jean Behra, pointe 4e à 1'21". Au 43e tour, le leader fait un tête à queue, endommage sa suspension et abandonne. Moss, devient premier avec 48" sur Fangio (dans la voiture de Musso) et 1'5" sur Behra, tous les autres sont à un tour et plus. Après avoir fait la jonction, l'argentin dépasse l'anglais au 67e tour sous les applaudissements de la foule, toute acquise à sa cause. 6 tours plus tard, c'est le niçois qui double Stirling. L'explication est simple, le moteur de Moss faiblit. Il renonce au 81e tour avec un piston crevé. Hawthorn exceptionnellement sur Maserati, prend une heureuse 3e place à deux tours.

La victoire de Fangio étant partagé avec Musso. Le classement du championnat du Monde, donne un résultat inédit. Jean Behra mène avec 6 points devant Fangio 5 points (meilleur tour en course), Musso et Hawthorn sont 3e exæquo, avec 4 points chacun. Le prochain rendez-vous est fixé à Monaco, le 13 mai prochain.

La semaine suivant « l'aventure argentine » se prolonge avec les 1000 km de Buenos Aires, première épreuve du Championnat d'endurance. Là encore, un plateau squelettique de 28 voitures se présente aux essais. Seules, Ferrari avec deux 410S pour Fangio-Castellotti et Musso-Collins, ainsi que Maserati avec trois 300S pour Moss-Menditeguy, Berha-Gonzales et Landi-Gerini, sont des voitures d'usines. Pour les bleus, la Talbot TG26 S de Blanc-Duval en catégorie 3 litres et la Gordini T15S en 1500cc, sont les uniques représentantes françaises.

Après son échec de l'an dernier face à Mercedes, Ferrari entend bien reconquérir sa couronne mondiale. Moss et Menditeguy ne l'entendent pas de cette oreille. Castellotti, loin de jouer les faire valoir, se montre à la hauteur de Fangio. Comme souvent, la casse départage les concurrents. La Talbot reste plantée sur la ligne de départ, en panne de démarreur, puis La Gordini, abandonne au 23e tour, sur rupture de moteur. Même chose pour la Maserati de Landi-Girini, pendant que la Ferrari de Collins, est victime de son différentiel et celle de Fangio, de sa transmission au 89e tour. Privé d'adversaire direct, Moss-Menditeguy, s'adjugent une victoire facile en laissant la Ferrari 857 « semi-privée », de Gendebien-Phil Hill à deux tours. Maserati complète son succès par la 3e place de Behra-Gonzales à 5 tours. 9 machines seulement, verront le drapeau à damiers. La Maserati 150S de Tomasi- de Tomaso, 4e, remporte la classe 1500cc.

Les 12 heures de Sebring du 24 mars, recueillent 74 candidatures, pour 59 places attribuées. Si l'usine Jaguar, engage trois type D, par l'intermédiaire de son distributeur newyorkais, cinq autres participent aux essais, dont celle de l'écurie Cunningham pour Briggs « le patron » et Bennett. La firme de Coventry à l'avantage du nombre, contre les deux 860 Monza de Fangio-Castelotti et Musso-Schell, ainsi que deux 857 L, dont une de l'écurie George Tilp, pour Ferrari. Maserati, principale outsider, semble bien armée après son succès initial, avec les 300S de Behra-Taruffi et Perdisa-Menditeguy.

Aston Martin, fait son retour avec trois DB 3S d'usine et des équipages prestigieux, Salvadori-Shelby, Parnell-Brooks et Moss-Collins. Stirling, sous contrat en sport avec la firme de David Brown, revient avec de grandes ambitions. Deutch-Panhard, défendent seuls les couleurs françaises, avec une HBR d'usine et trois autres privées. Elles sont toujours équipées du Flat tween 750 cc, sauf celle de Lucas-Norwood, qui bénéficie du Renault 4cv 1063. L'objectif annoncé outre la victoire de classe, est l'indice de performance.

Changement d'horaire au départ de cette année, la course débute à 10h00 au lieu de midi, pour se terminer à 22h00. Surprise au lancement, où la Chevrolet Corvette de John Fitch s'empare du commandement. Un trio de « furieux » composé de Hawthorn (Jaguar), Moss (Aston) et Fangio (Ferrari) la remette bientôt dans le rang. Le trio se transforme bientôt en duo, lorsque Stirling décroche et abandonne pour un problème de boite de vitesses. Devant, la Jaguar et Ferrari alternent leurs positions, suivi par leurs « ailiers » Titterington (Jaguar) et Castellotti (Ferrari), jusqu'aux deux tiers de la course. Des problèmes de freinage touchant la Jaguar de Bueb-Hamilton amène l'équipage à renoncer, suit Hawthorn Titterington, sur la fin. A deux heures de l'arrivée, Fangio-Castellotti, peuvent rouler en toute sérénité, jusqu'au drapeau à damiers. Leurs équipiers Musso-Schell, terminent 2e à deux tours, devant la type D de Sweikert-Ensley 3e à 5 tours, et l'Aston de Salvadori-Shelby 4e à 6 tours. La Maserati de Behra-Taruffi prend les 2 pts de la 5e place.

Armagnac-Mercader (D.B Panhard) 16e, remporte bien la catégorie 750cc, mais échoue à l'indice de performance, remporté par la Porsche 550 d'Hermann-Von Trips, 6e à la distance.

En ce début d'année, l'interdiction de course subsiste encore en France, le G.P de Pau ne peut pas se disputer. Le G.P de Naples, le 6 mai, doit servir de répétition, avant la reprise du championnat, la semaine suivante à Monaco. Programmé en parallèle de l'International Trophy de Silvertone, les premières lames, comme Fangio, Hawthorn, Moss ou Collins, préfèrent l'épreuve anglaise.

Certaines écuries, se coupent en deux. Ainsi l'écurie Lancia-Ferrari, engage Fangio en Angleterre, pendant Castellotti et Musso restent en Italie. Même chose chez Gordini, ou Pilette sur la T32 et Da Silva Ramos sur un T16, sont en sol britannique, pendant que Robert Manzon, représente la marque française en Campanie.

Le déséquilibre entre les deux plateaux est flagrant, avec 22 voitures pour les essais à Silverstone, contre 10 seulement à Posillipo. L'Officine Alfieri Maserati, préférant se réserver pour la principauté, Stirling Moss, est « prêté » à l'écurie Vanwall, aux côtés d'Harry Schell. Pari gagnant, pour l'anglais, qui remporte la course avec le meilleur tour en course, après avoir réussi la pôle position aux essais. Fangio, a dû renoncer sur un problème d'embrayage et Hawthorn au volant de la nouvelle BRM P25, sur rupture de magnéto. Da Silva Ramos, profite des nombreux abandons, 16 au total, pour prendre la 5e place.

A Naples, Robert Manzon, prend la 3e position sur la grille de départ, derrière les Lancia-Ferrari d'Eugenio Castelotti et de Luigi Musso. Juste derrière, les deux Maserati 250 F de la Scuderia Centro Sud de Villoresi et de Francisco Godia, sont à prendre en considération. Pour une fois, la roue tourne en faveur de Gordini. Castellotti est éliminé dès le 2e tour, pour un problème de pompe à l'huile. Puis le moteur de Villoresi, lâche au 21e tour. Musso, abandonne lors du 37e passage, en panne de moteur. Nous avons dépassé le cap de la mi-course, Robert Manzon, n'a plus qu'un adversaire à surveiller, le garagiste de Bristol Horace Gould, qui pilote sa propre Maserati 250 F.

Le marseillais, contrôle le britannique, jusqu'au drapeau à damiers, le précédant de 11"1 et donne à l'écurie Gordini, sa dernière victoire en formule 1 de son histoire.

Fort de son succès Gordini présente quatre voitures, pour le G.P de Monaco du 13 mai. Deux anciennes T16, pour Robert Manzon et Hermano Da Silva Ramos, ainsi que deux T32, pour le belge André Pilette et pour André Bayol.

A noter que la seconde Type 32, confiée à Bayol a subi une sérieuse cure d'amaigrissement, faisant passer son poids à 700 kg, contre 810 kg au modèle initial. Leurs 245 cv paraissent bien léger par rapport au 275 d'une Lancia-Ferrari, ou aux 270 d'une Maserati.

Les anglais sont là et bien là. Vanwall, vainqueur à Silverstone, avec deux voitures proposant un poids puissance intéressant de 610 kg pour 280 cv et BRM avec ses petites P25 de 250cv pour 550 kg. La Scuderia Ferrari, aligne trois Lancia-Ferrari en « version Syracuse » avec réservoir principal dans la poupe et réservoirs d'appoint latéraux, dont le coffrage est intégré à la coque. Une quatrième, plus ancienne à réservoir latéraux rapportés, à l'avantage de peser 620 kg, soit 20 de moins que la version Syracuse. L'Officine Alfieri Maserati, reste fidèle à ses 250 F, pour Moss, Behra et Perdisa.

Le duel Fangio-Moss aux essais, tourne à l'avantage de l'argentin, qui précède l'anglais de 6/10. Castelotti sur l'ancienne D20, complète la première ligne à 9/10. Behra prend le 4e temps, avec la Vanwall de Schell à ses côtés. Les Gordini de Da Silva Ramos, Manzon et Pilette sont respectivement 10e, 11e et 12e sur les 14 voitures retenues pour la course. A noter que la T32 de Pilette, jugée trop lente est retirée, pendant que les BRM d'Hawthorne (10e) et de Tony Brooks (13e) déclare forfait, pour un problème de pièces détachées.

Au lancement, Fangio cale son moteur, énervé il rate son départ. Castellotti sur l'ancienne D20 en profite, pour peu de temps. Moss, boucle la fin du tour en tête avec Fangio 2e à 5". L'argentin fait le forcing pour recoller, mais au début du 3e tour, il glisse sur une flaque d'huile à Sainte Devote, heurte la barrière et endommage sérieusement son train arrière, provocant la perte de Schell (Vanwall) et Musso (Lancia-Ferrari). Peter Collins (Lancia-Ferrari), qui fait un début de course formidable, se retrouve alors en 2e position devant Castellotti. Puis Behra passe l'italien au 5e tour, pour la troisième place. Les positions restent stables, jusqu'au 15e tour, où Castellotti, doit renoncer avec un problème d'embrayage. Moss toujours devant, possède une quinzaine de secondes sur Collins.

Fangio, malgré une voiture bancale, réussit à passer Behra pour la 3e place au 20e tour, à 26" de Moss. Puis au 28e tour, il déborde Collins. Manzon, qui réalise des prouesses sur la petite T16, prend la 5e place à Perdisa. Au 33e tour Fangio, loupe une vitesse et percute le mur au « bureau de tabac ». Nous atteignons la mi-course, le panneautage indique, 1 Moss, 2 Collins à 31", 3 Behra à 46", suivent Castellotti (dans la voiture de Fangio) et Manzon toujours 5e.

Au 54e tour, Fangio récupère la voiture de Collins et devient 3e derrière Behra, pendant que Manzon toujours aussi déchainé s'empare de la 4e place. Malgré ses quelques fautes du jour, Fangio reste le Maestro, au 70e passage il pointe second à 47" de Stirling. Puis il grignote l'écart à 14" au 90e tour, alors que Moss se bat avec une boite de vitesses récalcitrante. Le britannique parvient néanmoins à conserver 10" sur la ligne d'arrivée. Jean Behra 3e, finit à un tour. Manzon perd le bénéfice de sa 4e place à 5 tours du drapeau à damiers, sur rupture de transmission. Petite consolation pour Gordini, la T32 de Da Silva Ramos finit 5e à 7 tours, derrière la Lancia-Ferrari de Fangio-Castollotti. Les changements de montures de Fangio, lui permettent de rester au contact de Jean Behra, toujours 1er du Championnat avec 10 points, l'argentin en compte 9 et Stirling Moss 3e 8.

Pour le prochain Grand Prix en Belgique le 3 juin, la Scuderia Ferrari à la suite de la blessure de Musso au Nurburgring, doit modifier en partie son équipe de pilotes. Le belge Paul Frère, se voit confier un volant aux côtés de Fangio, Collins et Castellotti. En l'absence de BRM, Hawthorn rejoint l'Officine Alfieri Maserati, qui ne manque pas de candidats avec Moss, Behra, Perdisa et Godia. Chez Vanwall on reprend les mêmes qu'en Principauté, avec Harry Schell et Maurice Trintignant. Gordini déclare forfait, en préférant réserver toutes ses forces pour le G.P de l'A.C. F à Reims.

Aux essais, le duel entre Fangio et Moss, sur deux jours tourne finalement à l'avantage de l'argentin. Collins en dernières minutes, complète la première ligne, reléguant Behra en seconde ligne à égalité de temps avec Castellotti.

Une polémique s'engage entre Ferrari et Mike Hawthorn. L'anglais pilote pour Maserati, alors qu'initialement il était prévu sur Lancia-Ferrari. Enzo porte réclamation auprès de la CSI, entrainant un renoncement du britannique pour la course.

L'épreuve débute sous la pluie et dans l'exercice Moss, se montre le meilleur. Castellotti et Collins le suivent, pendant que Fangio surpris, ne vire que 4e au premier passage. L'argentin réagit et retrouve second, au 3e tour à 6" de Moss. La piste séchant, le Maestro, comble rapidement son retard pour prendre la tête dans la 5e boucle. Puis il fait le trou, portant son avance à 8" sur Stirling et à 17" sur Peter Collins au 10e tour. Dans le raidillon de « l'eau rouge », Moss perd une roue. Il rejoint son stand à pied, pour récupérer la voiture de Perdisa. A mi-course, Fangio possède 30" sur Collins, Jean Behra est devenu 3e, devant Paul Frère.

La course bascule au 23e tour, lorsque la transmission du champion du Monde cède à Stavelot. Collins devient leader avec la confortable avance d'1'52" sur Behra, talonné à 2" par Frère. Le belge devient 2e lorsque le moteur du niçois faiblit. L'ordre des deux premiers ne change plus. Moss avec la voiture de Perdisa remonte à la 3e place, pendant qu'Harry Schell 4e, donne les premiers points de son histoire à l'écurie Vanwall.

Le malheureux Jean Berha, finalement 7e, perd la tête du championnat au profit de Peter Collins 11pts, à égalité avec Stirling Moss.

Chapitre 17 : Le crépuscule de Bugatti.

1er juillet 1956 G.P de l'A.C.F à Reims, la dernière création de Bugatti, la Type 251 apparait enfin au grand public. Le projet date de 1954, lorsque Roland Bugatti, le fils du créateur Ettore, demande à Pierre Marco de se lancer dans une nouvelle formule 1. Ce dernier confit le projet Giacchino Colombo, un ingénieur italien de 51 ans dont l'expérience date de plus de 30 ans. Après avoir débuté chez Alfa Roméo, il conçoit le moteur de l'Alfetta, puis passe chez Ferrari pour ses débuts, revient chez Alfa Roméo et réalise la Maserati 250 F pour la formule 1 2,5 litres. Bref, il s'agit de l'homme de la situation.

Le bureau d'étude de Colombo, se trouve à Milan. De ce fait, il ne se déplace que deux fois par mois à l'usine de Molsheim. La nouvelle voiture prévue, pour débuter en 1955, voit son lancement retardé par l'accident aux 24 heures du Mans. La monoplace est finalement prête à l'automne de la même année. Sa conception avant-gardiste, est entravée par de vieux principes de tradition de la marque.

Le moteur 8 cylindres, pour la première fois de l'histoire de la formule 1, se retrouve transversalement en partie centrale arrière devant l'axe des roues, pour une meilleure répartition des masses. La machine, est dotée de freins à disques et d'une suspension à basculeur, permettant de renvoyer les efforts sur la roue opposée. L'arrière se voit dotée d'un classique pont de Dion, par contre l'interventionnisme de Roland Bugatti, l'oblige à garder, un essieu rigide sur le train avant, complètement obsolète.

Les premiers essais, se déroule en mars 1956, sur l'aérodrome d'Entzheim-Strasbourg. Maurice Trintignant, un fidèle de la marque, est désigné pour prendre le volant. Maurice pousse la machine à 265 km/h à 8 000 tours et se déclare satisfait. Puis, Louis Rosier, Philippe Etancelin et Hermano Da Silva Ramos, prennent tout à tour le bolide pour un avis plus nuancé. L'empattement court du châssis, provoque un louvoiement à haute vitesse et montre un caractère sous-vireur.

Face à ce problème, Roland Bugatti requête Raymond Roche pour faire fermer la route la RN31 et la CD 26, afin d'organiser une séance d'essais spécifique, sur le circuit de Reims-Gueux le 18 juin. Les défauts constatés à Entzheim, se confirment. « Pétoulet », tourne en 2'42", pour un record du tour détenu par la Mercedes de Fangio en 2'29"4. De plus, les freins se montrent peu efficace, et vont être remplacés par des tambours. Chez Bugatti, on minimise le problème, prétextant que les conditions sous la pluie, perturbent les essais et ne permettent pas de développer le potentiel de la voiture.

Les essais officiels du grand Prix, sont organisés sur trois jours, du mercredi au vendredi. L'organisateur a prévu « une carotte » de 100 bouteilles de Champagne, au premier pilote atteignant 200 km/h de moyenne au tour. Hawthorn, sur sa Vanwall décroche le gros lot à 200,5 km/h. Collins (Lancia-Ferrari), fait mieux un peu plus tard à 205 km /h. Chez Bugatti, Trintignant à le choix entre deux modèles « l'originale » et « l'évolution ». Jugeant insuffisamment préparée cette dernière, il se tourne vers la première version.

Fangio et Moss, ne font leurs entrées que le jeudi. Si Stirling a quelques soucis avec sa Maserati, le Maestro, met tout le monde d'accord en tournant à 208,500 km/h de moyenne. A noter que Colin Chapman, constructeur des Lotus, tente sa chance en F1 au volant d'une Vanwall. Sa carrière finit avant de commencer, il plie la voiture qui ne pourra pas être réparé pour la course. Pour la dernière journée des essais, Fangio fait encore mieux et s'adjuge la pôle position à 206,7 km/h de moyenne. Ses coéquipiers Castellotti et Collins, complètent la première ligne.

Derrière, nous retrouvons les Vanwall de Schell 4e et de Hawthorn 5e. La meilleure des Maserati conduite par Behra n'est que 6e, juste devant celle de Moss. Les français sont à la traine, Da Silva Ramos sur la meilleure Gordini T32 occupe le 14e rang, un dixième de seconde devant l'autre T32 de Robert Manzon. Trintignant se retrouve avec le 18e chrono 18"6 de la pôle ! Derrière lui, il n'y a que deux concurrents, André Pilette sur Gordini T16 et André Simon, sur sa Maserati 250 F personnelle.

Le départ de la course, est donné sous un ciel dégagé et sur piste sèche. Les Lancia Ferrari de Collins, Castellotti et Fangio, impriment le train devant la Vanwall de Schell et la Maserati de Moss, bientôt dépassé par Hawthorn. Au petit jeu de l'aspiration, les positions changent fréquemment. Dès le 2e passage Castellotti, mène devant Fangio, Collins, Hawthorn précède Behra pour la 4e place, pendant que Schell perd du terrain. L'explication est simple, privé de deuxième rapport la Vanvall ne peut soutenir le rythme. Harry renonce au 6e tour. Devant, le trio de tête se détache inexorablement, Mike Hawthorn, ne tient plus le rythme. Dans le duel franco-français, Trintignant avec sa Bugatti capricieuse, pointe 14e devant les Gordini. 10e tours, Fangio emmène les trois voitures rouges avec Castellotti 2e et Collins 3e, dans ses échappements. La verte Vanwall de Mike 4e, suit à 13".

Au passage suivant, Hawthorn pris de malaise, s'arrête à son stand et Harry Schell reprend le volant de la Vanwall. Ce dernier repart en 8e position à 42" de Fangio. Au 12e passage, Stirling Moss abandonne, pour un problème de levier de vitesses. Il continue la course, dans la voiture de Perdisa. Après 15 tours, nous retrouvons cinq Lancia Ferrari au cinq premières places. Derrière le trio magique, figurent Alfonso de Portago 4e et Olivier Gendebien 5e. L'abandon au 18e tour de Trintignant, sur commande d'accélérateur grippée, n'est pas fait pour redonner de l'enthousiasme au public. Bugatti quitte définitivement la scène. Pendant que la course semble sombrer dans la monotonie, le franco-américain Harry Schell réveille le spectateur.

Au 20e tour, il prend la 5e place à Gendebien et se rapproche à 28" de Fangio. Puis De Portago, abandonne pour un problème de boîte. La Vanwall 4e, n'est plus qu'à 12". 30e tour, mi-course, Schell fait la jonction, puis se retrouve second derrière Fangio. Le Maestro comprend la situation et reprend le record du tour, qu'Harry avait battu plusieurs fois auparavant. Si l'argentin contrôle, la passe d'arme continue entre les deux autres Ferrari et la Vanwall.

Le spectacle se poursuit jusqu'au 38e tour, où Schell repasse par son box pour faire changer sa pompe à injection. L'intervention dure 5 minutes. Très attardé il doit se contenter de la 10e place à 5 tours. Dernier coup du sort, Fangio doit rentrer au stand, pour colmater une fuite d'essence. Après deux minutes d'arrêt il repart 4e, le couteau entre les dents, pour aller chercher la 3e place de Jean Behra. Castellotti joue alors la course d'équipe en se contentant de ne plus attaquer. Peter Collins, s'offre ainsi une deuxième victoire consécutive. L'anglais avec 19 pts précède au championnat, Jean Behra qui en compte 14 et Fangio avec 13 pts. Les Gordini de Da Silva Ramos 8e, Manzon 9e et Pilette 11e et dernière, n'ont jamais pesé sur la course. Seule petite consolation pour Amédée, ses trois voitures voit le drapeau à damiers, pour la première fois depuis longtemps.

A l'heure du bilan, Roland Bugatti et Pierre Marco, se rendent compte que la T251, ne pourra performer sans une révision complète de son train avant. Une évolution T252, est envisagé sur le papier avec des roues indépendantes. Depuis le lancement du projet F1 en 1954, Bugatti a dépensé la somme considérable pour l'époque, de 60 millions de francs. L'argent manque, mettant un terme définitif au développant. La marque et l'usine sont revendues en 1963 à l'entreprise Messier, spécialisé dans l'aéronautique, qui rachète au même moment Hispano Suiza. En 2005, Laurent Rondoni et Bernard Boyer, ex ingénieur de Matra Sport, se lance dans la restauration des deux modèles. Depuis les visiteurs, peuvent les admirer dans la collection des frères Schlumpf, à la Cité de l'Automobile de Mulhouse.

Dans les deux Grand.Prix qui suivent, à Silverstone le 14 juillet et au Nürburgring le 5 août, Juan Manuel Fangio, va prendre une éclatante revanche. Peu en réussite depuis le début de la saison, le Maestro s'impose dans les deux épreuves. Si le maitre reste le maitre, les jeunes loups, Peter Collins et Stirling Moss, lui donnent du fil à retordre. En Angleterre Stirling s'empare de la pôle position, mène pendant une cinquantaine de passages, bat le record du tour, avant que le pont arrière de sa Maserati ne cède. Collins s'empare de la deuxième place, après avoir repris la monture de De Portago.

En Allemagne, Fangio ne laisse à personne le soin de le menacer. Il fait le grand chelem, pôle position, meilleur tour en course et en tête du départ au drapeau à damiers. Moss prend la seconde place, devant son coéquipier Jean Behra, qui s'offre son cinquième podium de la saison. Collins, dauphin de Fangio sur les dix premiers tours, se voit retarder par une fuite d'essence. Puis il abandonne, après avoir repris la voiture de De Portago, à la suite d'une sortie de route.

Si je ne vous ai pas parlé des Gordini, c'est probablement ... parce qu'il n'y a pas grand-chose à en dire. A Silvertone, la T32 de Robert Manzon prend une modeste 9ᵉ place à 9 tours du vainqueur et Da Silva Ramos abandonne sur la seconde T32, au 71ᵉ passage, en rupture de pont arrière. C'est pire au Nürburgring, le belge André Pilette, sort de la route aux essais et se blesse au genou. André Milhoux, son compatriote, le remplace au pied levé, sans avoir tourné auparavant avec la voiture. Pour la course Manzon, ne boucle même pas le premier tour, lâché par sa suspension. Quant à Milhoux, il finit par faire...tintin au 15ᵉ tour, en panne de moteur.

Le G.P d'Italie, dernière épreuve de la saison, doit déterminer du titre. Les positions au championnat sont les suivantes : 1ᵉʳ Fangio 30 pts, 2ᵉ Collins et Behra 22 pts, 4ᵉ Moss 19 pts. Si pour Stirling, la couronne est hors de portée, les trois autres possèdent encore une petite chance, l'argentin.se présentant en ballotage très favorable. Pour l'emporter Peter et Jean, doivent absolument l'emporter en réalisant le meilleur tour en course.

Si l'un des deux réalisent cet exploit, il faut en que Fangio ne prenne pas au mieux la 3e place, pour décrocher la timbale. Autrement dit, sauf incident mécanique, la balance penche du côté du Maestro.

Les Lancia-Ferrari dominent les essais, Fangio en tête devant ses coéquipiers Castellotti et Musso, occupant ainsi toutes la première ligne. Derrière la Vanwall de Taruffi et la Maserati de Behra sont en seconde ligne. Mauvaise opération pour Moss et Collins, qui se retrouvent au 3e rang, aux côtés de la Maserati de Villoresi. Seule inquiétude pour Ferrari, les pneumatiques Englebert, se dégradent plus vite que les Pirelli, équipant les Maserati et les Vanwall. Chez Gordini, des rumeurs de dépôt de bilan cours dans les paddocks. Dans cette ambiance morose, la première T32 de Da Silva Ramos, réalise le 20e chrono, pendant que la seconde ne fait que le 22e temps. A noter que la vieille T16 d'André Simon, ferme la marche en 24e position à plus 30" de la pôle position !

Le départ est donné par un temps chaud, mais sous un ciel couvert. Sur le plan tactique, les Vanwall partent avec un demi-plein. Musso, se montre le plus prompt au lancement et précède ses coéquipiers, Castellotti et Fangio. L'argentin, n'a aucun intérêt à se mêler à l'explication entre les italiens, qui se présentent en alliés pour qu'il puisse conserver son titre. A la fin de la première boucle, Schell (Vanwall) 4e, passe devant Collins 5e. Au 3e tour, Fangio pour ménager ses pneus, laisse passer Harry Schell, pendant que les deux « fous furieux », devant leur public, n'en tiennent aucun compte. Collins s'interroge, après être revenu sur Fangio, l'argentin, lui fait signe de garder le même tempo.

La clairvoyance et l'expérience du Maestro payent. Dès le 5e tour les deux Lancia-Ferrari, doivent repasser par leurs stands, avec des pneus en lambeaux. Moss en profite, pour prendre la tête devant Schell et Fangio, avec Collins dans ses roues. Les positions n'évoluent pas jusqu'au 11e passage où Schell, souffle la première place à Stirling Moss. Puis Collins, repasse par les box avec un pneu éclaté. Il repart en 8e position, derrière son coéquipier Musso.

Devant la lutte fait toujours rage. Moss finit par reprendre le dessus sur Schell. Fangio ralentit et doit repasser par son stand, avec une direction déréglée. Il échange son baquet, avec celui de Castellotti. Nous atteignons la mi-course, Moss précède Schell de 12", Musso pointe 3e à 29" et Collins 4e à 1'23". Stirling, n'est-il pas en train de renverser la table, pour faire tomber les Ferrari pour le titre ? Non, comme nous l'avons déjà vu, la victoire et le record du tour, lui donne au mieux la place de dauphin au championnat. Les derniers espoirs de Jean Behra, alors 4e se sont évanouis, à cause d'une magnéto récalcitrante.

Schell doit ravitailler, il repart 4e, derrière Musso et Collins. Flockhart (Connaught), 5e est déjà à un tour. La Scuderia, demande à Luigi Musso de céder son volant à Fangio, qui refuse de le faire. Romolo Tavoni, ordonne alors à Collins de s'arrêter, pour laisser sa voiture à l'argentin. Peter s'exécute, où est la morale sportive, dans ce tripatouillage d'arrière cuisine ? Le titre est joué Fangio, repart en 3e position, derrière Musso. Alors que Moss semble s'acheminer vers une victoire tranquille, il doit rentrer au ralenti au stand, à la limite de la panne d'essence. A trois tours de l'arrivée, Musso devient leader avec 25" sur Moss et 35" sur Fangio. Puis à la sortie de la courbe sud, le bras de direction gauche de la Ferrari de tête lâche, provoquant l'éclatement du pneu. Luigi évite de peu la sortie de route, mais il se voit contraint à l'abandon.

Stirling Moss, l'emporte avec 6" sur Fangio. L'australien Ron Flockhart, tout en régularité sur sa Connaught Alta, prend la 3e place à un tour, devant la Maserati de l'espagnol Francisco Godia. Juan Manuel Fangio remporte ainsi le 4e de ses 5 titres de champion du Monde de F1. Le moins prestigieux sans doute, n'oublions pas que Peter Collins, lui a cédé son volant en deux occasions, à Monaco et sur ce dernier Grand Prix. Sans ce dispositif de changement de pilote, Peter aurait remporté les lauriers. Pour Stirling Moss, il s'agit de sa deuxième place de dauphin. Deux autres vont suivre, pour celui qui restera à jamais « le champion sans couronne ».

L'unique Gordini d'André Simon, termine la course 9ᵉ à 5 tours. Pour la firme du boulevard Victor, il est sans doute trop tard, pour se poser les bonnes questions.

Complètement hors-jeu en formule 1, les voitures d'Amédée, n'ont plus que les catégories sport et endurance, pour perdurer malgré une situation financière des plus précaires. Au 12 heures de Reims disputé le samedi 30 mai en préambule du Grand Prix, se déroulant le dimanche, Gordini, ne peut présenter que deux voitures. Une 1500 cc pour Loyer-Thirion et une 6 cylindres 2 litres, pour Da Silva Ramos-Bayol. La 3 litres 8 cylindres, attendue, doit finalement déclarer forfait.

Inutile de dire, que faire face avec si peu de moyen, aux quatre Jaguar type D d'usine et aux six Ferrari privées, le combat semble perdu d'avance, d'autant que la Maserati 3,5 litres de Villoresi-Maglioli, fait figure d'outsider, au milieu des 30 engagés. Après avoir dominé les essais, les Jaguar prennent le contrôle de la course. A la fin de la première heure, Hawthorn possède 4" sur Hamilton et 38" sur Titterington. Flockhart sur la 4ᵉ Jaguar, pointe déjà à un tour devant la Maserati de Maglioni 5ᵉ. Rien ne change au cours de la deuxième heure, si ce n'est la 5ᵉ place de Leston (H.W.M), prise à la Maserati à la faveur d'un ravitaillement.

La course reste monotone, uniquement ponctuée par les abandons. Pendant la 5ᵉ heure Maglioli-Villoresi et Leston-Cunnigham, principaux rivaux des Jaguar renoncent pour problèmes mécaniques. Puis Ken Wharton (Ferrari), rentre au stand en poussant sa machine. A mi-course, nous retrouvons les trois Jaguar d'Hawthorn-Frère, d'Hamilton-Bueb 2ᵉ à 1 tour et Titterington-Fairman 3ᵉ à 4 tours. La Ferrari 2 Litres de Picard-Manzon 4ᵉ et la Gordini de Da Silva Ramos-Bayol 5ᵉ font mieux que se défendre. Gilberte Thirion, rentre au stand en poussant sa Gordini. Effort inutile, une soupape est grillée, la voiture ne peut repartir. La deuxième partie de course, garde son suspens, par le duel que se livrent les Jaguar d'Hamilton-Bueb et de Hawthorn-Frère.

La remontée spectaculaire de la Porsche 550 de Storez-Von Frankenberg, n'échappe pas au public. La voiture allemande finit 5ᵉ à la distance, remportant la catégorie 1500cc. Devant, les quatre Type D sont à la parade, avec dans l'ordre Hamilton-Bueb, devant Hawthorn-Frère, Titterington-Fairman et Flockhart-Sanderson. La Ferrari de Picard-Manzon, 6ᵉ à la distance remporte la catégorie 2 litres, devant la méritante Gordini de Da Silva Ramos-Bayol, 7ᵉ. A noter, que la Ferry Renault de Blaché-Pons 10ᵉ à la distance, fait la nique aux Stanguellini et aux D.B Panhard en 750cc.

Les 24 heures du Mans, se disputent à une date inhabituelle les 28 et 29 juillet. Il s'agissait pour l'Automobile Club de l'Ouest, de terminer les travaux titanesques, entrepris à la suite de la catastrophe ayant provoqué 84 morts l'année précédente *(Voir du même auteur, « Monsieur Bouillin est mystère Levegh »)*. Les fascines ont été réhaussées, la piste devant les box a été élargie à 17 mètres et se double d'une voie de décélération et de stationnement. La zone public au-dessus des stands, a été entièrement rasée, l'ensemble reculé, pour pouvoir élargir la piste. La nouvelle tribune élevées sur deux étages augmente, le confort du spectateur. Dernier point et non des moindres, la sortie de « Maison Banche », a été abaissée, afin d'améliorer la visibilité des coureurs devant les stands.

Concernant le règlement l'ACO innove, en abaissant le nombre de participant de 60 à 52. Finalement 49 voitures seulement participent aux essais. La capacité des réservoirs d'essence est réduite à 120 litres. Pour les grosses cylindrées, il s'agit d'un casse-tête. L'intervalle minimum entre deux ravitaillements de 34 tours, soit 458 kg, limite la consommation à environ 26 litres aux 100 km. Il va falloir « avoir le pied léger » sur les pédales. Autre sujet sécuritaire, un pilote ne peut conduire plus de 72 tours consécutifs, et ne doit pas dépasser 14 heures au volant, pendant la durée de l'épreuve. Concernant les différents participants, difficile de ne pas ériger Jaguar en favori. L'usine de Coventry, présente 3 type D et peut compter sur 2 autres de l'écurie Francorchamps et de l'écurie Ecosse.

Ferrari se présente en adversaire directe avec trois 625 LM de 2,5 litres et trois 500 TR privées en catégorie 2 litres. Chez Aston Martin, autour de deux DB3S en 3 litres, une toute nouvelle DBR1 de 2,5 litres bien profilée, semble représenter l'avenir de la marque.

Chez Gordini, faute « de nouvelles casseroles, c'est dans les vieux pots que l'on mijote le menu ». Une T17S de 1500cc, voisine avec T15S et une T23S de 2,5 litres. La belle surprise vient d'Anthony Lago. Durant l'hiver 55-56, les ateliers de Suresnes ont conçu une nouvelle barquette à châssis tubulaire, pour succéder aux longerons de la T26 GS. La nouvelle Talbot, est habillée à Sens d'une carrosserie tout alu, pesant à peine 50 kg, par l'entreprise Pichon-Parat. Lago, conscient qu'il ne dispose plus de motorisation performante, l'équipe d'un moteur 6 cylindres Maserati 250S de 2,5 litres, accolé à une boite de vitesses ZF. Le groupe dérivé de la 250 F de formule 1, a largement fait ses preuves en termes de résistance. Ses 230 chevaux à 7000 tours minutes, semblent suffisant pour se mêler à la lutte contre les Aston, Ferrari et autres Jaguar. Deux protos sont engagés, pour Zehenander-Lucas et l'équipage vedette Louis Rosier, Jean Behra.

Du côté des petits cylindrées en 750 cc, voir pour l'indice de performance, s'engage un duel Franco-Italien. Deutsch et Bonnet ont la faveur du public avec deux nouveaux tanks spider, bien profilés et deux coupés DB HBR 5, « grand public », réaménagé pour gagner du temps pendant les ravitaillements. L'éternel « Flat-Twin » Panhard, propulse les quatre voitures. Toujours chez Panhard, trois tanks « Monopole » sont en concurrence directe. Côté transalpin, nous retrouvons une OSCA 750S, deux Moretti 750 Grand Sport et deux Stanguellini 750 sport à moteur FIAT.

Alors que le nouveau revêtement se révèle glissant, la pluie va bientôt rendre la course difficile. A l'attaque du 2e tour, dans les S du Tertre Rouge, Paul Frère au volant de la Jaguar N°2, part en glissade et provoque la collision de sa voiture avec l'autre Jaguar N°3 de Fairman, la Ferrari 625 de De Portago, ne peut les éviter. Ainsi trois favoris, se retrouvent au tapis d'entrée de jeu.

Les actions de l'écurie Jaguar sont encore à la baisse, lorsqu'au 4e passage, Hawthorn alors leader, s'arrête au stand avec un problème d'allumage et perd une demi-heure. L'Aston de Stirling Moss et la type D de l'Ecurie Ecosse, avec Ron Flockart au volant, profitent du chaos de ce début course, pour occuper la tête. Les averses intermittentes, ont au moins la mérite de ralentir l'allure et d'éviter les problèmes de surconsommation en carburant.

A la fin de la première heure Flockart sur retrouve en « P1 » avec Moss, juste derrière. La deuxième DB 3S de Walker pointe 3e, devant la première Ferrari 625 de Phil Hill. La première Gordini de Manzon 5e, reste dans le coup, pendant que la Talbot-Maserati de Jean Behra 10e, semble attendre son heure. Le chassé-croisé entre les deux voitures de tête se poursuit jusqu'à la mi-course. Le facétieux Ninian Sanderson, garagiste écossais de son état, se montre à la hauteur de l'excellent Ron Flockart, dans la Type D bleu nuit à parement blanc. De leurs côtés Peter Collins et Stirling Moss, compensent le manque de puissance de leur DB3S, par leurs sciences du pilotage.

Après cinq heures de course, la Ferrari 625 de Gendebien-Trintignant, s'installe à la 3e place, pour ne plus la quitter jusqu'au drapeau à damiers. Alors que le jour décline, la liste d'abandons s'allonge. La Talbot de Lucas-Zehender, jamais dans le coup, tape dans les Hunaudières et abandonne sur place. La Gordini de Manzon-Guichet jusque-là impeccable, renonce vers 22 heures avec une soupape tordue. Elle occupait La 7e place. L'autre 2,5 litres de Da Silva Ramos-Guelfi, 10e après 6 heures, décline et rejoint son box à 3 heures du matin en panne d'embrayage. La petite 1500 cc Gordini, de Rinnen-Milhoux n'est plus en course depuis un moment, tombée… en panne d'essence sur le circuit.

A l'aurore, la pluie fait de nouveau son apparition. L'Aston Martin, se montre de nouveau menaçante face à la Jaguar. Le soleil fait son retour en fin de matinée. La piste séchant Moss-Collins, ne peuvent plus tenir la cadence, d'autant que la boite de vitesse de l'Aston Martin commence à faire des siennes.

Grosse déception la deuxième Talbot-Maserati, qui occupait la 8e place se retire à midi, pour un problème de transmission. Flockart-Sanderson, l'emporte avec un tour d'avance sur Moss-Collins. La distance parcouru par les vainqueurs 4034,93 km, est la plus faible depuis 1952. La Ferrari de Gendebien-Trintignant termine 3e à 7 tours devant la Jaguar jaune de l'équipage « Francorchamps » Swaters-Rousselle.

Le coupé Porsche 550 de Von Trips-von Flanckenberg remarque 5e, remporte la classe 1500cc. Hawthorne-Bueb sur la seule Jaguar d'usine encore valide finit 6e à 20 tours. A noter que l'équipage britannique, n'a cessé de remonter après être tombé en 41e position à la fin de la première heure. Trois des quatre D.B Panhard sont à l'arrivée. Le spider N°40 de Paul Armagnac-Gérard Laureau, 10e à la distance, remporte la classe 750cc et l'indice de performance en précédant la Porsche de Trips-Franckenberg. 14 voitures seulement voient le drapeau à damiers. La Jaguar XK 140 de Walshaw-Bolton, est finalement disqualifiée pour ravitaillement illicite, laissant la lanterne rouge à la petite VP Renault de Campion-Dumazer, qui a parcouru 2820km830 au cours des 24 heures.

La Fédération Française du Sport Automobile Corse, organise du 17 au 18 novembre entre Bastia et Ajaccio, le premier Tour de Corse Auto. Surnommé le « Rallye aux 10 000 virages », l'équipage féminin belge Gilberte Thirion, Nadège Ferrier, crée la surprise en donnant une première victoire à la nouvelle Dauphine Renault. Michaud-Rambaux, sur une Dauphine également, prennent la deuxième place, précédant une Porsche Carrera, une Alfa Roméo Giulietta et une Mercedes 300 SL, considérée comme favorite.

Chapitre 18 : Le creux de la vague.

En ce début d'année 1957, le monde automobile affiche une mine morose. En décembre 1956, la crise égyptienne avec la nationalisation du canal de Suez, entraine un rationnement de l'essence. Le déroulement des compétitions automobiles est provisoirement suspendu. Ainsi le Rallye de Monte Carlo, passe à la trappe. Les organisateurs béarnais, qui ont investi de gros moyens pour la reprise du G.P de Pau, se montrent inquiet. Heureusement la crise se dénoue, l'ACCB va pouvoir inaugurer la saison sportive en France, le 22 avril.

Le circuit modernisé, comprend un aménagement et un déplacement de la zone des stands, abandonnant la zone dangereuse en courbe, pour se retrouver dans la ligne droite précédente. L'implantation des box n'est pas définitive et les concurrents, doivent se contenter d'installations provisoires. En face, de superbes tribunes permanentes ont été érigées, protégé par un mur de sécurité. L'accès public, est sécurisé par la suppression des enceintes longeant la piste jusqu'au virage de la Gare.

Tous ces travaux, ne sont pas sans rapport avec les nouvelles normes imposés depuis l'accident du Mans en 1955.

Si de façon générale, le public perd un peu de proximité avec les voitures, la visibilité reste satisfaisante, avec une piste améliorée, plus roulante et plus large, dans l'intérêt de la sécurité de tous.

Malgré tous ces efforts, les organisateurs ont bien du mal à constituer, un plateau représentatif en qualité et en quantité. La concurrence anglaise, avec le Glover Trophy de Goodwood, privent des B.R.M, des Connaught en partie et autres Vanwall. De plus la Scuderia Ferrari, en pleine préparation de son nouveau Dino V6, pour remplacer le V8 Lancia décide de faire l'impasse.

L'Officine Alfieri Maserati, par contre aligne une évolution de sa 250 F en version « Lightweight » pour Jean Behra. Franceso Godia et Harry Schell, doivent se contenter de modèles plus anciens. Les autres Maserati sont soit des modèles d'écuries privées, comme pour la Scuderia Centro Sud, qui fait débuter le jeune et talentueux américain Masten Gregory, ou des 250 F personnelles, pour Luigi Piotti, Bruce Halford, et Roger Gould. La seconde écurie officielle, l'équipe Gordini, participe avec une T32 pour Da Silva Ramos et deux T16 pour André Simon et André Guelfi, alias « Dédé la sardine » ! Maurice Trintignant, représente symboliquement Ferrari, sur une ancienne 625, tout comme Connaught, qui fait l'effort d'aligner deux type B pour Yvor Bueb et Lès Leston. Au total 15 machines se présentent aux essais, mais le forfait de Barthe (Maserati) réduit le nombre à 14 voitures pour la course.

Les amoureux d'automobile, pleurent la disparition de Charles Faroux. Ce roc de 84 ans disparu en février, avait su gérer au mieux la tragédie du Mans deux ans auparavant. Un autre personnage, tout aussi emblématique lui succède, Raymond Roche, plus connu sous le sobriquet de « Toto » Roche.

Le rémois, donne le départ à 14h30, par un temps lourd et orageux. Schell, 2e temps des essais, grille la politesse à ses confrères et vire en tête au virage de la gare devant Trintignant. Behra (pôle position), entraine derrière lui dans l'ordre Leston, Godia et Bueb.

Masten Gregory, 4e temps s'est loupé complètement au départ de la deuxième ligne. La première boucle, n'est pas encore terminée, que Leston effectue un double tête à queue, endommage l'arrière de sa Connaught, pour passer en dernière position à la fin du premier tour.

Gregory entreprend d'effectuer sa remontée. Devant Behra s'est placé dans la sillage de Schell, suivi par Godia et Bueb. Le duel pour la 3e place tourne court, quand l'espagnole pressé par Bueb, tire tout droit au Pont Oscar et tape violemment dans les bottes de paille au 5e tour. Blessé au nez et au cuir chevelu, les secouristes l'amènent au poste de secours mis en place par l'organisation.

Behra trouve l'ouverture au 7e tour, passe l'américain et se détache inexorablement. Dans le même temps, Gregory est remonté en 5e position. L'écart se creuse entre le niçois et le franco-américain. De 7" au 13e tour, il passe à 14" deux boucles plus loin. Schell essaye de répliquer au 17e tour avec un meilleur temps provisoire portant la moyenne à 100,975km/h. Harry ne fait rien comme tout le monde. A l'intérieur de sa Maserati, il s'est aménagé un petit réservoir supplémentaire, qui lui permet de se désaltérer pendant la course, à l'aide d'une pipette. Pilier de l'AA, le « bar des coureurs », où Harry entretient ses relations humaines de préférence féminine et son art des cocktails. L'histoire, ne dit pas quel breuvage peut alimenter son réservoir d'appoint, pendant l'épreuve ?

Devant, Jean Behra n'a visiblement pas besoin de boisson, pour se doper. Il reprend le record du circuit à 101,071 km/h de moyenne au 33e passage et laisse Bueb 3e, à un tour. 3 tours plus tard, la Gordini d'André Simon, quitte la course en panne de magnéto. Le téléspectateur, peut admirer pour la première fois le spectacle devant sa télé, grâce aux caméras de la RTF installées au virage de la Gare. Cette nouveauté annonce la fin d'une époque, où les échappements des Connaught et des Gordini, crachent leurs dernières flammes.

La 3e victoire en terre paloise de « Jeannot le niçois » est saluée comme il se doit. Derrière la Maserati, chacun assure sa place, sans prendre le moindre risque. Harry Schell 2e à deux tours et Yvor Bueb 3e à 3 tours. Masten Gregory 4e à quatre, reste tout de même la promesse du jour. Les 6e et 7e places des Gordini de Nanou Da Silva et d'André, n'ont plus que le parfum d'un adieux en formule 1.

La firme du boulevard Victor, trouve une ultime invitation, pour le G.P de Naples du 28 avril 1957, en raison de la victoire de Robert Manzon, l'année précédente. Une Gordini T16 de F1 pour la dernière fois, fait entendre son rugissement dans les rues étroites de Naples. Nanou Da Silva Ramos, se comporte honorablement aux essais, plaçant sa monture en milieu de grille avec le 7e temps, sur les 16 engagés. Hélas, l'aventure prend fin au 15e tour de la course, lorsqu'il rentre à son stand privé de freins. Les Ferrari réalisent un triplé, avec dans l'ordre Collins, Hawthorn et Musso.

Il faudra attendre, plus de 10 ans pour revoir une voiture bleue au départ d'un G.P de Formule 1 *(Johnny Servoz Gavin à Monaco, le 7 mai 1967, réussit à qualifier sa Matra MS 5 de F2, au milieu des F1 !)* En attendant, le supporter français, doit ronger son frein en attendant un miracle en catégories Sport Endurance et Grand Tourisme. Faute de moyen financier, voir technique, les constructeurs français, sont contraints de faire des choix.

Renault Compagny, s'ouvre sur l'Amérique, pour les 12 heures de Sebring du 23 mars. Trois Dauphine sont spécialement affrétées par la Régie nationale et dirigé par François Landon. Paul Frère-Jean Lucas sur la « rouge », Maurice Michy-Michel Foulcoc sur la « bleue », ainsi que l'équipage féminin Gilberte Thirion-Nadège Ferrier sur la « blanche », forment les équipes de pilotes aux couleurs tricolores. Deutch Bonnet, marque sa présence par un coupé D.B HBR5, privé, piloté par Storr-Ulrich. Pour le classement scratch, l'Officine Alfieri Maserati, profite de l'absence des Ferrari et des Jaguar d'usines, pour s'offrir un doublé Behra-Fangio l'emporte sur une 450 S 5 litres, devant la 300S 3 litres de Moss-Schell. Hawthorne-Bueb, sur une type D, engagé par l'importateur Jaguar, ne se montre menaçant que dans les deux premières heures.

La dégradation des freins, contraint l'équipage d'assurer la 3e place à 4 tours des vainqueurs. Côté français la D.B Panhard renonce au 67e tour, pour un problème moteur, par contre les trois Dauphine 33e, 35e et 37e, dans l'ordre Bleu, Blanc, Rouge, remporte la classe Tourisme 1000cc.

Les grandes équipes ne meurent jamais, dit-on ! En serait-il de même des grandes courses ? Les Mille Miglia, la course pas comme les autres, vit sa dernière édition les 11 et 12 mai 1957, trente ans après sa création. Comme promis par mesure de sécurité, les organisateurs décident de revoir le nombre d'engagements à la baisse…avec 350 participants, pour 391 candidatures ! Avec les inévitables forfaits 310 voitures s'élancent au départ de Brescia. En dehors du classement à la distance, les organisateurs délivrent, pas moins de 25 prix, en sous catégories des classes Sport, Grand Tourisme de Série, Tourisme Spécial et Tourisme Préparé. Dans ces conditions, il n'est pas étonnant que les pilotes amateurs, se battent pour une parcelle de gloire.

Jaguar depuis le début de la saison, ne participe plus officiellement aux compétitions. La majorité de ses Type D, sont confiées à l'Ecurie Ecosse, qui depuis sa victoire de l'an dernier au Mans, ne cesse de monter en puissance. Peu favorable au circuit routier transalpin, une unique Jaguar est attribué à Ron Flockart. Les favoris sont bien entendu italiens. Maserati, propose une grosse 450 S à l'équipage qui a déjà fait ses preuves avec Mercedes en 1955, Stirling Moss associé au journaliste Dennis Jenkinson. Les plus petites cylindrées 200 S, 300 S, ou A6GCS de la marque de Modène, devaient trouver un terrain plus favorable pour s'exprimer. Du côté de Modène, Ferrari joue non seulement le scratch avec les 335 S de Collins et de Portago, mais également la victoire finale en Sport avec les 315 S de Taruffi et de Von trips ainsi qu'en Grand Tourisme, avec la 250 GT du belge Gendebien. Autre adversaire à ne pas négliger Porsche, dont les spiders 550 avec Maglioli entre autres, devraient tirer profit du secteur montagneux.

Les marques française, par l'intermédiaires de leurs clients, font le déplacement en force, mais avec pour unique ambition, le classement des « catégories dites mineures ». Particulièrement visés, les classes Grand Tourisme de série pour les D.B Panhard, Tourisme Spécial pour les Peugeot 203 et 403, les Renault Dauphine et 4cv, voir Tourisme Préparé pour les Dyna Panhard.

Dès le début de course Maserati voit ses espoirs s'envoler. 15 km sont à peine parcouru, que du côté de Peschiera, la 450 S de Moss s'arrête, câble de pédale de frein rompu. Puis la 300 S d'Hans Hermann abandonne sur rupture de train avant. Le même incident, parvient un peu plus tard à la 300 S de Girogio Scarlatti.

A partir de cet instant, les Tifosi n'ont plus d'yeux que pour les Ferrari. Von Trips, Collins et Taruffi occupent les trois premières places. De son côté, le marquis Alfonso de Portago, peste contre sa 335 S, qu'il n'apprécie guère. Gendebien, particulièrement à l'aise sur route humide revient sur l'espagnol dans le tronçon Florence-Bologne. Peter Collins, le généreux domine les débats, pendant 1300 km. La pluie soutenue à partir de Florence, noie littéralement les cols de la Futa et de Ratisoca. Peter, voit ses efforts s'évanouir à la hauteur de Parme, lorsque sa Ferrari casse sa transmission brutalement. Le vétéran Piero Taruffi 52 ans, se retrouve au commandement, devant Von Trip, Gendebien et De Portago en lutte pour la 3e place.

A Bologne au ravitaillement, De Portago, qui veut placer son Proto, devant la G.T de Gendebien, commet une erreur fatale. Malgré l'insistance de ses mécaniciens, il refuse de changer de pneus, pour gagner un peu de temps. Quelques dizaines de kilomètres plus loin à Guidizzolo, près de Mantoue, le pneus avant gauche de sa 335 S éclate, entrainant la voiture en contre-bas d'un champ et fauchant au passage plusieurs observateurs, hommes, femmes et enfants. « Fon » de Portago et son copilote Edmund Nelson, ainsi que 9 spectateurs, dont 5 enfants décèdent sur le coup. Plus tard le bilan s'alourdi, d'une dizaine de personnes en séjour à l'hôpital.

Taruffi l'emporte et comme il en fait a le serment, renonce à la compétition après sa victoire. Von Trips termine 2e à 3'01" de l'italien, précède Gendebien 3e et remporte les catégories Sport et Grand Tourisme. La Porsche d'Umberto Maglioli, 5e à la distance, enlève la classe 1500cc en Sport.

Les françaises, s'offrent « les miettes du festin ». La Peugeot 403 de Roger de la Geneste 66e, dans la sous division Tourisme Spécial, le coach DB Panhard HBR de Jean Claude Vidilles 81e en Grand Tourisme 1000cc, la Dauphine de Paul Frère 83e, en Tourisme Spécial 1000cc, la Dyna Panhard de Robert Chancel 141e en Tourisme Préparées 1000cc, enfin la 4cv de Louis Chardin 154e en Tourisme 750cc, sur les 172 voitures qui rallient l'arrivée. Pas de quoi enflammer les foules, néanmoins des performances démontrant que l'industrie sportive automobile française, existe encore…

Ce nouveau drame, déclenche une vive campagne « autophobe » et anti course, amènent à faire disparaitre l'épreuve. La légende renait en 1977, sous la forme de courses historiques, avec des véhicules créaient en 1957 au plus tard. Une manière comme une autre, d'entretenir le mythe.

Les 24 heures du Mans, restent bien entendu, le rendez-vous incontournable de l'année. Pour la circonstance, Talbot et Gordini, ont trouvé quelques argents à investir dans des nouveaux modèles. Anthony Lago, réussit à séduire André Dubonnet, célèbre industriel en spiritueux, mais également ancien pilote de chasse pendant la grande guerre, puis athlète et enfin coureur automobile dont la passion à 60 ans, reste toujours intact. Comme le dit la publicité de l'époque, du Dubo… Dubon… Dubonnet ! La nouvelle barquette bleu nuit, à la ligne fluide et fuyante est carrossée à Modène par Franco Reggiani, concepteur habituel des OSCA et autre Stanguellini. Deux voitures sont mises en chantier, toujours propulsé par le moteur Maserati 250 S. Un seule malheureusement, s'avère terminé à temps pour les 24 heures. Bruce Halford et Franco Bordini, composent l'équipage.

Après des essais encourageant, 20e temps sur les 54 engagés, la voiture abandonne dès le départ, sur rupture de transmission... Pour Gordini, il s'agit de la 31 S. Deux modèles sont engagés, un 8 cylindres de 3 litres, pour Jean Guichet-André Guelfi et un 6 cylindres 2 litres, pour Clarence de Rinen et Robert Lacaze.

Si Gordini et Talbot veulent encore entretenir la flamme, il faut plutôt se tourner vers Deutch Bonnet, pour au moins viser l'indice de performance. Le fabriquant de Champigny, engage trois spiders épaulé par un coach, toujours propulsé par le bicylindre 750 cc Panhard. La marque du quai de javel en association avec Monopole, propose deux coupés et un spider X88. En dehors d'une OSCA d'une VP Renault et d'une 4 cv spécial, les Panhard devront composer avec quatre Lotus Eleven Climax 1100cc, dont l'indice de performance, reste l'objectif principal.

Pour le classement à la distance, cinq Jaguar D des écuries Ecosse, Nationale Belge, Hamilton et Los Amigos, se trouvent confronter à quatre Ferrari de la Scuderia, 335 ou 315 S et 250 TR. L'officine Alfieri Maserati fait peur, avec ses deux grosses 450 S coupé et spider, des équipages vedettes Moss-Schell et Behra-Simon, ainsi que deux 300 S, tout aussi redoutable. A noter que chez Maserati, Fangio, pilote de réserve, ne participe qu'aux essais. Depuis l'accident de 1955, l'argentin fait une phobie des courses de 24 heures. Dernier outsider, les Aston Martin de David Brown avec deux DBR1 accompagné d'une DB3S.

Au départ Collins (Ferrari), précède Brooks (Aston Martin), Hawthorn et Gendebien (Ferrari), pendant que Salvadori, (Aston Martin) passe 5e à la fin du 1er tour. Dès le 2e passage, l'ordre est bouleversé, Collins avec des ennuis de moteur rétrograde et abandonne rapidement. Hawthorn aux commandes se voit talonné par les Maserati de Behra et Moss. Puis dès le 3e tour la Gordini de Rinen, suit Collins dans la liste des abandons, moteur cassé. A la fin de la première heure, la Ferrari de Mike Hawthorn, possède 40" d'avance, sur les deux Maserati.

Au cours de la 2e heure, Mike, descend pour la première fois sous les 4' au tour (3'58"7 à 203,015 km/h). Il s'agit d'un feu de paille, son moteur donne des signes d'essoufflement. A 18 heures, les positions sont les suivantes Behra mène devant Moss et la Ferrari 250 TR de Gendebien. Seules ces 3 voitures, sont dans le même tour, Hawthorn pointe 4e.

Après le premier ravitaillement, l'ordre s'en trouve bouleversé. Le spider de Behra-Simon, en panne de transmission rejoint « le cimetière des voitures ». Puis le coupé de Moss-Schell atteint du même mal, passe un long moment au stand.

A la hauteur de Mulsanne, la Lotus Seven N°41 de Roger Masson, se met à toussoter. Le pilote louvoie, pour tenter de réamorcer la pompe à essence. Mais rien n'y fait, la petite anglaise s'immobilise sur le bord intérieur de la piste. Masson, tente alors un pari fou, ramené l'auto au stand, en la poussant sur plus de 6 km. Le volant positionné à droite lui permet de guider la machine de la main gauche, tout en la poussant de la main droite. La voiture n'a beau peser que 450 kg, elle se fait de plus en plus lourde au fil des hectomètres. Sous la chaleur, entre deux poses, il finit par se débarrasser du haut de sa combinaison, offrant son dos aux morsures des rayons du soleil. Le voilà dans les esses d'Indianapolis, direction Arnage. Les applaudissements et les encouragements des spectateurs, situé en bord de piste redoublent. Les crampes arrivent se mêlant aux douleurs musculaires. Les pieds brulants, il finit par se débarrasser de ses chaussures, qu'ils jettent dans l'habitacle. Déshydraté, le regard troublé par les goûtes de sueur, il aperçoit « Maison Blanche ». Le plus gros est fait, ce n'est pas le moment d'abdiquer. « Hercule Roger », arrive enfin au box épuisé, au bord de l'évanouissement, après une heure et demi d'un effort intensif. Entouré de ses proches, il peut enfin boire, s'alimenter, récupérer. Les mécaniciens font le plein. Son coéquipier André Héchard, prend le relais, le petit spider va pouvoir poursuivre sa ronde.

A 19 heures, après 3 heures de course, la Jaguar N°3 de l'écurie Ecosse, pilotée par le duo Flockhart-Bueb s'installe en tête, avec seulement deux adversaires à surveiller. La Ferrari de Gendebien-Trintignant et l'Aston Martin DBR1 de Brooks-Cunningham, qui évoluent dans le même tour. Après Talbot, Gordini, met un point finale, aux deux plus prestigieuses marques ayant animé, le sport automobile français, depuis la fin de la seconde guerre mondiale.

La nouvelle 31 S de Guichet-Guelfi, vient de parcourir 38 tours, lorsqu'elle s'arrête définitivement en panne de moteur. Vers minuit, la 250 TR du duo franco-belge commence à donner des signes de fatigue. Comme pour les autres Ferrari, le moteur est en cause, c'est l'abandon deux heures plus tard. L'Aston de Brooks-Cunningham 2ᵉ, est désormais prise en sandwich, par les deux type D de l'écurie Ecosse, celle de Flockhard-Bueb toujours leader, et celle de Sanderson-Lawrence.

La course bascule définitivement à deux heures du matin, lorsque Tony Brooks « le dentiste volant », fait une embardée au Tertre Rouge, se retourne avant d'être percutée par la Porsche 718 RSK de Maglioli en 7ᵉ position. L'italien n'est que légèrement blessé et l'anglais a eu chance inouïe, transporté à l'hôpital, il ne souffre que de nombreuses coupures. David Murray, le manager de l'écurie Ecosse est aux anges, ses deux voitures sont en tête et ne vont plus la quitter. La procession des Jaguar se poursuit, la 17 de l'écurie Los Amigos avec Lucas-Mary finit 3ᵉ à 10 tours, devant l'autre type D de l'écurie Nationale Belge, conduite par Frère-Rousselle. La dernière 315 S valide de Lewis-Evans-Severi évite la défaite totale de Ferrari par une 5ᵉ place à 27 tours. Jaguar aurait même pu prendre les 5 premières places. La Type D d'Hamilton-Gregory, retardé pour un problème de plancher et d'échappement, se retrouve 6ᵉ à moins d'un tour de la Ferrari.

Si la défaite est consommée pour les « rouges italiennes », les « bleus françaises », n'ont pas grand choses à se mettre sous la dent.

Les lotus Eleven d'Allison/Hall 13e et de Fraser/Chamberlain 14e, prennent les deux premières places à l'indice de performances remportant au passage les classes 1100 et 750 cc. Le Spider DB Panhard de Cornet/Perrier, 3e à l'indice et 17e au classement général, est finalement devancé par la courageuse Lotus XI d'Héchard-Masson 16e, en perdant 90' le samedi. 20 voitures rallient l'arrivée sur les 54 au départ.

Les organisateurs des 12 heures de Reims des 13 et 14 juillet, changent de formule. Les protos ne sont plus acceptés au départ, pour privilégier les voitures de Grand Tourisme en plein essor. Dans les plus de 2 litres, Ferrari joue sur du velours, avec six 250 TDF toutes privées, fassent à deux Mercedes 300SL, deux Austin Healey et une Jaguar XK140. Les françaises ne sont présentes que dans la catégorie -1000cc avec trois DB, trois Panhard-Monopole toutes équipées d'un 850cc, et une Alpine Renault 747cc. La seule opposition se limite à une Fiat-Abarth, de 747cc.

La course, est amputée d'entrée, par l'abandon de la Maserati 2 litres de Giraud-Cabantous. Dès les premiers tours les Ferrari de Gendebien et de Seidel s'expliquent dans une lutte à couteau tiré. Cette empoignade, va se poursuivre pendant 12 heures. La pluie fine rend la piste particulièrement glissante, où « les figures » et sorties de route se multiplient, heureusement sans dommage pour les pilotes et les voitures. A mi-parcours, seulement six abandons sont enregistrés, dont la Ferrari de Peron-Lucas (boîte de vitesses), l'Alpine de Michel-Vinatier (fuite d'huile) et la D.B de Masson-Laureau (moteur).

Au petit matin, Van den Bruwaene-Cotton (Panhard-Monopole), sont disqualifié pour non arrêt du moteur au stand. Puis la Mercedes de Houel-Manditeguy, renonce avec des freins défectueux. A 8 heures Gendebien-Frère, possèdent deux tours d'avance sur l'autre Ferrari de Seidel-Phil Hill. Seul changement notoire deux heures plus tard, avec l'abandon de la Mercedes Simon-Leguezec, piston crevé.

Les leaders poursuivent leur ronde jusqu'au bout pour l'emporter avec 3 tours d'avance. La 250 TDF de Munaron-Madero, complète le podium des Ferrari à 8 tours.

La Monopole de Chancel-Hemard, 24ᵉ du scratch, précède de moins d'un tour la D.B Panhard de Picard-Hanna (26ᵉ), pour la victoire dans la catégorie moins de 1000cc.

Le championnat du Monde d'endurance 1957, se termine par le G.P de Suède du 11 août et par le G.P du Venezuela du 3 novembre. Dans l'avant dernière épreuve la Maserati 450S de Behra-Moss, prend le dessus sur la Ferrari 335S de Phil Hill-Collins. Mais Ferrari, a finalement le dernier mot à Caracas pour le titre, où la 335 S de Collins-P.Hill, l'emporte devant la voiture sœur de la Scuderia, pilotée par Musso-Hawthorn.

Chapitre 19 : L'absence.

A l'aube de la saison 1958, sans constructeur en formule 1, la présence française se limite à Jean Behra et à Maurice Trintignant. Le niçois, prend le chemin de chez B.R.M, pendant que le gardois trouve refuge dans l'écurie privée Rob Walker au volant d'une Cooper. L'autre évènement, concerne Maserati. La firme de Modène, vient de déposer le bilan et de ne peut engager ses voitures, que par l'intermédiaire d'écuries privées.

Juan Manuel Fangio, pour la 5ᵉ fois champion du monde envisage très sérieusement la retraite. Ses héritiers potentiels, se nomment Striling Moss, chez Vanwall, Peter Collins et Mike Hawthorn, chez Ferrari. Autre nouveauté, les mixtures à base d'essence, de benzol, ou de nitrométhane, considérées comme trop dangereuse, sont désormais interdites. Les motoristes, doivent utiliser le carburant AVGAS type aviation, similaire à l'essence du commerce, mais avec un taux d'octane supérieur. La Commission Sportive Internationale, décide de créer une coupe des constructeurs, à l'image de celle existante en endurance, avec une barème identique de points.

La saison commence en Amérique du sud, le 19 janvier par le G.P d'Argentine et le 26 janvier avec les 1000 km de Buenos Aires. En F1, pour sa tournée d'adieu, Fangio dispose d'une Maserati 250 F d'usine, mais engagée par la Scuderia Sud Americana.

En raison des nouvelles normes en carburant, les écuries anglaises B.R.M et Vanwall, n'ont pas eu encore le temps de s'adapter. De ce fait, Moss se retrouve provisoirement chez Rob Walker avec une Cooper Climax à moteur arrière de seulement 2 litres, développant à peine 175 chevaux. Les chances du britannique, semble bien maigre, malgré la maniabilité et le poids plume de sa machine (410 kg) contre les 285 chevaux de la nouvelle Dino Ferrari, ou les 260 chevaux d'une Maserati. Le plateau se réduit à 10 voitures, dont six Maserati et la Cooper de Moss, pour accompagner les trois Ferrari.

Fangio devant son public, s'offre une nouvelle pôle position en précédant, les deux Dino d'Hawthorn et Collins de 6/10. Jean Behra, provisoirement sur Maserati, complètent la première ligne à 7/10. Moss avec tout son talent, limite la perte à 2" pour le 7e temps.

Le départ de la course est donné sous un soleil radieux, Peter Collins reste planté sur sa ligne, avec un demi-arbre de transmission rompu. « Jeannot le niçois » se montre le plus prompt et précède au premier tour dans l'ordre Hawthorn, Fangio et Moss, qui a pu glisser habilement la petite Cooper en 4e position. Dans les deux passages suivant, Juan Manuel et Stirling, échangent régulièrement leurs positions. Mike Hawthorn passe Behra, puis Luigi Musso (Ferrari) au 5e tour, souffle la 4e place de Moss, qui se bat avec ses rapports de boîte. Un caillou percuté, va bientôt solutionner miraculeusement le problème. Fangio, augmente la cadence, il passe dans un premier temps le niçois, puis prend la tête au 10e tour.

Moss a repris la 4e position, puis tout en finesse, il grignote encore une place dans la 20e boucle. Enfin, il prend la deuxième place dans le tour suivant, pointant à 15" de Fangio. Néanmoins les pneumatiques se dégradent, il devient impossible de boucler le reste de la course avec le même train de pneus. Le maestro fait un passage par les stands au 35e tour. A mi-course, les positions sont les suivantes, 1 Moss, 2 Behra à 20", 3 Musso à 35", 4 Fangio à 53". Hawthorn retardé par un problème de pression d'huile, tombe à la 5e place. Le ballet des changements de roues, continue avec Jean Behra, qui passe à la 5ᵉ place. Musso devient deuxième devant Fangio. Chacun s'attend, à l'arrêt de la Cooper, qui ne vient pas. La voiture est équipée de roues à cinq écrous, ne favorisant pas un changement de pneus. Stirling, prend le risque fou de continuer jusqu'au bout, sans passage par son box. Pour économiser ses gommes, l'anglais lâche 2" au tour sur Musso et Hawthorn, mais réussit à conserver 2"7 sur l'italien et 12"6 sur le britannique au baissé du drapeau à damiers. Fangio prend les 3 points de la 4ᵉ place ainsi que le point du record du tour, pendant que Jean Behra sauve la 5ᵉ place à 2 tours.

Les 1000km de Buenos-Aires, une semaine plus tard ne mobilisent pas plus que le Grand Prix avec 27 voitures, dont cinq d'usine seulement. La nouvelle réglementation, réduisant la cylindrée des protos à 3 litres, oblige Aston Martin et Jaguar, à retarder leur entrée dans la compétition. Dans ces conditions, la Scuderia Ferrari joue sur du velours avec quatre 250 TR. Maserati, existe à travers deux 300 S, sous la bannière de « la Centro Sud » pour son équipage vedette Fangio-Godia et Magnasco-Bordeu. La Maserati 200 S, 2 litres, pourrait également jouer un rôle, avec l'excellent duo Bonnier-Gregory. Une troisième 300 S, conduite par Moss-Behra casse son vilebrequin aux essais. Faute de pièce de rechange, le duo franco-anglais, partira sur un spider Porsche 550 RS de 1600cc.

La course commence, par l'abandon dès le 1ᵉʳ tour de la 250 TR de Musso-Gendebien. L'italien, heurte une bordure entrainant sous le choc la rupture de sa direction. Puis au 8ᵉ tour, le local Jorge Magnasco, sort de la piste avec sa Maserati, dans la grande courbe et se tue sur le coup. Ce n'est pas le jour de la marque de Modène. Fangio en seconde position tape au même endroit au 24ᵉ passage, faussant sa direction et le frein à tambour à l'avant gauche.

La réparation de fortune n'y fait rien, le radiateur touché, le moteur surchauffe. Puis la 200 S de Bonnier-Gregory, monte au 4ᵉ rang et renonce après la 47ᵉ boucle, pour un problème de freins. Collins-Phil Hill, mènent la course de bout en bout et précèdent leurs coéquipiers Von Trips-Gendebien de 3' 13".

L'exploit, vient de la Porsche de Moss-Behra 3e et vainqueur de la catégorie 2 litres, en ne cédant que 3'22" à la voiture de tête.

Les 12 heures de Sebring du 23 mars, marque la véritable rentrée. Aston Martin fait son retour avec deux DBR1, pour Moss-Brooks et Shelby-Salvadori. Jaguar également, par l'intermédiaire de l'écurie l'Ecosse avec deux type D et deux Lister Jaguar. 65 équipages sont au départ, parmi lesquelles deux D.B Panhard, appartenant à des particuliers. Comme on ne change pas une équipe qui gagne, Phil Hill-Collins, double la mise devant Gendebien Musso. Porsche, confirme ses bonnes dispositions en complétant le podium avec la 718 RSK de Seidel-Schell et remporte la catégorie 2 litres.

Pour les britanniques, il s'agit d'une déroute complète. La boite de vitesses de l'Aston Martin de Moss, rend l'âme après deux heures de domination sans partage. Peu de temps avant Shelby-Salvadori durent renoncer, victime du même problème. Chez Jaguar, les moteurs comme pour les Lister, ne supportent pas la réduction de cylindrée. L'Osca S750 d'Haskell-Ferguson, 8e de la course remporte, l'indice de performance et la catégorie 750cc. La D.B Panhard de Marron-Toland, 29e, doit se contenter de la 2e place en 750cc.

Pau, comme à son habitude lance la saison sur piste dans l'hexagone, pour le week-end pascale du 5 au 7 avril. Les organisateurs, prennent une décision radicale en abandonnant la F1, pour une coupe internationale de vitesse de F2. Histoire de dire que « les voitures bleus » existent toujours, des courses d'encadrement sont au programme avec une épreuve de « Monomill » (FIII de l'époque) ainsi que trois épreuves d'endurance de 3 heures.

Les essais, débutent le samedi par un temps froid et pluvieux. Les conditions se dégradent un peu plus le dimanche, avec les derniers essais de F2 et la première course des 3 heures G.T à 12h35, sous une pluie battante agrémentée de grêle. Un plateau squelettique, compose la grille des petites cylindrées de 500 à 1000cc avec des 4cv, des Dyna Panhard et des Fiat.

Dans ce contexte, les coachs d'usine D.B Panhard, s'offrent une victoire facile. Gérard Laureau, l'emporte devant son coéquipier Paul Armagnac. Paul Condriller, sur Alpine Renault, s'adjuge la sous classe 750cc. La seconde course, s'élance une heure plus tard. Storez sur un speeder 356 Porsche mène les premiers tours avant de renoncer, laissant le commandement à Vidilles, qui partage une Lotus Eleven avec Da Silva Ramos, pour la victoire.

Le lundi un soleil timide va éclairer, les deux courses majeures. Les 3 heures des grosses cylindrées et l'épreuve de F2. Les Ferrari font un festival, Da Silva Ramos lance les hostilités avant qu'une pirouette, ne lui fasse finir sa course dans les bottes de paille. A partir de ce moment, le belge Olivier Gendebien devient intouchable et tient en respect Seidel, qui doit se contenter de la deuxième place.

Si Ferrari reste intouchable en G.T, Cooper n'a pas son pareil en F2. Cinq d'entre elles sont au départ, dont celle de Maurice Trintignant sur une T43, du team Rob Walker. Les néozélandais du Team Ridgway, proposent deux modèles identiques, pour Ronnie Moore et Raymond Thackwell. De son côté, Alan Brown, fait courir Nano Da Silva Ramos, qui participe à sa 3e course du week-end. Enfin Lachford présente une hybride, la Halseylec d'inspiration Cooper. Côté antiquité, Jacques Calès prend le départ au volant d'une Gordini type 15 de 1950. L'OSCA de Giulio Cabianca, semble représenter, une menace un peu plus sérieuse, ainsi que les deux spiders Porsche de Schiller et Veuillet. Bill Prost sur une Lotus Eleven et Paul Armagnac sur Monomill, sont également au rendez-vous pour étoffer un peu la grille.

Au baissé du drapeau Cabianca, de la deuxième ligne brule la politesse à Trintignant, Da Silva Ramos et Moore, dans l'ordre les trois meilleurs temps des essais. Pétoulet, prend rapidement la tête au deuxième tour dans la courbe des stands. Alors que le natif de Vergèze fait l'écart, une averse s'invite à nouveau, provoquant quelques bousculades au virage de la gare. Surpris par Armagnac, Calès envoie sa Gordini dans les bottes de paille.

Dans la confusion, Thackwell part en tête à queue, provoquant le dérapage de la Porsche de Veuillet. Tout ce petit monde, finit par repartir, néanmoins Thackwell abandonne peu après, boîte bloquée.

Sous la pluie, ou sur le sec, Maurice Trintignant continue de creuser les écarts, doublant tous les concurrents, à l'exception de Da Silva qui va prendre la 2e place à 1'51". Cabianca complète le podium à un tour, tous les autres sont à deux tours et plus.

Le G.P de Monaco du 18 mai, annonce le retour de toutes les écuries d'usines. B.R.M et Vanwall, pour faire face à la nouvelle réglementation avec l'adoption du carburant Avgas, ont perdu 20cv de puissance moteur. Les forces, sont très disparates. Le Dino Ferrari tient la côte avec 290 chevaux, pendant que le Maserati et le Vanwall n'en comptent que 270 et le B.R.M 245. Pour le Climax qui équipe les Cooper et les Lotus, la différence est encore plus importante. Jack Brabham, pilote la nouvelle version 2,2 litres de 195 chevaux, pendant que qu'Allison, Graham Hill, Salvadori et Trintignant doivent se contenter d'un 2 litres de 175 chevaux.

27 concurrents se présentent aux essais, pour 16 places disponibles sur la grille. Tony Brooks sur une Vanwall à museau raboté, réalise le meilleur temps, d'une seconde pleine sur la BRM de Jean Berha. Jack Brabham complète la première ligne à 1"2, pendant que Salvadori et Trintignant occupent la seconde à 1"3, preuve que les Cooper peuvent compenser leur manque de puissance par une agilité supérieure, sur le tourniquet monégasque.

Roy Salvadori, se montre particulièrement audacieux au départ en piquant au freinage du Gazomètre, l'ensemble des concurrents. Néanmoins déporté il tape, les bottes de paille, fausse sa direction le contraignant à un passage par son stand. A la fin de la première boucle, Behra, pointe en tête devant Brooks, Brabham, Moss (Vanwall) et Trintignant. Moss, fait le forcing et s'empare de la 3e place au 3e tour. Les Ferrari en retrait aux essais, amorcent un retour avec Hawthorn, qui devient 4e au 5e passage, puis 3e au 10e tour.

Dans une course très serrée, Brabham 5e, et Trintignant 6e pointent à 9". Au 20e tour, Hawthorn devient le dauphin de Behra à 5" du niçois. Le moteur de Brooks donne des signes de faiblesse, son coéquipier Moss en profite pour le doubler pour la 3e place. « Le dentiste volant » abandonne au 22e tour, Musso (Ferrari) devient 4e. Puis Jean Behra, n'est pas payé de ses efforts, avec sa BRM privée de freins, il renonce au 29e tour. Au 30e passage, Hawthorn précède Moss de 2"1, Trintignant de 8"5 et Musso de 31"3.

Dans la 32e boucle, Moss devient leader pour 5 tours, avant qu'une soupape ne mette fin à sa course. Hawthorn qui établit le record du tout possède alors 13" sur Trintignant. Le britannique semble être en mesure d'aller au bout, mais un boulon de support de sa pompe à essence se détache, entrainant son abandon. Nous sommes à mi-course Maurice Trintignant n'a plus qu'à contrôler. Il compte 43" d'avance et en conserve vingt au baissé du drapeau à damiers sur Musso. L'autre Ferrari de Collins termine 3e à 39" devant Brabham 4e à 3 tours et Harry Schell (BRM) 5e à 9 tours.

Pétoulet remporte ainsi son 2e G.P comptant pour le championnat du Monde, après sa victoire dans la principauté en 1955. Il faudra attendre 1971 et François Cevert, pour voir un autre français sur la plus haute marche du podium en formule 1.

Retour à l'endurance le 11 mai, avec la Targa Florio où les français brillent par leur absence. La Ferrari 250 Testa Rossa de Musso-Gendebien en profite, pour donner une troisième victoire consécutive à la marque au cheval cabré. Stirling Moss sur son Aston Martin DBR1, a bien donné quelques frayeurs en établissant le meilleur tour en course, mais une pierre après 20km de course, calmait son ardeur par une crevaison. Des problèmes de boîte et de moteur, retiraient ensuite toute illusion. La bonne surprise venait de la Porsche 718 RSK de Behra-Scarletti, prenant une bonne 2e place à la barbe des deux autres 250 TR de Von-Trips-Hawthorn et de Collins-Phil Hill, respectivement 3e et 4e.

Moss, va prendre une revanche étincelante, pour les 1000 km du Nürburgring du 1er juin. Quatre Ferrari 250 TR d'usine, font face à trois Aston Martin DBR1.Pour la circonstance les deux Jaguar D de l'écurie Ecosse, peuvent jouer les arbitres. Sur l'une d'entre elles, Masten Gregory, réussit à descendre pour la première fois aux essais, sous les 10' sur le tour de 22km810, avant qu'Hawthorn (Ferrari) ne réalise 9'43'1.

Epaulé par Jack Brabham qui découvre le circuit, Stirling Moss prend soin de prendre suffisamment d'avance dans son premier relais, avant de confier le volant à son coéquipier. La Ferrari d'Hawthorn semble ensuite capable de revenir, avant qu'une crevaison ne vienne contrarier ses plans. L'autre 250 TR de Musso-Hill, subit également une crevaison. Gregory-Flockhart, sont éliminés sur accident au 29e tour et l'Aston de Brooks-Lewis Evans, au 41e sur sortie de route. Dans leur jardin, les Porsche manquent également de réussite. Behra-Barth sont évincés pour un problème de soupapes, pendant que von Franckenberg-De Beaufort doivent se contenter de la 6e place à 2 tours de Moss-Brabham. Stirling établit un nouveau record du circuit en 9'43" et laisse la Ferrari de Collins-Hawthorn 2e à 3'44" et l'autre 250 TR de Von Trips-Gendebien 3e, à 9'18". Les Testa Rossa de Musso-Phil Hill et Seidel-Munaro (Ecurie Francorchamps), sont respectivement 4e et 5e à un et deux tours.

« Les bleus, beaucoup trop pâle » depuis le début de la saison, vont-ils reprendre des couleurs pour les 24 heures du Mans des 21 et 22 juin ? Chez Deutsch Bonnet tout le monde se mobilise.

L'atelier de Champigny, a retravaillé sur de nouvelles culasses à chambre de combustion plus ouverte, afin de tirer quelques chevaux supplémentaires du Flat Tween Panhard. Quatre modèles sont engagés, dont deux spiders, un coupé super profilé, et un coach HBR 5 classique, tous équipés du 745cc Panhard. Avec la même motorisation, l'équipe Monopole se présente avec 4 coupés. Désormais les « frenchies », ne sont plus seuls, pour lutter dans les petites catégories et pour l'indice de performance.

Les Lotus sont de plus en plus redoutables et il faut aussi compter sur les deux OSCA, voir sur les trois Stanguellini. Pour le classement général, les cinq Jaguar type D, appuyé par deux Lister, semblent fragilisées depuis la réduction de leur cylindrée. Aston Martin après sa victoire du Nürburgring, avec Trois DBR1, devaient être le mieux armé, pour contrer dix Ferrari 250 TR, dont deux seulement de la Scuderia. Sauf miracle, les trois Porsche 718 RSK de l'usine, devront se contenter de la catégorie 2 litres, à moins que les deux AC Bristol, ne viennent contrecarrer leurs plans.

La crainte de Jaguar, se confirme en moins de trois quart d'heure, quand les deux type D de l'écurie Ecosse de Farman-Gregory et de Sanderson-Lawrence, percent un piston. Après deux heures de course, celle de Charles-Young sera éliminée par un accident. Jaguar out, Aston Martin fait le lièvre, par l'intermédiaire de l'intenable Stirling Moss. Jack Brabham aura à peine le temps de prendre le relais, que peu après 18 heures, la DBR1 s'arrête à la hauteur de Mulsanne, moteur cassé. La Ferrari d'Hawthorn prend le relais un court instant, avant que des ennuis mécanique ne la retarde. Sur une autre 250 TR, l'équipage Gendebien-Phil Hill, lui succède et ne va plus quitter la tête. A 19 heures, un premier orage, inonde la piste, de nombreux accident perturbent la course. Le plus dramatique se produit peu après 22 heures, lorsque la Ferrari du NART de l'américain Kessler, se met en travers dans la courbe Dunlop. La Type D « Los Amigos » de Jean Maric Brussin, alias « Mary », ne peut l'éviter et par en tonneau, tuant son pilote sur le coup.

Alors que l'on pense la course pliée, la dernière Jaguar de Hamilton-Bueb en seconde position depuis 23 heures, se montre de plus en plus menaçante. Au petit matin le soleil fait son retour, malheureusement pour Ducan Hamilton, en voulant éviter une Monopole en panne à Arnage, sa type D sort de la piste à 4 heures de l'arrivée. La vieille Aston Martin DB3S des frères Whitehead, devient deuxième à 8 tours de la Ferrari de tête. Porsche, profite des 36 abandons, pour placer les deux 718 RSK de Behra-Hermann et de Paul Frère-Barth en 3e et 4e position, avec des victoires en catégories 2 litres et 1,5 litres. L'OSCA, 10e du scratch remporte l'indice de performance et la catégorie 750cc devant les deux spiders DB Panhard de Laureau-Cornet (11e) et d'Armagnac-Vidilles (12e). Au total, 17 voitures seulement rallient l'arrivée.

L'affiche des 5 et 6 juillet à Reims, n'a jamais été aussi grandiose. L'Automobile Club de Champagne, organise le Grand Prix France de F1, la coupe de vitesse de F2 et les 12 heures de Reims. Pour les 12 heures, comme l'année précédente, priorité est accordée aux voitures de Grand Tourisme. Dans ces conditions, pour la victoire qui peut s'opposer aux onze Ferrari 250 TDF engagées ? Les deux Aston Martin DB3 et la BMW paressent, bien seules ! Ne négligeons pas dans la catégorie 2 litres, les sept Porsche 356 voir les quatre AC Bristol. Dans les petites catégories, en 750cc quatre Panhard Monopole font face à une Fiat Abarth. En 1000cc DB Deutsch Bonnet s'offre un boulevard avec six machines Son rival Lotus s'attaque uniquement à la catégorie 1300cc, avec pour cible six Alfa Roméo. Bref à y regarder de plus près, les constructeurs donnent l'impression de se partager le gâteau. Les forfaits de dernières minutes de la Fiat Abarth, de deux Alfa Roméo, d'une AC Bristol, d'une Aston Martin et de la BMW semble simplifier encore le débat.

Gendebien-P. Hill après leur triomphe de l'an dernier, gagnent cette fois dans la douleur. Ils doivent changer trois fois la dynamo de leur Ferrari 250 TDF, puis Phil Hill au petit matin reste bloqué au stand avec un démarreur coincé.

Mairesse-Beurlys, sur une autre 250 F se montre menaçant, revenu à 50" des leaders, ils doivent lever le pied avec un pont arrière donnant des signes de fatigue. Dernier suspense, lorsque à deux heures de l'arrivée, la Ferrari de tête explose son pare-brise. Paul Frère rejoint son box, pour que ses mécanos brisent la vitre de custom, afin d'éviter que l'air s'engouffrant dans l'habitacle, ne fasse des turbulences. Nouvel arrêt au tour suivant, pour arracher les garnitures intérieures du toit, qui gênent la visibilité du pilote.

Le couple belge est récompensé avec la victoire et un record de distance battu de 40km. Mairesse-Beurlys, sont 2e à deux tours, devant une troisième Ferrari pilotée par Bertin-Peron. La lutte dans les différentes classes ne réserve aucune surprise. La Porsche de Storez-Fanckenberg, 6e, remporte la classe 2 litres, la Lotus de Lovely-Ireland 8e, gagne la catégorie 1300cc, la DB de Cornet-Bartholoni 16e et la Monopole de van der Bruewane-Lejourel 17e s'offrent les catégories 1000 et 750 cc, sans opposition.

Pour la coupe de vitesse de F2, Porsche engage un nouveau spider dérivé du 718 RSK de formule Sport, mais avec un siège unique positionné au centre de l'habitacle. Jean Behra, se voit attribué la nouvelle monture. Les trois Cooper T43 de l'écurie Walker de Moss, Trintignant et Bridger, avec les deux voitures d'usine de Brabham et Salvadori représentent la principale opposition. Peter Collins, tenu responsable d'avoir grillé son embrayage lors des derniers 24 heures par Enzo Ferrari, doit faire ses preuves au volant d'une Dino 156. Aux essais Behra se montre performant, en précédant Collins d'une seconde 3/10 et Moss d'une seconde 8/10.

Pour la course, « Jeannot » n'est inquiété qu'un bref instant par Stirling Moss. Ce dernier établit le record du tour au 3e passage et doit renoncer au 11e tour, sur baisse de pression d'huile. Le niçois l'emporte sur un très bon Peter Collins 2e à 20'' et sur George Wicken (Cooper) 3e à 2'12''. Le G.P de l'A.C.F rentre dans l'histoire. Juan Manuel Fangio, 10 ans après avoir débuté sa carrière en Europe, sur ce même circuit de Reims Gueux, prend le départ d'une dernière course. Pour l'occasion Maserati prépare une nouvelle 250 F à empattement raccourci, allégé de 70 kg, baptisée « Piccolo ». Après Monaco, dans la bataille pour le titre, les Vanwall de Moss et Brooks, ont obtenu gain de cause en Hollande et en Belgique. Néanmoins les Ferrari d'Hawthorn, 2e à Spa, de Musso et de Collins, représentent toujours un danger permanent. Hawthorn, profite de la puissance de sa Dino 246 pour s'emparer de la pôle, devant son coéquipier Musso à 7/10 et Schell montre les progrès de la BRM, en complétant la première ligne à 1"4. Collins et Brooks sont en seconde ligne, pendant que Moss, Trintignant (BRM) et Fangio occupent la troisième. Schell se veut le plus efficace au départ, mais pour peu de temps, Hawthorn prend le meilleur à Muizon. Musso légèrement décroché, emmène la meute avec les deux Vanwall de Moss et Brooks, pendant que Fangio passe en 6e position à la fin du 1er tour. Dès la seconde boucle, Peter Collins s'empare de la troisième place, les trois Ferrari sont devant. Incident peu courant, à la hauteur de Muizon, le britannique perd l'élément d'aérateur de sa magnéto, qui vient se loger sous la pédale de freins. Peter, s'en sort par miracle avec un tête à queue sans rien toucher. Il repart énervé en 11e position, balançant la pièce au passage devant son stand.

Le drame survient au début du 10e tour, Hawthorn commence à doubler les premiers attardés. Musso en voulant garder le contact, prend un risque inconsidéré en attaquant la Maserati de Ruthmann, dans la courbe de Gueux à 250 km/h. La voiture dérape, heurte la bordure intérieur sur la droite décolle de 10 mètres en éjectant son pilote. Evacué rapidement par hélicoptère, Luigi Musso décède peu après son transfert à l'hôpital de Reims.

Hawthorn, possède désormais 12" sur Brooks. Moss 3e, a réussi à rejoindre son coéquipier et précède Fangio qui privé d'embrayage, passe « les vitesse à l'oreille » pratiquement depuis le départ. Puis Brooks, commence à avoir des problèmes de boîte et finit par abandonner au 16e tour.

Fangio reste le Maestro et devient deuxième dans la 17e boucle à 25" d'Hawthorn. Néanmoins sa position n'est plus tenable. Il laisse la place de dauphin à Behra au 20e passage, qui pointe à 30" de la Ferrari à mi-course, devant Moss et von Trips (Ferrari) 4e. Jean Behra se voit privé de sa belle course au 40e tour, avec la panne de sa pompe à essence. Moss fait une belle remonté, sans pouvoir inquiéter son compatriote, il finit 2e à 25". Taffy von Trips termine 3e à 59", devant l'inégalable Fangio qui après un arrêt au stand, le faisant tomber en 7ᵉ position, réussit à s'offrir les 3 points de la 4ᵉ place pour sa dernière course, devant Peter Collins, revenu de nulle part.

Le duel Ferrari Vanwall se poursuit à Silverstone, ou le Cheval Cabré réussit le doublé. Collins devant Hawthorn, profitent des problèmes mécaniques de la marque anglaise. Au classement du championnat Mike précède Stirling de 7 points, alors qu'il reste quatre Grand Prix. Le Nurburgring le 3 août pourrait servir de juge de paix. Aux essais le match semble équilibré, Mike, précède Tony et Stirling, pendant que Peter réalise le 4ᵉ temps. Dès le début, les Vanwall prennent l'ascendant. Brooks devance Moss, pendant qu'Hawthorn et Collins s'efforce de coller au duo de tête. Au premier passage, Stirling à 6" d'avance sur Mike 9" sur Peter suivi comme son ombre par Tony. Moss continue son festival, prenant jusqu'à 17" au 3ᵉ tour, avant que sa magnéto ne le lâche. Hawthorn devient leader avec Collins dans ses roues pendant que Brooks pointe à 30". « Le dentiste volant », comble petit à petit son retard, pour faire la jonction dans le 10ᵉ tour et va prendre la tête.

A Pflanzgarten, Peter Collins est 2ᵉ à quelques longueurs de Brooks, mais aborde la courbe trop vite, la Ferrari dérape, franchit le fossé, se braque par l'arrière, avant de se retourner contre un arbre. Peter éjecté, touché au thorax et à la tête, succombe quelques heures plus tard à la clinique universitaire de Bonn. Puis la transmission d'Hawthorn, cède du côté d'Aremberg, dans le 12ᵉ tour, laissant le champ libre à Tony Brooks. Les Cooper de Roy Salvadori et de Maurice Trintignant prennent les 2ᵉ et 3ᵉ place, Pendant que Wolfgang von Trips sur la dernière Ferrari finit 4ᵉ.

Si dans l'ensemble les Vanwall se montrent plus performantes, les Ferrari sont incontestablement plus fiables. Au Portugal Moss l'emporte, pendant que Brooks abandonne. En Italie à Monza, Tony prend le relais, pendant que Stirling doit renoncer pour un problème de boite. Dans les deux courses, Mike Hawthorn en embuscade, s'offre à chaque fois la deuxième place.

Avant le dernier G.P au Maroc, Stirling n'a plus qu'un seul choix, pour remporter le titre. Gagner avec le meilleur tour en course tout en évitant que Mike ne finisse second. Tony a donc un rôle essentiel, s'efforcer de prendre la 2e place derrière son leader.

Stirling Moss remplit bien sa mission et la situation se montre favorable pendant 28 tours. Il mène devant Phil Hill (Ferrari) à 20", Brooks à 35" et Hawthorn qui subit la course 4e à 38". Puis le moteur de Brooks explose inversant le pronostic. Dernière tragédie, Stuart Lewis-Evans sur la troisième Vanwall, en 4e position s'efforce de prêter main forte à son leader, lorsqu'au 42e tour son moteur explose aspergeant son pilote d'une huile enflammée. Lewis-Evans, parvient à s'extraire du véhicule qui s'embrase. Grièvement, il décède une semaine plus tard. En fin de course Phil Hill n'a plus qu'à laisser passer Hawthorn et le tour est joué.

Hawthorn succède à Fangio pour le titre de Champion du Monde avec 42 points, Stirling Moss échoue encore d'un point et demeure « le champion sans couronne ». Tony Vandervell, après la mort de Lewis-Evans, décide de retirer ses voitures de la course au titre pour 1959. Avec la 3e place de Tony Brooks au championnat, Vanwall remporte le premier titre constructeur.

Moss a remporté quatre G.P et terminé une fois second, pendant que Brooks en a gagné trois. De son côté, Hawthorn ne compte qu'une seule victoire, mais ses cinq deuxième places font le différence. Ainsi va la vie…

Chapitre 20 : La femme, est l'avenir de l'homme et de la voiture.

A l'aube des années 60, le français moyen a réalisé son rêve d'automobile. Conscient d'un marché arrivant à saturation avec les berlines, la plupart des constructeurs exploitent spider et cabriolet, pour attaquer une nouvelle clientèle, « le fils à papa » fortuné et la femme.

« En voiture Simone », l'expression bien connue date de 1930, où une certaine Simone Louise de Pinet de Borde des Forest âgée de 20 ans, se lance dans la compétition automobile en rallye, jusqu'en 1957. Depuis, elle a fait des émules. Annie Bousquet, la belge Gilberte Thirion, vainqueur du Tour de Corse 1956, ou encore Pat Moss, la propre sœur du grand Stirling ont pris le relais. Plus étonnant encore l'italienne Maria Teresa de Filippis, tente de se qualifier sans succès pour le G.P de Monaco 1958, avant de terminer 10e du G.P de Belgique à Spa, quelques jours plus tard.

Toutes ces femmes, font la promotion des voitures de sport. Alfa Roméo en profite largement, malgré la concurrence des anglaises M.G, Triumph, Austin Healey et autres A.C Bristol. Mercedes, comprend vite l'enjeu en offrant la 190 SL, avec un 1900cc plus raisonnable en puissance et en prix que la grosse 300 SL. Chez « les petits », Volkswagen, propose la séduisante Karmann Ghia, sur les bases de sa Coccinelle.

Pour les françaises, Panhard a fait depuis un certain temps sa mutation avec les Dyna X et Z, sans oublier la Junior. Simca, rencontre un certain succès avec « l'Océane » et « la Plein Ciel », sur la base de l'Aronde mais finalement la palme revient à Renault avec « la Floride » conçue sur un châssis de Dauphine, produite à plus de 117 000 exemplaires, entre 1958 et 1968.

Chez Deutsch Bonnet, le coach HBR5 est un peu en bout de course, sa production va être arrêter en 1959, même si sa commercialisation se poursuit jusqu'en 1960. Pour lui succéder, la marque de Champigny sort la « Le Mans », un élégant cabriolet à carrosserie plastique, pouvant être transformé en coupé à l'aide d'un Hard Top. Toujours motorisé par le Panhard « Flat Twin » en version 702, 851 ou 954cc. Au salon de 1961, le modèle va subir un lifting en adoptant dans sa version « Grand Luxe » le double projecteurs Mégalux de la Facellia.

Depuis le 19 septembre 1958, la firme de Champigny a dû faire face à l'absence de René Bonnet, victime d'un accident de la route pendant qu'il assure l'assistance du Tour de France Auto. Il revient à lui après 3 jours de coma. A son réveille, il ne peut constater que son état. Une hanche en bouillie, le tibia et le péroné de la jambe droite fracturé, ainsi que quatre côtes enfoncées, une mâchoire cassée et un traumatisme crânien, l'immobilise pour six mois. Son fils René Claude 19 ans, intègre d'urgence l'entreprise et l'usine peut continuer son activité.

Avec le retrait de Monopole, D.B Panhard devient la seule marque française présente en endurance. Pourtant Jean Behra, s'efforce de ranimer la flamme en monoplace de Formule 2, avec la complicité de Valerio Colotti. L'italien de 34 ans n'est est pas à son coup d'essai. Né à Modène, il débute chez Ferrari en 1948, avant de rejoindre Maserati entre 1953 et 1957. Sous le nom de Tec-Mec *(Studio Tecnica Meccanica),* il transforme profondément une Maserati 250 F en 1958, sans lui apporter la compétitivité nécessaire.

Il profite du passage de Porsche dans la transformation du spider 718RSK à conduite centrale avec lequel Behra l'a emporté à Reims, pour proposer en collaboration avec le niçois, une version surbaissée baptisé Porsche Berha. Le moteur, est naturellement accouplé à une boîte Colotti maison à 5 rapports.

La voiture est à peine terminée, pour le G.P de Monaco du 10 mai 1959. Trois autres F2, une Porsche 718, piloté par von Trips, une Lotus type 16 pour Bruce Halford et une Ferrari Dino 156 pour Cliff Allison, sont engagées. Tout juste assemblée à Modène, la Porsche Behra se présente aux essais sans peinture, brut d'aluminium. Teresa Maria de Filippis, à son volant, tente désespérément de se qualifier. Avec 24 voitures présentes, pour 16 places la grille, l'italienne ne peut réaliser que le 21e temps.

Côté pilotes le retrait de Vanwall, rebat les cartes. Mike Hawthorn après son titre se retire de la compétition et se tue le 22 janvier 1959, après une course poursuite sur route ouverte…avec Rob Walker ! Ferrari à la suite des décès de Musso et Collins doit revoir son équipe. Behra (ex BRM) et Brooks (Ex Vanwall), sont embauchés pour épauler Phil Hill. De son côté Stirling Moss, rejoint Trintignant, chez Rob Walker avec une Cooper T51 comme monture. Le modèle équipe également les voitures d'usine, pour Brabham et Salvadori. Enfin Bonnier, Flockhart et Schell, courent sur les légères et maniables, mais trop souvent fragiles BRM.

La firme de Bourne, sur un parcours aussi tourmenté que le circuit monégasque, semble capable de damer le pion aux Ferrari, grande favorite du championnat, à moins que les Cooper ne renouvellent l'exploit de l'an dernier, avec la victoire de Trintignant. Aux essais, Moss se montre le plus rapide devant Behra à 4/10 et Brabham à 5. Suivent derrière dans l'ordre Brooks, P.Hill et Trintignant. Déception pour BRM, avec le 7e temps de Bonnier.

Jean Behra attaque l'épingle des gazomètres en tête et précède dans l'ordre Moss, Brabham et P.Hill à la fin de la première boucle.

Dès le deuxième tour von Trips, se fait surprendre au casino par une tache d'huile. La Porsche se met en travers et dans la confusion, Allison vient percuter un muret, pendant que Halford, s'encastre dans la voiture allemande. Les trois formule 2, se retrouvent sur le flanc d'un seul coup, heureusement sans dommage, pour les pilotes. Devant les places ne changent pas. Après 10 tours Behra mène avec 6/10 sur Moss et 1"9 sur Brabham. Puis il y'a un trou avec Phil Hill 4e à 13"2, devant Trintignant à 15"6, talonné par Bonnier.

Les positions restent figées jusqu'au 22e tour, Trintignant a dû repasser par son stand pour un problème d'accélérateur, pendant que Moss, réussit à sauter la Ferrari de Behra à la chicane. Le britannique, fait immédiatement le trou. La ronde du niçois, se termine deux tours plus tard, avec un moteur explosé. Stirling, mène désormais confortablement avec 15" sur Brabham, 42" sur P. Hill et plus d'une minute sur Schell et Brooks. Son avance continue de s'accentuer, jusqu'à la mi-course passant à plus de 40". Le public est tenu en haleine, par le duel que Tony Brooks et Harry Schell se livrent pour la 3e place. La confrontation, se termine au 48e tour lorsque la BRM finit sa course dans les bottes de paille du Casino, avec un radiateur crevé.

Rien ne semble entraver la victoire du roi Stirling. Nous sommes au 89e tour, il n'en reste plus que onze, lorsqu'une fumée de mauvaise augure sort de l'échappement de sa « Cooper bleu nuit à écharpe blanche ». La transmission, vient de lâcher. Malgré le retour express, de Tony Brooks, Jack Brabham conserve 20" d'avance sur le britannique. Tout en régularité, Maurice Trintignant, finit 3e à 2 tours, devant P.Hill 4e à 3 tours, et le jeune néo-zélandais de 21 ans Bruce McLaren (Cooper), pour ses débuts en F1 termine 5e.

Afin d'éviter la concurrence du meeting de Goodwood, les organisateurs du G.P du Pau déplace leur épreuve de F2, au lundi de Pentecôte le 18 mai. Qui peut contrer l'armada des onze Cooper Climax au départ, dont trois de l'usine pour Brabham, Gregory et McLaren ? Le tenant du titre, peut-être ?

Maurice Trintignant toujours sur une Cooper, mais équipé d'un moteur Borgward, pour le compte de Rob Walker ! Quatre Porsche spiders RSK, sont prêtes à relever le défi, mais finalement, les spectateurs béarnais, n'ont d'yeux que pour la Porsche-Behra, fraichement peinte en bleu de France. « Jeannot le niçois », faute d'engagement de Ferrari, peut enfin piloter son auto. Jean tout feu tout flamme, s'empare de la Pôle avec 9/10, sur McLaren et Trintignant qui complètent la première ligne.

En épreuve d'ouverture, l'Automobile Club du Béarn, propose une course de Monomill qui se dispute sous une pluie fine. Heureusement un soleil timide, fait son apparition au départ de la course de F2. Masten Gregory, bondit de la 3e ligne, pour surprendre tout son monde. Il précède dans l'ordre au premier passage, McLaren, Behra et Trintignant. Dans le 2e tour, Behra, s'empare de la 2e place, puis attaque Gregory dans la boucle suivante. La pluie se remet à tomber et la Porsche-Behra, fait un double tête à queue dans la courbe du Parc Beaumont, en heurtant un trottoir. Avec son pneu arrière gauche crevé, Jean est contraint de rejoindre son stand pour changer de roue.

Il prend deux tours de retard dans l'aventure. Trintignant, profite de la puissance supérieure de son moteur Borgward, pour passer McLaren et harceler Gregory. Pétoulet arrive à ses fins au 20e tour, pendant que « super Masten » doit baisser pavillon, huit tours plus tard, en panne d'embrayage. Trintignant, possède alors 29'' d'avance sur McLaren et plus d'une minute sur Taylor (Cooper) et Schell (Porsche), qui mène la chasse. Behra, n'a plus rien à perdre, bat le record du tour, se dédouble et ne compte plus qu'un tour de retard. Taylor s'arrête pour changer de roues.

A mi-course le classement est le suivant : 1 Trintignant, 2 McLaren à 34", 3. March (Cooper) à 1 tour. Le déluge s'abat sur la piste, provocant quelques figures spectaculaires. McLaren, première victime emporte un peu de paille au passage, sans perdre trop de temps. Puis Barclay (Cooper), brise un poteau télégraphique.

Sa voiture bloquant la route, est dégagée à la main par des commissaires de piste. Behra impérial, « surf sous la pluie ».

Il s'adjuge la 5e place au 54e passage et part en chasse de March, pour reprendre les 17"qui le sépare de la Cooper. Les positions ne vont plus évoluer. Trintignant l'emporte avec 1'15" sur McLaren et 1'36" sur la Cooper de Lucien Bianchi. Tony Marsh parvient de peu à conserver sa 4e place, devant un Jean Behra acclamé par la foule.

La saison d'endurance, commence le 21 mars à Sebring. Sur un circuit, où les D.B ont conquises le grand public américain, par des victoires à l'indice de performance en 1952 et 1953, René Bonnet et Charles Deutsch, n'hésitent pas à déléguer leur équipage vedette Paul Armagnac-Gérard Laureau. La tâche s'annonce rude, face aux Porsche et aux OSCA, qui ont pris l'ascendant depuis quelques temps. Le Flat-Tween Panhard de 750cc, possède désormais un double allumage, permettant avec un meilleur couple, de tirer quelques chevaux supplémentaires.

Le printemps en Floride, ne laisse pas la place au plaisir de la plage. La météo humide aux essais, a une conséquence directe, la mort d'un pilote d'une AC Bristol. Puis le lendemain la Maserati 300S d'Ewin Lawrence se retourne et s'enflamme. Le pilote ne peut survivre à ses blessures. Ferrari, aborde la compétition sereinement, avec une équipe pléthorique, de sept 250 Testa Rossa, trois G.T et une deux litres. Côté opposition, la Lister Jaguar d'usine pilotée par le duo Moss-Bueb, sera accompagnée par deux autres modèles de l'écurie Cunningham. Aston Martin, ne délègue qu'une seule DBR 1 pour la paire Salvadory-Shelby. Les sept spiders Porsche 718 RSK, peuvent également jouer un rôle dans leurs catégories, mais également, pour les places d'honneur à la distance. Un duo d'américain, dont on n'a pas fini d'entendre parler, est au départ avec une Maserati 200S. Il s'agit de Jim Hall et de Hap Sharp, les futurs concepteurs des Chaparral.

Pour la course, le départ sur les chapeaux de roues de Roy Salvadori, n'est qu'un feu de paille. L'Aston, après 4 tours en tête est éliminée au cours de la 2e heure sur rupture du levier de vitesse. Le trio des 250 TR d'usine, prennent la course en main.

La Lister de Moss-Bueb, tente bien de s'opposer, mais une panne d'essence d'abord, et un changement de roue avec une aide extérieur amène à leur disqualification. Tout n'est pas tout rose pour Ferrari, qui perd bientôt son équipage vedette Gendebien-P.Hill, le duo américano-belge, va ensuite basculer sur la voiture de Gurney-Daigh. A partir de la 8e heure, la menace des Porsche très à l'aise sous la pluie, se trouve définitivement écarté.

Le quatuor Gurney-Daugh-Gendebien-P.Hill, l'emporte avec un tour d'avance sur la 250 TR de Behra-Allison et 4 tours sur la Porsche d'usine de von Trips-Bonnier, vainqueur en catégorie 2 litres. Mission accomplie pour la DB de Laureau-Armagnac 17e, bénéficiant largement de la pluie pour l'emporter en catégorie 750cc et surtout à l'indice de performance, tout en dominant OSCA et Porsche.

Autre cible pour la firme de Champigny, afin de préparer les 24 heures du Mans, les 1000 km du Nürburgring du 7 juin. La plupart des écuries ne délèguent qu'une ou deux voitures, afin de peaufiner et garder un maximum de force pour l'épreuve sarthoise, se déroulant deux semaines plus tard. Ainsi Aston Martin, se contente du « mulet » DBR1 pour Moss-Fairman et D.B Panhard d'un spider pour Laureau-Armagnac, ainsi qu'un coupé surnommé « Camionnette », contre trois voitures à Sebring. La Scuderia Ferrari, s'appuie sur trois 250 Testa Rossa d'usine, tout comme Porsche avec trois 718 RSK, couvert par autant de modèles privés. La marque de Stuttgart, après sa victoire dans la Targa Florio deux semaines plus tôt, entend bien confirmer à domicile.

Sir Stirling Moss, encore une fois, fait étalage de toute sa classe. Dans son premier relais après 17 tours, il laisse le volant à Fairman avec 5'20" d'avance sur la Ferrari.

6 tours plus tard, Jack Fairman se retrouve à cheval sur un talus, à la hauteur de Brunchen. Le britannique, réussit à dégager la voiture, pour rentrer au stand. « Super Stirling », repart en 4e position et le couteau entre les dents comble le retard en six tours, puis reprend la tête. Après un nouveau relais de Fairman, l'infatigable Stirling comble 19" de retard, pour les convertir en 41" d'avance sur la ligne d'arrivée. Moss donne une 3e victoire consécutive à la marque de David Brown, sur l'impitoyable circuit de l'Eifel. P. Hill-Gendebien, termine 2e, devant l'autre 250 TR de Brooks-Behra à 3'27". La Porsche de Maglioli-Hermann finit 4e en remportant la classe 2 litres et la DB de Laureau-Armagnac 31e, comme prévu, s'adjuge la catégorie 750cc, devant deux Stanguellini.

Unique constructeur français engagé pour les 24 heures des 20 et 21 juin, Deutsch et Bonnet, se donnent les moyens de leurs ambitions en engageant pas moins de sept modèles. Quatre sont estampillés par l'usine, deux spiders et deux coupés profilés, un spider sous la responsabilité d'Alejandro de Tomaso. Le coupé « Camionnette » de Roger Masson, et un coach HBR5 super rallye par Jacques faucher, sont soutenu par l'usine. Ces deux véhicules, sont équipés du 851cc Panhard, pendant que les autres voitures restent sur le classique 745, simple ou double allumage. Les françaises, sont majoritaires pour chasser les deux indices, « énergétique » et « performance ». Le team Lotus avec 3 spiders modèle 15, appuyé par 3 coupés « Elite », reste l'adversaire le plus dangereux, même s'il faut se méfier des 2 OSCA 750S, des 2 Stanguellini 750 Sport et des 2 Saab 93 Sport G.T.

Pour la victoire à la distance, Aston Martin se positionne avec trois DBR1 d'usine, plus le modèle des frères Whitehead. Ferrari après ses échecs à la Targa et sur le « Ring » à cœur de renouer avec le succès. Trois 250 TR sont concoctés par l'usine auxquels, il faut ajouter celles du NART et de l'écurie Nationale Belge. Côté outsiders, Porsche représente la meilleure garantie en cas de pluie. Cinq 718 RSK, sont spécialement préparés, dont trois par l'usine. Compte tenu de la fragilité des moteurs Jaguar 3 litres, les spécialistes sont beaucoup plus réservés sur les chances des trois Lister et de la Tojeiro. Cette dernière sous la bannière de l'Ecurie Ecosse, est accompagnée par une unique Jaguar D, dont l'équipage Ireland-Gregory, fait quelques envieux.

Sprinter, puncheur, Stirling Moss est désigné par le tandem de manager Wyer, Parnell, pour ouvrir la route. En toute discrétion le moteur de sa DBR1 a été équipé d'un vilebrequin 4 paliers au lieu des 7 traditionnels et le taux de compression poussé à 9,6 au lieu de 9,3 sur les deux autres modèles. Si l'ensemble risque de se fragiliser, le gain de puissance, doit lui permettre de faire le trou dès le départ. Suprême astuce, les Aston restent en dedans aux essais, laissant le Cheval Cabré faire le show. Behra, boucle le meilleur tour en 4'03", pendant que Moss se contente de 4'18"3.

Chez Ferrari, connaissant les qualités de Moss, Romolo Tavoni, le directeur sportif charge Jean Behra de marquer l'anglais à la culotte. Comme souvent, les stratégies élaborées ne fonctionnent pas. Le niçois cale deux fois au départ, pointant en 16e position après deux tours. Olivier Gendebien doit reprendre le rôle de chasseur, mais « le lièvre Stirling » semble bien difficile à atteindre. En ce début d'épreuve Moss mène devant la type D d'Ireland, l'Aston de Trintignant 3e et la Tojeiro de Flockhart 4e. Gendebien partit 12e, pointe 2e après 8 tours de course. Behra déchainé devient 3e à la fin de la première heure, avant de prendre la tête. Gurney lui succède au volant pendant que Fairman 2e, prend le relais de Moss. Suivent dans l'ordre, Gendebien-Hill 3e, Da Silva-Allison (Ferrari 250TR) 4e, Salvadori-Schelby (Aston) 5e et Ireland-Gregory 6e, tous dans le même tour.

Le prometteur Dan Gurney, tournant 10" plus vite au tour que Fairman, l'écart se creuse. Puis les efforts des deux premières heures sous une chaleur lourde finissent par se payer. A 20 heures, deux Testa Rossa ont déjà bâché, celle du NART, pour un problème de transmission et Allison sur la voiture d'usine, pour un problème de soupapes.

Soixante minutes plus tard, la 250 TR de l'Ecurie Nationale Belge, renonce piston crevé. A leurs tours, les mécaniques anglaises s'enrayent. La lister d'Hangsten d'abord, sur rupture moteur, puis la DBR1 de Graham Whitehead, à la suite d'une sortie de route. Hill-Gendebien sont ensuite retardés, le jour tombe, la DBR1 de Moss-Fairman aussi. Après avoir tout donné Stirling tombe à 3e place avec une baisse de pression d'huile avant d'abandonner, soupapes tordues. A 23 heures, la Jaguar d'Ireland-Gregory, brillante deuxième, s'arrête à son tour, pour une rupture moteur. Ferrari semble tenir le bon bout avec Gurney-Behra, toujours sous la menace de Salvadori-Shelby. Avant minuit, l'Aston vire en tête. Pour avoir trop tiré sur la mécanique Behra, voit sa machine décliner. Tomber en 4e position, la voiture s'arrête définitivement à 2 heures du matin, sur rupture de bielle. Sous pression, Tavoni, n'a plus qu'une carte dans son jeu, avec la Ferrari de Gendebien-Hill qui prend la tête. A mi-course, 30 des 53 voitures au départ ont dû renoncer. Les Porsche de Bonnier-Von Trips et Barth-Seidel, à ce moment en 4e et 6e position, abandonnent dans l'heure suivante, victimes de problèmes de transmission.

La Ferrari devant, les deux Aston Martin sont en chasse. Salvadori-Shelby n'ont qu'un tour de retard. Paul Frère à la 3e place, à 7 tours, prend plus de relais que Maurice Trintignant, brulé par l'échappement passant sous le plancher de la DBR1.

Puis un vent de panique, envahit Salvadori. La DBR1 vibre anormalement, le pilote pense à un problème de transmission ou de pont et s'arrête à son stand. Après une inspection rapide sans rien détecter, Parnell le renvoie en piste. Roy fait deux tours au ralenti avant un nouvel arrêt. Furieux Reg Parnell, saute dans la voiture engage une vitesse, avant de hurler : « Changer l'arrière gauche ! » Le pneu est effectivement en cours de déchapage, avec un morceau de métal dans la bande de roulement. Couvert de noms d'oiseaux par son team manager, L'anglais peut repartir après réparation avec deux tours de retard.

Le travail de sape de Moss en début de course, finit par porter ses fruits. La Ferrari de tête s'arrête peu après 11 heures avec une surchauffe moteur et un problème de joint de culasse. Shelby s'empare du commandement à Arnage pour ne plus le quitter. L'Aston assure et garde un tour d'avance sur la voiture sœur de Trintignant-Paul Frère. Complètement décimé en prototype, la Scuderia, ne doit son salut qu'à l'équipage Beurlys-Eldé de l'Ecurie Nationale Belge, sur une 250 TDF 3e à 26 tours, qui remporte la catégorie Grand Tourisme. Ainsi David Brown réalise son rêve. Il aura fallu 10 ans et trois secondes places, avant qu'une de ses Aston ne triomphe dans la plus grande course d'endurance au monde. 13 voitures seulement rallient l'arrivée. Des sept D.B Panhard, deux voient le drapeau à damiers. Celle de René Cotton-Louis Cornet, 9e à la distance, remporte l'indice de performance devant les deux Aston Martin et celle de Paul Armagnac-Bernard-Costen, la classe 750cc ainsi que le nouvel indice énergétique.

Battu en endurance Enzo Ferrari, passe ses nerfs sur Romolo Tavoni. Le manager doit tout faire pour l'emporter en F1. Après Monaco, la Scuderia s'incline encore à Zandvoort le 31 mai. Joachim Bonnier crée la sensation en prenant la pôle position avec sa BRM, puis tout en bénéficiant des problèmes de boîtes de Gregory et de Moss, finit par l'emporter devant Brabham, qui conforte sa position de leader au classement. Jamais les Dino 246, n'ont pu inquiéter les voitures de tête. Jean Behra, sur le modèle le plus récent à empattement court, prend une modeste 5e place à un tour, pendant que son coéquipier Brooks finit 6e à deux tours.

L'ambiance à la Scuderia déjà détestable depuis la Sarthe, se dégrade un peu plus à Reims. Sur le circuit le plus rapide d'Europe le 5 juillet, les Dino et leur moteur 256 développant 300 chevaux, disposent d'un avantage considérable face au BRM avec leurs 250 chevaux, ou aux meilleurs Climax, en tirant tout au plus 220. De ce fait, Stirling Moss décide d'abandonner provisoirement sa Cooper Walker, pour la BRM P25 vert pale de l'écurie BRP.

Son père Alfred Moss et son manager Ken Gregory dirigent le team. Autre sujet de friction, Jean Behra, revendique chez Ferrari le statut de premier pilote que Tavoni refuse de lui accorder. Cerise sur le gâteau, le niçois souhaite prendre le départ de l'épreuve d'ouverture en F2 sur sa Porsche-Behra. L'italien met son véto en argumentant, qu'Allison participant à la course, Behra sous contrat avec la Scuderia, n'a pas à rentrer en concurrence avec une Ferrari. Après bien des palabres, la Porsche-Behra est finalement confiée au pilote allemand Hans Hermann.

Pendant que Moss (Cooper-Borgward), s'adjuge la pôle et qu'Allison réalise le deuxième temps, Hermann, qui ne connait pas l'auto démontre tout son potentiel en complétant la première ligne. En course, Stirling fait « du Moss », en prenant la tête pour ne plus la quitter, jusqu'au drapeau à damiers. Hermann s'accroche aux échappements de l'anglais et ne compte que 4" de retard à mi-course, avant d'en céder huit de plus sous le drapeau à damiers. Allison, bien placer pour monter sur le podium, voit le moteur de sa Dino 156, se rompre au virage de Muizon à deux tours de la fin. Jo Bonnier sur Porsche 718, profite de l'aubaine pour prendre la 3e place.

Pour le G.P de F1, 21 voitures participent aux essais, dont cinq Dino Ferrari. Aux trois pilotes habituels, se rajoutent le belge Olivier Gendebien et l'américain Dan Gurney, qui a donné satisfaction en endurance. Comme prévu, les Ferrari se montrent un cran au-dessus la concurrence. Mais la Cooper de Jack Brabham, 2e temps à 3/10 de Tony Brooks, résiste bien. La BRM de Moss prend le 4e chrono à 5/10 de la pôle et s'intercale entre les Ferrari de Phil Hill et de Jean Behra.

Le départ de la course, est donné sous un température caniculaire, faisant fondre le revêtement. Behra, placé en deuxième ligne, perd 35" au lancement, avec un moteur qui a des ratés. Brooks, exploite toute la puissance de la Dino pour se propulser devant Moss. Gregory, Brabham et Phil Hill, passent dans cet ordre à la fin de la première boucle, pendant que Behra, pointe 20e.

Dans le tour suivant P.Hill gagne une place au profit de Jack Brabham et Jean Behra est remonté au 14ᵉ rang. Au 5ᵉ passage, Trintignant bat le record du tour, il passe 3ᵉ, pendant que Gregory vire 2ᵉ. Puis viennent les premiers abandons, la BRM de Bonnier au 7ᵉ tour (joint de culasse), et la Lotus de Graham Hill au 8ᵉ (radiateur crevé). Au 9ᵉ tour, alors qu'il est toujours 2ᵉ, Masten Gregory, victime d'une insolation, doit se résoudre à l'abandon. Au quart de la course, les positions sont les suivantes : 1 Brooks, 2 Trintignant à 4",3 Brabham à 5", 4 Moss à 14", 5. P. Hill à 16" talonné par Gurney.

Au 12ᵉ tour Phil Hill prend la 4ᵉ place, de Moss, pendant que Salvadori (Cooper-Maserati) renonce, lui aussi victime d'insolation. Au 15ᵉ passage Behra, s'offre Gurney pour la 6ᵉ place. A mi-course Trintignant, également victime de la chaleur fait une faute au Thillois et rentre au stand pour se rafraichir. Dan Gurney, après des débuts prometteur, abandonne radiateur percé. Pendant ce temps, Brooks continue sa promenade de santé et Hill passe Brabham pour la deuxième place. Au 28ᵉ passage, Jean Behra bat le record du tour et lorgne vers la 3ᵉ place. Mais pour avoir trop sollicité son moteur, il renonce au 31ᵉ tour.

Moss, malgré un embrayage faiblissant, fait le forcing et s'empare de la 3ᵉ place au 38ᵉ tour. Alors qu'il a Phil Hill en point de mire, Stirling fait une faute au Thillois et cale son moteur. La voiture ne voulant pas redémarrer, sous un soleil de plomb, il s'efforce de la pousser jusqu'au stand, lui valant une disqualification. Les positions ne changent plus. Brooks en tête de bout en bout, l'emporte avec 27" sur son coéquipier P.Hill et 1'38" sur Brabham. Gendebien 4ᵉ et McLaren (Cooper) 5ᵉ, prennent les derniers points.

Le doublé de Ferrari, est loin de calmer les ardeurs. Behra s'est plaint de son matériel tout le week-end. Il a même changé de monture avec Gendebien pendant les essais. La discussion se poursuit après la course, le ton monte et le niçois gifle Tavoni, entrainant son licenciement immédiat de la Scuderia.

« Jeannot » presque soulagé, va pouvoir consacrer tout son temps au développement de sa « Porsche-Behra », l'objectif à moyen terme étant d'accéder à la F1, sous ses propres couleurs.

Satisfait du comportement d'Hans Hermann, le niçois décide d'engager voiture et pilote, pour le G.P de Rouen de F2 du 12 juillet. Les circonstances lui donnent raison. L'allemand décroche la pôle position, devant Stirling Moss, toujours performant sur la Cooper Borgward de l'écurie Rob Walker. Pendant la course, les deux pilotes font le show pendant 8 tours, jusqu'au moment où la transmission de la Porsche cède. Moss s'envole ensuite vers une victoire facile, devant Harry Schell (Cooper) à 31".

Le Grand Prix de Grande Bretagne du 18 juillet à Aintree, laisse une large place aux F2 aux côtés des F1. Berha décide de faire l'impasse, afin de se réserver pour le G.P d'Allemagne. Paralysé par des grèves en Italie, Ferrari doit déclarer forfait. Tony Brooks à l'autorisation de faire une pige chez Vanwall qui présente sur un châssis de l'an dernier, une évolution « ligthweigh » affinée et surbaissée. Stirling Moss de son côté, reste fidèle à la BRM de la BRP de son père Alfred. Après une première apparition en Hollande, les Aston Martin font un retour avec Carroll Shelby et Roy Salvadori aux volants.

Les essais du jeudi et vendredi, se déroulent essentiellement sous la pluie. Brabham profite d'une éclaircie pour s'emparer de la pôle en fin de deuxième séance, temps égalé par Salvadori en dernière minute. Moss n'a pas pu bénéficier d'une piste sèche et ne réalise que le 7e temps à 1"6. Pour Vanwall, la reprise devient laborieuse, avec le 17e chrono sur 28 voitures. Tony Brooks est même précédé de 2/10 par le jeune Chris Bristow sur une Cooper Borgward de formule 2.

Tous les concurrents, profitent du soleil pour la course du samedi. Jack Brabham réussit un lancement parfait et possède déjà 2"5 d'avance à la fin du premier tour sur les BRM de Schell et Bonnier ainsi que les Cooper de Gregory et de Trintignant. L'écart ne fait que se creuser et au 5e passage, il passe à 11"2 sur les BRM. Stirling Moss entreprend sa remonté, il devient 5e juste derrière Gregory. Deux tours plus tard l'anglais parvient à la 3e place, puis à la seconde au 10e passage à 14" du leader. Alors que l'on pense que « Super Stirling » va fondre sur « Black Jack », l'écart se stabilise.

Tony Brooks et sa Vanwall, jamais dans l'allure, inaugurent la liste des abandons pour un problème d'allumage au 13e tour. Au cours de la 24e ronde, McLaren pique la 3e place à Trintignant. Les positions se stabilisent même si Moss bat le record du tour à son 69e passage, il reste encore à 8"5 de Brabham. Toutefois l'anglais avec des pneus arrière dégradé doit faire un passage au box. Il cède sa 2e place pour peu de temps, avant de repartir de plus belle. Désormais la course est jouée, Trintignant, va perdre sa 4e place au profit de Schell, pour un problème de boite de vitesse. Au classement du championnat, Jack Brabham compte désormais 13 points d'avance sur Tony Brooks. Un petit bas de laine, qui lui permet de voir l'avenir avec sérénité.

Pour des raisons essentiellement politique et financière, les organisateurs du G.P d'Allemagne le 2 août, abandonne le « Ring » dans l'Eiffel, pour le circuit de l'AVUS à Berlin ouest. Le tracé de 8km300 élaboré sur un ancien tronçon d'autoroute en partie incliné de 45°, comprend deux grands courbes relevées à 180° à chaque extrémité. Sans grand intérêt au niveau du pilotage, le circuit permet des vitesses de l'ordre de 240 km/h. Inutile de préciser que les quatre Ferrari, d'Allison, Brooks, Gurney et P. Hill sont grandissimes favoris. Chassé de la Scuderia, Jean Behra doit prendre part au Grand Prix avec sa Porsche « Colotti-Behra », mais participe également à l'épreuve pour voiture de sport le samedi 1er août, sur un spider Porsche 718 RSK.

Dans un premier temps, le départ de la course est retardé par une violente averse. Toutefois la piste reste glissante, au moment où les voitures s'élancent. Elles viennent de boucler trois tours. Behra en 3e position derrière von Trips et Bonnier, monte tout en haut de la « Nordkurve » pour attaquer ses adversaires. Soudain, la Porsche dérape pour s'élever dans les airs, touche un mat surplombant un socle en béton, d'un support de canons-antiaérien vestige de la dernière guerre, avant de s'écraser en contre bas. Ejecté le niçois meurt sur le coup. Son décès soulève un torrent d'émotion, non seulement en France, mais dans le milieu automobile tour entier.

A 38 ans, Jean Behra l'indestructible, a subi 17 accidents au cours de sa carrière, perdant un bout de nez à la « Panaméricana » en 1952, puis une oreille au « Tourist Trophy » en 1955. Sa mort, marque la fin d'une époque et voit s'envoler l'espoir de renaissance de la construction française en formule 1.

Le Grand Prix du lendemain se dispute dans une ambiance des plus morose, les pilotes, remettent en cause la sécurité du circuit. Le départ se donne sous un temps couvert, mais sur une piste entièrement sèche. Dans une course de deux manches de 30 tours, Tony Brooks et Stirling Moss, sont les premiers à s'élancer en tête. Moss, renonce à la fin du 3e tour pour un problème de transmission. Masten Gregory, se lance à cet instant à l'assaut des Ferrari. Il occupe le commandement 2 tours, puis cède devant Brooks et Gurney, avant que son moteur ne le lâche au 23e tour. Brooks, Gurney et P. Hill, terminent dans cet ordre la manche, ne laissant pas de doute sur l'issue de la course.

La seconde manche, manque de provoquer un autre drame. Hans Hermann, au volant de la B.R.M de la B.R.P, se voit privé de freins en abordant la courbe sud à 280 km/h. Le pilote a le réflexe de sauter en marche et ne souffre que d'une épaule endolorie et de quelques contusions, pendant que la voiture est totalement détruite. Le résultat reste identique à la première manche, Maurice Trintignant prenant la 4e place. Après l'abandon de Brabham, Brooks revient à 4 points de l'australien au Championnat.

Stirling Moss, connait un peu plus de réussite au Portugal et en Italie, avec deux victoires, pendant que Brooks ne marque aucun point. De ce fait Brabham toujours en tête du championnat avec 31 points, se voit menacer par Moss 25,5pts et Brooks 25pts.

Le G.P des Etats-Unis du 12 décembre, doit donner le verdict. Moss, meilleur temps des essais devant Brabham, prend les choses en mains et compte 8" d'avance sur l'australien après 4 tours avant que sa transmission ne le lâche. Le titre semble joué d'autant que Tony Brooks, sous pression n'est pas au mieux. A 800 m de l'arrivée, Jack Brabham tombe en panne sèche. La lutte pour la victoire se joue. McLaren l'emporte, avec 6/10 d'avance sur Trintignant. Brooks se retrouve 3e, mais Brabham pousse sa voiture jusqu'au bout pour sauver la 4e place. A la surprise générale Jack Brabham devient champion du Monde, Brooks prend la place de dauphin devant un Moss toujours aussi malchanceux. Maurice Trintignant avec sa 5e place, reste le dernier français à figurer au palmarès pendant 9 ans !

Fin de la première partie.

À suivre : « Alpine ou Matra, une histoire française ».

BIBLIOGRAPHIE

✓ Les Grands Prix de Formule 1 hors championnat du Monde par Christian Naviaux (*Editions du Palmier mars 2002*).

✓ Grand Prix volume 1 1950 to 1965 par Mike Lang (*Editor Rod Gringer, Published Haynes 1981*).

✓ 1950 les courses par Jean Paul Delsaux *(Editor Bruno Alfieri Automobilia)*.

✓ 1000 pilotes Français par Dominique Vincent (*l'Autodrome Editions 1ᵉʳ trimestre 2014*).

✓ Les 24 heures du Mans 1923-1982 par A.C.O Le Mans 1982.

✓ Les 24 heures du Mans les années légendaires (50-80) par Joël Beroul *(Editions Ouest France 2018*).

✓ Le Mans The official History 1949-59 par Quentin Spurring *(Haynes Publishing octobre 2011)*.

✓ Endurance 50ans d'histoire 1953-1963 par Christian Moity *(Editions E.T.A.I, 1ᵉʳ semestre 2004)*.

✓ Reims, Vitesse, Champagne et Passion par Dominique Dameron-Derauw, Cyrille et Jean Pierre Mélin *(L'Atelier Graphique à Reims décembre 1998)*.

✓ Le Grand Prix de Pau (1899-1960) par Pierre Darmendrail *(la librairie du collectionneur janvier 1992)*.

- ✓ Rouen les Essarts par Roger Biot *(Editions du P'tit Normand novembre 2001)*.

- ✓ Alpine par Dominique Pascal *(Editions E.P.A 3e Edition 1987)*.

- ✓ Guide Alpine par Christian Descombes *(Editions E.P.A 1990)*.

- ✓ Les Gordini par Robert Jarraud *(Editions de l'Automobiliste décembre 1983)*.

- ✓ Panhard la doyenne d'avant-garde par Benoit Perot *(Editions E.P.A 1979)*.

- ✓ Talbot des Talbot-Darracq aux Talbot-Lago par Alain Spitz *(Prestige de l'Automobile, éditions E.T.A.I mars 1983)*.

- ✓ Le Blog « Panhard Racing Team » par Charly Rampal.

TABLE DES MATIÈRES